JN097357

# モラル

## 何をどう考え、どう行うか

梶山　義夫 編

教友社

# 巻頭言

## 神《トーラー》の望みを見いだすために

イエズス会日本管区管区長　佐久間　勤

人が生きるためにモラルは必須だ。それを創世記二章が物語る。地にいのちが緑の木々のごとく繁茂し続けるために、主である神は雨を降らせ、人は地を耕して協力する。その人を支えるため神は食べ物と善悪の知識の木とパートナーとの共同体を準備する。第二の、善悪の知識の木は人の自由に関わる。楽園の無数の木々の中で一本だけ食べないという制限は、無限の可能性の中から避けるべきものは避けながら、最善のものを選択するという、人のもつ選択の自由を、イメージを用いて表現する。人が神の協力者として生命に仕え続けるために、食糧と互いに連帯する共同体に並んで、神から与えられるこの自由をふさわしく用いること、つまりモラルが不可欠の条件であり、しかも人にとって自己実現という「幸せ」をもたらすものなのである。

だが現実には、与えられた自由をふさわしく用いるどころか、本来の目的を意に介することなく行動し「神のようになる」（創3・5参照）ことを人は望む。その結果、個々人のレベルから国家や民族などの共同体のレベルまで、人の自由選択が人自身にいかに多くの悲惨さをもたらしたことか。モラルを考えるとき、もちろん個人としての生き方を反省することは重要だが、現代ではそれにもまして国家や民族共同体のモラルをこそ問題にすべきだと痛感する。そうであるからこそ、翻って個々人が、そして私という個人が、どのような国や共同体を作り、あるいは無知・無責任のうちに許容しているかを、厳しい目で見なければならない。ある臨床心理士が人間関係に悩む相談者にこう答えていた。人を（あなたが思うように）変えることは無理です。あなた自身が変わることならできます、と。モラルの探究とは、人が、世界と人間性に植えられている神の望み（トーラー）を見いだし自己変革する努力である。さればこそ聖書は「主を畏れることは知恵の初め」（箴1・7）という格言をもって我々を励ましている。

# まえがき——二〇二三年、モラル的にいくつか想うこと

梶山　義夫

四月一一日、教皇ヨハネ二三世の回勅『パーチェム・イン・テリス』が出されて六〇年。その前年一〇月、米国のほとんど全域に到達可能なソ連の弾頭ミサイルがキューバに配備されていることを、米国偵察機が発見したことから米ソ対立が表面化し、ソ連がミサイルを撤退することに同意したことで当座の危機が終結した。約二週間の間、米ソ間で秘密交渉が行われ、危機が解決したのであるが、実はヨハネ二三世がその交渉に積極的にかかわり、決定的な役割を果たした。『バーチェム・イン・テリス』には、教皇の平和への熱い思いが脈々と息づいている。この回勅は冷戦下において国家間の平和を訴えることを主題としているだけではない。平和は単に戦争がない状態を指すのではなく、地上に生きる一人ひとりの尊厳

が美しく開花している状態をいう。ミャンマーやウクライナ、シリアやイエメンなどで戦争や紛争が続いている。どの紛争にせよ共通しているのは、多くの貧しい人々や弱い立場に置かれている人々がさらに深刻な犠牲者となり、少数の人々がその紛争などによって潤っていることである。私たちが何をどう考え、どう行うかが問われている。

五月一九日から二一日にかけて広島でＧ７が開催された。その『核軍縮に関するＧ７広島ビジョン』では、「すべての者にとっての安全が損なわれない形での核兵器のない世界の実現に向けた我々のコミットメントを再確認する。我々は、七七年間に及ぶ核兵器の不使用の記録の重要性を強調する」としているが、他方「我々の安全保障政策は、核兵器は、それが存在する限りにおいて、防衛目的のために役割を果たし、侵略を抑止し、並びに戦争及び威圧を防止すべきとの理解に基づいている」としている。この理解に立っているために、このビジョンには、核兵器禁止条約に関するいかなる言及もなく、事実上無視していることを示している。同じ広島で四年前教皇フランシスコは語った。「確信をもって、あらためて申し上げます。……原子力の戦争目的の使用は、倫理に反します。核兵器の保有は、それ自体が倫理に反しています」。私たちが何をどう考え、どう行うかが問われている。

九月一日、関東大震災発生から一〇〇年となる。震災やその後の延焼によって多くの人が犠牲となった。その直後から日本人による朝鮮人への虐殺行為が始まり、被害は中国人や、朝鮮人と疑われた日本人にも及んだ。西崎雅夫編『証言集　関東大震災の直後　朝鮮人と日本人』（ちくま文庫）に記載されている約一八〇編を読むと、はらわたに鋭い痛みを感じるが、関東各地で虐殺が起こった現場を再構築することができる。上海の大韓民国臨時政府機関紙「独立新聞」一九二三年一一月五日付で報道された朝鮮人調査団報告書では六六六一人が虐殺されたとする。その説が不正確な数字であるとすれば、その原因は官憲の被害隠蔽にほかならない。その隠蔽は、震災直後から今日まで続いている。私たちが何をどう考え、どう行うかが問われている。

私たちが何をどう考え、どう行うかが問われている現在、この本の一つひとつの記事は、その問いかけに根本から答えるのに大いに寄与するだろう。

# 目 次

巻頭言（佐久間 勤）3
まえがき（梶山 義夫）5
キリシタン時代の「モラル」……デ・ルカ・レンゾ 13
モラルの人間学……越前 喜六 29
モラルは自己実現の道……吉野 次郎 63
倫理における良心と根本的選択……竹内 修一 106

現代世界にゆるしの秘跡を生きる……菅原 裕二 136
小さなことに、大きな愛を
——マザー・テレサに学ぶ人間らしい生き方……片柳 弘史 167
モラル 美しく生きるため……ロバート・キエサ 197
〈道徳の系譜〉の診断を経由しての、原宗教性への回帰
——道徳神の権化に対抗しての「共に住まうこと」のキリスト教的エートス
……長町 裕司 209
キリスト教——ゆるしの宗教……ホアン・アイダル 251
企業のモラル……武立 廣 278

今日のメディアモラル
——優しさと愛で真実を伝える……アルン・プラカシュ・デソーザ 329
仏教徒とモラル……奈良 修一 360
あとがき 399

# キリシタン時代の「モラル」

デ・ルカ・レンゾ

## 「モラル」という言葉

現代の日本語と少しニュアンスは異なっていたが、キリシタン時代にも「モラル」という言葉（カタカナで）は神学の勉強のためによく用いられた。当時の宣教師の教えは聖トマス・アキナスに従って、「モラル」が基本的に「徳」の一つとして大事にされていた。『コレジヨの講義要綱』の説明に、「Moral virtude（ホ）。倫理徳。対神徳、信望愛に対して、賢明、正義、剛毅、節制の四枢要徳をいう」とあり、四〇〇年余り前に日本で使われたその『講義要綱』に、

八、モラルヒルツウテ〔倫理徳〕ヲ以テ、アニマ〔霊魂〕、コルホラル〔身体〕所作ヲ離レ、理ニ帰依シテ自身ヲ能ク治ル者也。所詮、アニマ、色相ノ所作ヲ離ル、トテ、全ク消滅スルニアラス。唯ヘルヘイサン〔完全〕ニ至ル者也。此故ニ、コルホ〔身体〕ニ非ス、インモルタル〔不滅〕ナル事明カ也。（尾原悟著編『イエズス会日本コレジヨの講義要綱』I、教文館、一九九七年、二二二頁）

これを参考にすれば、当時、神学の勉強をしていた日本人は、人が死んでもその得たモラル（倫理徳）が霊魂と共に永遠に残ることを学んでいた。換言すれば、モラルは人間に欠かせない徳であり、永遠の命とのつながりがある教えである。それを学んだ指導者は一般の日本人にも伝えていたに違いない。迫害が激しくなったときに殉教者の支えになった教えである。

学問以外の世界では、「道理」「倫理」「道徳」などが用いられた。参考まで『日葡辞書』に、道得、道徳：道を得る、仏法に関する事柄、または観念・瞑想において完全なこと。また、仏法に関する事柄や善徳、または、その修行において完璧であること。

道理：（道理を言い育つる）自分の道理を弁護する、あるいは、固執する。（道理に外るる、または、洩るる）道理に違背する。

上述のように仏教用語であると意識した上、日本のキリシタンはモラルに対するヨーロッパ並みの理解があったと言ってよい。現代同様、その教えがあっても当時のキリシタンたちは必ずしもそれに従って生活したとは限らない。その理解はキリシタン以外にはそれほど伝わらなかっただろうが、後の迫害時代での対応に大いに役立ったと思われる。たしかに「形だけでの背教」を勧められた多くの殉教者たちはそれを拒んだことを見ればモラルに反すると意識していたからである。

## 現場での適用

語彙や教えの内容が明確であっても、来日して以来、宣教師たちにとっては文化の相違による「正義感」や「正しさ」についての現場での解釈に悩まされた。ザビエルによれば一般の日本人が倫理的に振る舞うのに対して、僧侶たちにヨーロッパで決して許されない行為があり、本人はそれを指摘しても笑われることに驚いた。

世俗の人たちのあいだでは、罪を犯す者は少なく、彼らがボンズと呼んでいる僧侶たちよりも、道理にかなっ〔た生活をし〕ています。ボンズたちは自然に反する罪を犯す傾きがあり、またそれを自ら認め、否定しません。これは周知のことであって、老若男女誰もがきわめて普通のことであるとして、奇異に感じたり、忌まわしいことだとは思っていません。(『ザビエル全書簡』、河野純徳訳、平凡社、一九九九年、五二四頁)

言うまでもなく、当時の日本人にとっても宣教師たちの行為に理解できないところもあったに違いない。例えば、宣教師たちが公に肉を食べていたことは当時の日本人につまずきであった。本人は肉を食べることはモラルに反すると思っていなかっただろうが、「つまずきを与えないため肉を食べないことにした」(『ザビエル全書簡』、四七三頁)と述べ、司牧的な配慮を示している。その上、アジアに来ていたポルトガル人たちの行いはモラルに反するので宣教の妨げになると嘆くザビエルの手紙は少なくない。特に当時の指導者、ジョアン三世王宛の数書簡ではそれを厳しく取り締まるように頼んでいる（同上、一七七、二四八、二八三、二九二、三三二頁を参照）。

ザビエルが帰天してからも多くの宣教師が日本人の生き方を誉めている。日本管区を代表してローマの会議に出たジル・デ・ラ・マタ（一五四七―一五九九）神父は、

〔日本の〕キリシタンたちは優れた忍耐をもって迫害に耐えた。背教する人が少ない。彼らは赦しの秘跡と聖体拝領することを好んでいる。他の国民より正しく赦しの秘跡を受ける。鞭打ち、断食とその他の苦行を好み、何より聖なる十字架への信心が深い。彼らは洗礼を受ける前から苦行に慣れていることは助けになる。（Giuseppe Marino, “La Relación del estado de Japón ms. inédito de Gil de la Mata, S.J.（1547-1599）” Archivos Mediterráneo, 2014, p.25より拙訳）

と、日本人を高く評価している。そう思わなかった宣教師もいたが、どちらかと言えば、長く日本人と関わった宣教師が良心的に生きる国民であると証言を残した。

## 戦争の倫理基準

ヨーロッパでは、中世から遠征などに対する倫理について問われていた。現代の考えからすればそのモラルに疑問があるとは言え、当時の宣教師たちもキリシタンも、キリスト教に明白な倫理基準があり、それが守られたかどうかによって正か不正かと決めることができた。例えば、一五五七年にヴィトリア師（一四九二頃―一五四六）の法律に関する一五五七年の本に、「家臣は不正な戦争であると確信していれば、それに参加してはならない」（"Francisci de Victoria De Indis et De ivre belli relectiones", Washington, 1917, p.282）と書き、盲目的な従順から離脱していたモラルを示している。しかし、日本にそのような法律を適用しようと思ったところ、さまざまな倫理問題が生じた。ヴァリニャーノ神父によれば、「ここ〔日本〕は統治と言えるものがなく、法律を定める専門家もいなければそれについて忠告できる人もいないほど不正な法しかない」（長崎より、一五八〇年八月一五日付総長宛ヴァリニャーノ書簡［Jap.Sin. 8 I, 278v］より拙訳）。実際に、当時のキリシタンは戦争（正戦の是非）問題に関して宣教師たちに相談していた。加津佐で一五九〇年に開かれた「日本イエズス会第二回総協議会」に、この宣教師が受けていた相談について取り扱われた。その諮問第三、「日本人領主の間に絶えず行われている戦争問題に介入しない」という結論を出した。それに、ただの助言ではなく、まさにモラルに関わる形で以下の表現を使う。

日本のイエズス会とキリスト教界にとって取りかえしのつかぬ破滅を生ずるので、これを一上長の意志と自由裁量に委ねることは正しくないと思われたからである。本問題に関しては、従順の誓願の義務に基づき in virtute sacta obedientiae 多くの問題を全面的に禁止すべきであると思われた。(『キリシタン研究』第十六輯、吉川弘文館、昭和五一年、二一一頁、A・タラドリス「日本イエズス会第一回総協議会議事録と裁決［一五九〇年］」)

さまざまな日本でのイエズス会の方針についての会議にもこの話題が出た。相変わらず、キリシタン大名などの質問は続き、単に関わらないことは無責任な態度に思われた。結果として、ヨーロッパの専門家の意見を聞くことになった。世界のイエズス会代表がローマに集まる機会を利用してジル・デ・ラ・マタ神父を派遣し、当時ヨーロッパで尊敬されていた倫理の専門家、ガブリエル・バスケス（一五五一―一六〇四）宛に「日本の倫理上の諸問題について」の文書を出すことになった。日本での多岐にわたる問い合わせであるが、参考まで、大名の戦いにおいての正戦か不正戦について疑問がある場合、どう答えるべきかについてバスケス師の答えを見よう。

（問25）について。この場合は（正戦であるかどうか）黙っていてよいでしょう。なぜならその戦争が正しいかどうか彼らがとやかく詮索することは適当なこととは言えないからです。しかし、もしもその人たちが戦争の正当性について質問するなら、曖昧なかたちで返事をすることは正当とは言えませんし、真実のことを言わずに黙っていることも正しいことではないでしょう。（川村信三訳、ガブリエル・バスケス著「日本の倫理上の諸問題について」（Difficiliores casus, quorum resolutio in japonia desideratur）、『中世思想原典集成20——近世スコラ学』、平凡社、二〇〇〇年、九六五—九九五頁）

この箇所で示されるように、当時のモラルについて問われていることがあり、できるだけ正しい答えを与えようとしたことがわかる。言うまでもなく、宣教師から証言があったからといって当時の武士たちがそれに従って行動したとは限らない。上述の文書に、偶像崇拝、高利子、ミサで用いるブドウ酒までさまざまな問題について取り扱われているが、やはり、何が倫理的に正しいか難問なところが目立つ。キリシタンたちは寺や神社のための木材を運んだり磨いたりすることは罪に当たるかについて、ヴァスケス師は、「木材を磨いたり、建物の中に運び込んだりすることは、その一つ一つは良くも悪くも用いられるものです」（同上、九九二頁）と答え、当時の日本人を安堵させることになった。

## 潜伏するかどうかのモラル

日本では迫害が長く続いたので宣教師とキリシタンはその対策を修正しながらの生活が続いた。そのなか、宣教師たちは皆が捕らえられたら秘跡が受けられなくなるという現実に直面した。基本的にキリストのために命を捧げることの大切さなどが変わらなかったとしても、迫害そのもの（迫害者とその政策）は変化していたので、それに対応するかたちをとった。豊臣秀吉の迫害に対して多くの指導者は自分も殉教するつもりで役人たちに名乗った。ルイス・フロイスが一五九七年に書いた殉教記録に、彼らはそれを聞いて非常に喜び、起こりうる出来事のために準備し、励まし合い、ジュスト右近殿と他の数人の信者にその事を知らせた。彼らはすぐに私達の家にやってきて、二人のイルマンと一緒に死を迎える覚悟を示した。（ルイス・フロイス著、結城了悟訳『日本二十六聖人殉教記』、聖母の騎士、一九九七年、五五頁）

とあり、似たような箇所を書き残している。しかし、役人たちからすれば高山右近のような有名な指導者を死刑にすることが得策ではないとみて断った。最初の迫害では殉教の機会があればそれを積極的に受けいれるとのモラルがあったようである。同時に、宣教師が生き続けることが共同体にとっては大事であったので、さまざまな組織によって神父たちを匿うようになった。殉教者になった多くのキリシタンはそれを理由に処刑されたほどである。しかし、徳川時代になってから、キリシタンであれば誰も処刑されることになったので、徐々に潜伏するようになった。神父たちが居なくなったとき（一六四五年前後）に完全に潜伏キリシタンの時代になり、二〇〇年余り信仰を守り抜いて「信徒発見」でその確認ができた。当時の政府（幕府）からすれば、キリシタンたちは重大な罪に当たる、つまり禁じられた信仰を守ったので処刑するのは当然であった。だからこそ、当時のキリシタンたちは「倫理的に正しい」つまり、モラルに従って生きていた確信がなければ迫害に耐えることがなかったと思う。その意味では、彼らの生き方は法律が定めたことを守ることはいつも正しいとは限らないことを示している。換言すればモラルは法律が決めるものではなく、本人と神様の問題であり、良心的に生きるために常に識別していく必要があると示しているようである。この問題についての論文にガブリエル・デ・マトス（一五七一―一六三四）神父の一六一六年一〇月三〇日付書簡が引用されるので、一部を引用する。

この時期に、またこの機会に信者達に次のように語ることは適切である、すなわち、私達は彼等とともに、また彼等のために死を覚悟しており、これこそ私達の非常な喜びと利益であり、神に捧げる大いなる名誉でもある。しかし信者達のもっと大きな利益のために便宜上私達は隠れるのであり、決して生命の喪失を恐れているのではない。（ディエゴ・パチェコ（結城了悟）「潜伏した宣教師たち」『長崎談叢』第四七輯別冊、一九六八年、五〇頁）

上述の論文に出る他の史料を含めて考えれば、宣教師もキリシタンたちも真剣に潜伏すべきとそうでない時期を見極めていたことが明らかである。ここでその時期と対策が適切であったかどうかを考察するより、与えられた環境に「正しい」対策を考えたことを評価したい。私たちの時代にもパンデミックという異例な環境に立たされたが、病気に対する対策が中心になりすぎた余り、採られた対策が正しかったか、つまりモラルに従っていたかどうか意外にほとんど議論されなかったことを考えれば現代の私たちも学ぶところがあると言える。

## 修道会同士争いのモラル

キリシタン時代の修道会同士の争いにつての詳細を省くが、これについて多くの研究がある（Carla TRONU, "The Rivalry between the Society of Jesus and the Mendicant Orders in Early Modern Nagasaki" in: Agora: Journal of International Center for Regional Studies, No.12, 2015, また、Lage Reis, Pedro "Alessandro Valignano attitude towards Jesuit and Franciscan concepts of evangelization in Japan (1587-1597)" Bulletin of Portuguese - Japanese Studies, núm. 2, june, 2001, pp. 79-108 Universidade Nova de Lisboa Lisboa, Portugal は、専門家による、よくまとまった論文として、推薦できる）。そのうち、一六〇〇年前後にイエズス会以外の修道会来日はモラルに

関する問題となった。グレゴリオ十三世教皇は一五八五年一月二八日付の小勅書『エクス・パストラリス・オッフィチオ』（Ex Pastoralis Officio）をもって、日本とその周辺の宣教をイエズス会に独占的に委任した。この勅書によって他の修道会の来日が禁じられたため、その規定に対する評価が分かれた。その後、クレメンス八世教皇は一六〇〇年一二月一二日、『オネロサ・パストラリス』（Onerosa Pastoralis）を出し、すべての修道会が日本で宣教する許可を与え、一六〇八年六月一一日にもこれを追認するパウルス五世教皇の小勅書が出された。前の小勅書が無効になったかどうかが明確ではなかったこともあり、修道会同士の摩擦が続いた。カトリック教義に関わることではなく、その方法についての議論であったので本来だったら地元の司教が決めれば済むはずだが、イエズス会出身のセルケイラ司教が一六一四年に亡くなってからは日本では誰が権限を持っているかでさえ不明になった。この「宣教権の争い」は宣教そのものに悪影響を与えたので無視できない問題である。当時、どちらが正しいかという争いに集中しすぎて本来の宣教が見失ってしまう場合もあった。イエズス会の幾つかの会議では司教が日本に来ない方がいいとの結論を出したのに対して、当時の総長ボルハは、

一、現地にいる神父達がイエズス会以外の宣教師が来ない方がいいと書いているにもかかわらず、その会の我等はその宣教の全部を負担したくありませんので、殿下〔フェリペ二世〕が必要と思われる対策を採っていただけますように。
二、少なくとも日本に、霊的権威と賢信の秘跡を授けることができますように、司教、あるいはその代理が置かれるようにお計らい下さい。（ローマより一五六八年一二月二四日付レオン・エンリケス宛フランシスコ・デ・ボルハ書簡 "Documenta Indica" VII p.593, 2より）

と書いて、現地の会員たちと違った目線で日本の宣教を見ていたことを表している。フランシスコ会やドミニコ会側でも似た、相手を理解すると相手を批判する史料が残っている。ここでは教皇たちの文書内容とその解釈について述べるより、当時の宣教師とキリシタンたちは真剣にモラルに関わることを基にして考え、議論したことを評価したい。しかし、それぞれの修道会から膨大な書物にお金、時間と努力が費やされたことを考えれば、どちらでも自分たちにしか通じないモラルに捕らわれたと結論できよう。幸いに現代、修道会同士の関係がいい。だが、歴史を通してキリシタン時代の良い面と足りなかった面から学ぶことができる。現代も正義感やモラルに従うつもりを持ちながら戦争、暴力、圧政が世界で続いていることを考えれば、決して過ぎ去った歴史ではなく、今も次世代も無視できない問題である。

## おわりに

ここまでの考察でキリシタン時代のモラルに関する問題を見てきたが、参考になるものに焦点を絞って書いた。当然ながらそれぞれの問題に背景があり簡単に説明できないところも多い。また、立場によって同じ現実に対して異なった評価ができる。モラルは全人類の歴史に関わる問題であると言えよう。宣教師たちが異なった文化や宗教をもたらしたことによって対立と迫害が増えたとの解釈があろうが、逆に、その異なった価値観がもたらされたことによって、日本とヨーロッパ、あえて言えばキリスト教も豊かになり、より深いモラルに触れたとも言えよう。限界をもった人間だからこそ、客観的な倫理を把握することが不可能であり、私たちにモラルがあるとすれば、その源である神様に教えられる限りである。創造主の神を信じるキリスト者は当然ながら信者でない人も同じ神様によって造られ、さまざまな出来事や被造物を通して我らと同じモラルに触れ、人間の限界をもちながらいつでも深めることができる。そのために「自分のモラル」を中心にせず神様からいただいたモラルを目指して多くの人と文化との対話が必要である。

先輩たちが体験したこと彼らが出した倫理的な答えを探求しながら成長していくことができるよいに祈りましょう。

最後にモラルに関する殉教者の言葉を引用して終わりたい。

「人間の審判は大したことでない。神の審判こそは偉大で、神からのご褒美は無限のものであるから、それだけが真の贈物、宝である」——福者パウロ西堀（マリオ・マレガ『キリシタンの英雄たち』、ドン・ボスコ社、一九六八年、二二〇頁より）。

# モラルの人間学

越前　喜六

## モラルとは何か

モラルという語句は、ラテン語の moralis という形容詞から来た言葉と理解している。というのは、学生時代、ラテン語を専攻した者としてそう思うのである。日本語に訳すと、習慣というか、人間らしさだと思うのである。人間が人間らしく生き、行動すること、それがモラルの原意ではないだろうか。徳のことをラテン語では virtus（ヴィルトゥス）といい、徳と訳されるが、原意は力とか習慣という意味である。それでよく善徳と訳される。つまり、善行を繰り返し実行していると、そのうちそれが習慣になり、善業が容易に行うことができるようになる、というのである。

また「人間らしさ」であるが、一番感動したのが、私の大好きな仏教の高僧、明恵上人《みょうえしょうにん》（一一七三―一二三二〈承安三年―貞永元年〉、鎌倉前期）が、「あるべきようわ」とわかりやすく説いていることである。つまり、例えば僧侶は僧侶らしく、役人は役人らしく、商人は商人らしく、教員は教員らしく振る舞うということである。

明恵上人は鎌倉前期の華厳宗の高僧で、当時の堕落した世相や仏教界を嘆き、釈尊の教えに帰ることを身命を賭して説いた。彼が後鳥羽上皇から下賜された京都西部の栂野《とがのお》に高山寺《こうざんじ》という修行寺を建て、そこで真剣に修行された。私は京都に行くたびに、そこをよく訪れ、本堂に坐りながら、往時を偲ぶのを楽しんだものだ。国宝級の鳥獣戯画もそこにある。私はあまり芸術的なセンスのない人間だが、やはり本物を見たときには、感動した。また樹上座禅像の絵を観たときも、何とも言えない感情を覚えたものである。明恵は、キリスト教的にいえば、神秘家の聖人と言えよう。

感心するのは、『夢記』を記したほどの神秘家でありながらも、人間の生き方に関しては、「あるべきようわ」を説いたことである。その意味は、「この世にあるべきようにあろうとすること」の理念で生きることにほかならない。容易なようで容易ではないが、これが菩提心の現れだという。モラルとは本来、人間の本性に基づく自律的な法である。外から人為的に課されるような掟や戒律ではない。戒律や掟や規則などは、本来、自律的なモラルを補佐するものにほかならない。そう私は理解している。そうでなければ、修道生活の会則などは、煩瑣な重荷に思えるだけであろう。だから、自然法というのである。換言すれば本性法ということであろう。だから、大学の倫理学の時間に、道徳というのは、本性、この場合は人間性が健全に成長発達するために、自由意志を賦与された創造の瞬間から、良心の声として刻印されたものだ、と教わったが、なるほどと思ったものだ。

人間の自由意志が、善を選び、悪を避けるように、人間性に本性法として刻まれているのが良心だというのである。私が思うには、他の生物もみなその本性に基づいて行動し、生きているが、自由意志という能力はない。だから、生物の世界にはモラルはない。つまり、モラルとは、直訳すれば人道ということではないだろうか。人道が人間にあるということは、人間が「神の似像《じぞう》」（創１・27）であるからだ。そして、これが人間の尊厳性の根幹であり、顕現ではないかと考える。だからこそ、高度に人間らしさを開花・結実させた人を聖人としてカトリック教会は、公に崇敬しているのである。そして、人間の真の幸福というのは、モラルと道連れといってもよいだろう。幸福とは、富貴、栄誉、権力、快楽享受だと多くの人は考えているが、それは違う。真の幸せというのは、聖書に記されているように、「聖霊による義と平安と喜び」（ロマ14・17参照）にほかならない。私は、長い間、修道生活をしていて、それを実感している。清貧・貞潔・従順という三誓願を立てて、現世の宝、すなわち、名誉・権力・富貴・享楽（一ヨハ2・16参照）を追求することを断念して、修道に励んできたが、その結果、はじめて真福を知ったと言っても過言ではない。でなければ、六〇年以上も隠遁や修道の生き方が続けられるだろうか。私自身のささやかな体験を言わせてもらえば、小学校三年の時に、信者の姉の話を聞いて、カトリックを信じた私は、戦時中でもあり、また、両親が早世したこともあって、姉が教えてくれた天国を信じ、それに憧れて、熱心に祈ったものだ。しかし、心の平安というものを経験することはなかった。それを経験したのは、高校を卒業後、信州（長野県）に移り、教会に通って、受洗してからであった。毎朝、早く起きて教会に行き、朝のミサに与かり、聖体を拝領してから、聖堂で静かに祈っているとき、心の平安を味わうことができたのである。しかし、それでも家に帰り、仕事（それは兄が経営する出版社の業務）に励んでいると、心の平安という経験はなくなった。仕事や業務に携わっているときにも、心の平安を味わうことができるようになったのは、大学教員として、愛する学生たちのために一生懸命講義をしているときであった。やはり、愛と平安は密接不可離なものなのだろう。

また他の事例から言うと、五世紀の聖アウグスティヌスの『告白録』ではないが、主なる神との親しい交わりや一致のうちにこそ、真の幸福（愛や平安や喜び）があるのではないだろうか。そしてそこへ導くのが、少なくても信仰や祈りや愛徳なのである。それを自然法的に言えば、「善因楽果」であろう。誰でも道徳的に善いことをすれば、嬉しくなるし、反対に「悪因苦果」で、悪事をすれば、不幸になり、苦しむのではないだろうか。それでも人間が悪いことをするのは、なぜだろうか。この問題に、大学で人間学を教えている時、本当に苦労したものだ。人はなぜ、悪事をしたら不幸になるのだろうか、ということを本能的（？）に知っている。それなのに、なぜ悪事を選択するのだろうか。また、悪いとわかっているけど、止められないのはなぜだろうか。答えは、人間には私利・私欲・私心という我執があるからだ、とかつて友人の禅僧から教わったことがある。それまでも私は、欲望というのが悪いものだと思い込んでいたので、禁欲的な生き方がするのがベターなのだと、若い時は思い込んでいた。だから、禁欲的な生き方に憧れていた。それで秋田県の実家で暮らしていた若い時には、わざと好きなものを避け、嫌いなことを選択することもあった。しかし、その結果は、生きることの虚しさやノイローゼのような気持ちであった。だから、新制高校一期生として学校を卒業すると、故郷の大館を離れ、兄が住む信州（長野）に移ったのである。その後のことは、これまで方々で書き、話してきたので、今回は省略する。結論を言うと、結果が悪ければ、原因が悪い（マタ7・17―20参照）という法則に気づいたことである。欲望というのは、ある意味で健康のしるしだし、生きる原動力でもある。病気をすれば、欲望が減少する。私は何回も病気や怪我などをして入院しているので、病院生活は経験している。そのときには、食欲もその他の欲求も減少する。だから、欲求を感じたときは、健康になりつつあるのだということを実感するようになった。ではなぜ、宗教などが、欲望を良くないものだと教えてきたのだろうか。人間学的には難しい問題だと思うが、私は執着（囚われ）の原因になりやすいからではないかと考えるが、いかがなものだろうか。修道生活をしていると、「するか、しないか」よりは、「囚われるか、囚われないか」の方が重要な問題なのだということに気がつくようになった。つまり、魂の自由な境地が大切なのだ、ということがわかったのである。離脱や解脱というのは、そういう境地のことを指す。無というのは、虚無ということではない。また、空というのは、空っぽのことではない。何事でもまた何物にも囚われない境地、それが無であり、空ではないだろうか。だから、所有か無所有かという問題ではないと思う。何より大事なことは、囚われない境地、すなわち無執着な状態になった時にこそ、「すべてにおいてすべてである」神を体験するからではないだろうか。アッシジの聖フランチェスコ（一一八二―一二二六）が、全き清貧の中で体験した神は、「わが神よ、わがすべてよ」であった。私はローマに行った時、アッピア街道を歩いたりしたが、アッシジが大好きで何回も訪ねたものだ。知人の神父がそこの聖フランチェスコ教会（大聖堂）に居たときは、コンベンツァル修道院の内部まで案内され、小聖堂でミサも捧げたことがある。また、アッシジの坂道を独りで歩き、ウンブリア高原を眺めたり、中世からの家並みを見ていると、中世のアッシジそのものではないかと思ったものだ。それは極めて楽しく良い気分であった。

ともあれ、貧乏であることを誇ることはない。貧乏でも内心では貪欲心が旺盛な人を私は何人も知っている。反対に、金持ちなのに、寛大に施しをする人も知っている。富の有無ではなく、囚われることのない無執着の境地、それが真の無、空ではないだろうか。それには、神が「すべてにおいてすべてであるという真実」に気づかなくてはならないだろう。それが悟りというものではないだろうか。そのために、修行の一貫として坐禅をするのではないかと思う。坐禅というのは、静かに坐っていることで、「無我無心」というか、「無念無想」というか――実際はこれが難しいが――「無化」を心掛けているのではないだろうか。坐禅をしていて、不安や感情の動揺が邪魔なのは当然だが、無我というときには、何も考えないこと、いわば内面的な沈黙を重視するのである。これは、雑念がないということだけでなく、思考が邪魔になるからであろう。わかりやすく言えば、「計らい」を捨てるということだろう。計らいというのは、我執から発していることが多い。すなわち多くの場合、人間の感情や行動は、自我の計らい、すなわち我執からの表現であると言えよう。子どもには計らいがないと言われるが、それは我欲や自我の分別という我執がまだ十分に発達していないからではないだろうか。ここではっきりと区別しておきたいのは、「計らい」と「気づき（意識）」は違うということである。まず、計らいというのは能動的な思考作用であるが、気づきというのは受動的な認識作用にほかならない。迷妄や誤謬が入り込みやすいのは、思考・計らいという能動的な認識作用においてである。これに反し、気づきという受動的な認識作用は、対象をあるがままに受け止めるので、倫理的な責任はないと言ってもよいだろう。それは善悪・損得・好悪などの状態や状況をあるがままに受け入れ、受け止めることである。決して思考や計らいのように、是非善悪の判断をしないということにほかならない。この区別は、モラルや道徳では、重要なことだと思う。

受容や気づきの大切さがわかったのは、一九六九年の春、J大学に赴任した頃、K神父と出会い、彼からカウンセリング心理学を学んだ時である。彼は、戦後、アメリカのフォーダム大学でカウンセリング心理学の学位を取得して帰国後、J大学の教授として働いた。私は五〇歳のとき、大学から在外研究者として予算をもらい、半年間、世界を回った。そのとき、フォーダム大学も訪ねたので、図書館で博士論文を見せてもらったことがある。そういう関係もあり、また私もJ大学の教員だったので、一緒になってカウンセリング研究所を立ち上げるのに協力した。そこで彼が早く亡くなった後も、J大学のカウンセリング研究所に関係していたものだ。彼がアメリカでカール・ロジャース博士（臨床心理学者、一九〇二―一九八七）から学んだ来談者中心療法の核心は、「受容」つまり、来談者の話を是非善悪の判断で聴くのではなく、あるがままに聴く、つまり受容するのである。受容に癒しの力があるのは、来談者自身の内面に自然治癒力があるからにほかならない。これは重大な発見であった。それまで、例えば、神父や教師などは、問題や悩みを抱えた来談者に解決の指示を与えていたものだ。私自身もそうしてきたが、それでは来談者を癒すことはできない。身体的健康の場合もそうであるが、人間の身体には、健康であろうとする自然治癒力が備わっている。つまり、病気を癒すのは、医師や薬ではなく、病人自身なのだ。医者や薬などは、その補助作用に過ぎない。そして、自然治癒力というのは、信頼や確信、愛や平安などの心理状態のときには、よく働く。この真実は、若い時、ノイローゼを経験した私自身が体験したことである。簡単に自分の体験について語ると、秋田県出身の私は、「ズーズー弁」が普通であった。ところが、信州人は議論好きで、理屈っぽい。それで、教会に行くと、完全に劣等感に陥ってしまった。それで、夜も眠れなかった。こうした状態が一年くらい続いたが、ある時、赤本という家庭医学の書物（これは戦後よく読まれていた）を開いていると、「自然治癒力」という言葉に出会った。それが神の計らいと後で思ったが、自分は秋田県人だから、信州人のように、よく喋れないかも知れないが、編集・出版の仕事をしているのだから、また、多くの知識人にお会いしているので、知識はあるだろう。信州人とは対等に喋ることができないと勝手に思い込んでいたが、実際に喋ってみないと、喋れるか喋れないのかわからないじゃないか、ということに気づき、思い切って喋ってみることにした。そうしたら、ぺらぺら喋れるのではないか。それで、私は信州人相手でも喋れるのではないかということに気がついた。そのときからコンプレックスがなくなり、ノイローゼが治ったのである。その後は、受洗もあったが、信州人以上に喋るようになって今日に至っている。その本には抵抗療法という言葉もあったが、できないと思い込んでいるからできないのである。だから、まずやってみることだ。それでできないなら、そのできないという事実を受容すればよい。

やってもみないで、できないと思い込むのはまさしく劣等感と言ってもよいだろう。だから、私にはそれができないと思い込んでいるなら、まず有無を言わないでまず実践してみることだ。これが抵抗療法というものである。適当な事例ではないが、私は雪国の人間なので、スキーは多少できる。しかし、旧制中学校でスキー行軍があったときには怖かった。特に山の頂上から下まで滑り降りるときには、足が震えた。しかし、止めるわけにはいかない。そこで、死ぬ覚悟で滑ったものだ。物凄いスピードだったが、なんとか下まで滑り降りることができた。この体験から当たって砕けろという精神ができたと思う。やってみなければ、できるかできないかがわからないものだ。やってみてできなければ、できないという事実をあるがままに受容すればよいのだ。それがわかっただけでも、私のノイローゼは、貴重な体験だったと思っている。それ以来、ノイローゼに罹ったことはない。今では事実の認識や受容は、癒しの力こそあれ、病気の原因にはならないと思っている。

## 恩恵とモラル

ここでいう恩恵（グラチア、〈ラ〉gratia）とは、キリスト教が祈りや信仰や洗礼などの秘跡によって神から直接に信者の魂などに賦与される力や位や賜物など、超自然的な助け（恵与）のことを指す。神の創造論からいえば、宇宙のすべての物は神の恵みと言ってもよいが、カトリックの倫理神学からいえば、恩恵というときには、超自然的な賜物を指す。つまり、人間が自己の才能や努力などによって、いわば自力で得たものは、恵みとは言わない。それはまさしく自然なのである。現代のカトリック教会は、第二バチカン公会議（一九六二―一九六五）以降、超自然という言葉をあまり使わなくなったが、私がかつて倫理神学を学んでいたときには、自然的な善と超自然的な善ということを教わった。自然的な善というのは、神が世界や人間を創造されたときに被造物に自動的に賦与された能力や賜物などを指す。すなわち本性的な善と言ってもよいだろう。しかし、超自然な恩恵というのは、神秘体験を含め、完全に無償な神の賜物であって、人間が要求したり、求めたりして得られるものではない、と教わった。例えば、主イエス・キリストの受難と死と復活によって、人類の罪過が赦され、永遠のいのち、すなわち天国に救われるようになったのは、超自然的な善であって、自然的な善ではない。これを恩恵と教わった。だから、そうした恩恵を神からいただくためには、人間には信仰が求められているというのである。それでは、両者の間にどういう関係があるのだろうか。中世の大神学者、聖トマス・アクィナス（一二二五―一二七四）は、『神学大全』

の中で、「恩恵は自然（本性）を前提にして、それを完成する」と書いている。この文言は、自然が不完全なものだから、神は恩恵を賜って、自然を完成させた、と解釈することができるけれども、真実はそうではないと考える。実際、教授はそう説明したが、それでは創造というのが、不完全なものだと取られかねないだろう。

当時の私は、原罪によって自然（本性）は腐敗・堕落したものだと教わっていたので、自然だけでは悪いものだと考えていた。でも、その考え方には、随分悩んでいたものだ。では、洗礼を受けたキリスト教圏の人々は、倫理的に立派なはずではないか。しかし、世界を回ってみて、現実はそうでないことに気づいた。後で、宗教と倫理の問題について少し論じることにするが、例えば、日本のような非キリスト教圏の文化はどうなっているのだろうかとも考えていた。が、実際は、キリスト教文化圏の国々も歴史上随分悪いことをしてきた（一例は植民地政策）が、それはどうしてだろうかと、真剣に考えていた。しかし、自然は悪いものので、超自然は善いものだという区別は、間違っているのではないだろうか。弱いことは認めるが、不完全さや弱さは、倫理的に悪いことではない。この問題、すなわち自然と超自然の関係に悩んでいた頃、第二バチカン公会議が開かれた。私が神学部の院生で、司祭に叙階された頃であったので、この問題は一応決着した。それでも福音宣教に命を賭けていた私は、何のために伝道するのだろうかと真剣に考えていたものだ。神の創造が不完全なものであったとは、到底思えない。神の創造は、いついかなる場合でも完全・完璧なはずである。だから、創造と救済の間には、不完全から完全へという関係ではなく、無償の「昂揚」ではないだろうか。喩えがあまりよくないが、迷子が拾われて、実子にされたようなものではないかと考えた。人間は人間であるだけで完全で、尊い存在である。つまり、自然は自然で完全・無欠であるように、人間は人間であるだけに尊い。それが創世記に「神の似像」（前述）と記されている真実ではないだろうか。しかし、人間には認識能力と自由意志があるので、それを濫用したり、誤用したりして迷うことはあるだろう。そして、原罪物語をそう解釈することも許されよう。すると、それが創世記にある人祖アダムとエバの堕罪物語にも反映されているのではないだろうか。そう考えるのは間違いだろうか。人間には自由意志が与えられている。だから、間違った認識や誤謬に陥って、無智や暗黒の闇に迷い込むことは可能であろう。そこで人間が人生において、迷子になって、不幸にならないように、神は人間に知性という認識能力と愛という能力をお与えになったのではないだろうか。換言すれば、人は自由のために不幸にならないように（つまり迷わないように）、まず羅針盤のような良心が与えられたのではないか。だから、人生で大事なことは、しっかりと〈学び〉をして、正しい認識や真実の認識を身につけることであろう。でなければ、無智のために不幸に陥ることがあるからである。

また、私のささやかな体験だが、若い頃、富士山に三回も登った。そして、お中道巡りをしたり、五合目のお茶屋から精進湖まで下山したことなどもある。大体、どれも八時間位時間がかかったような気がするが、貴重な経験であったことは間違いない。そこでわかったことは、富士山で自殺をする人も少なくないが、遭難者が多いのは、原生林が生い茂っている五合目までの山中である。つまり、原生林の生い茂っている五合目までは、道がない。だから、入り込んだ人は、登山道に戻れなくて迷子になり、そのうち空腹や寒さのために体調を崩し、亡くなっていくのである。だから、私の場合は、紅い布など何か目印になるものを途中、樹の枝に結び付けて入っていった。すると帰りはそれを目印に元の登山道に戻れるのであった。動物に襲われたというのは、嘘であろう。水や食べ物などがない所に動物が来るわけがない。そう私は思っているが、科学者でないから、断定はできない。

「昂揚」に関して、最後に少し付言すると、神はご自分に象り、ご自分に似せて創造された人間を、こよなく愛されていたので、これ以上はないほどの恩恵を人間に賦与されたのではないだろうか。それは神が人に「神の子となる資格を与えた」（ヨハ１・12）ことで明らかではないだろうか。なぜかというと、「神は愛だから」（一ヨハ4・8）である。愛とは良いものを与えることにほかならない。だから、神は人間を神の位にまで高揚されたのである。自然も完全であるが、超自然は、それを無限に超えた境地、状態ではないだろうか。では、神はなぜ人間を自然のままでも完全であるのに、超自然にまで高めようとなされたのであろうか。繰り返すが、一言でいえば、神が愛だからである。高揚された人間は、自分が神の子（厳密にいえば、神の養子）であることに気づいたとき、どれほどの愛と歓喜に満たされて神を愛することだろうか。

人間が最終的に憧れ、希求しているのは、「神化」することであろう。だから、東方教会四世紀の三教父、聖バジリオ、ナジアンゾスの聖グレゴリウス、ニュッサの聖グレゴリウスたちが神学的に、神の御子が人になった（ヨハ1・14参照）のは、人を神にまで高めるためであった、と主張したのではないだろうか。だから、神の恩恵に従って生きるとは、神の子らしく生きるということにほかならない。換言すれば、主キリストに倣って生きるということである。

日々の生活の中で神の恩恵を得るには、どうしたらよいだろうか。むろん、カトリック教会には「秘跡《ひせき》」（七つの秘跡＝洗礼・堅信・聖体・ゆるし［告解］・病油・叙階・婚姻）というものがあるが、それは信仰者が決まった仕方で受ける方法である。しかし、恩恵は神の愛からの自由な賜物であるから、恩恵を得る条件や方法が決まっているわけではない。それこそ、神の自由なはたらきによる。けれども、例えば、キリスト信者は、人間が神の子とされたので、親子、兄弟姉妹、親友みたいに、神に対して親密な友情（愛）を抱くことができる。神の恩恵を受ける方法や手段は、本来無限に多様である。それだけに、必ず恩恵が授与される手立てとしての信仰や秘跡があるということは、大きな慰めではないだろうか。ともあれ、私なら、神の恩恵が受けられるなら、何でもしようと思う。

なお、恩恵を体験したならば、神に感謝することである。福音書にもあるが、重い病気を患っていた一〇人の患者が主キリストによって癒されたとき、感謝のために戻って来たのはたった一人、しかも彼は、サマリア人であった。他の九人のユダヤ人は戻って感謝することもしなかった（ルカ17・11―19参照）。だから、恵みをいただいたら感謝することである。主イエスの模範に従えば、御父に祈られた時は、祈りが必ず聞き入れられることを感謝されて祈っておられたのがわかる（マタ15・35参照）。

## 良心の声に従って生きる

良心というのは、自然法的にいえば、人が具体的な状況の中で、何を選択すべきかを教えてくれる内なる神の声だ、と教わった。だから、その声に従うとき、善行を為すことになるし、従わないときには、悪事を為すことになる。そして、その良心の声に従うか、従わないかによって、その人の善悪が決まるのである。私の子どものときの体験を書かせてもらうと、私が小学校六年生のとき、近所の友だちと朝遊んでいた。町の中心街に住んでいたので、ある金物店に泥棒に入ろうかとなり、バラック造りのお店に入って、綺麗な食器などを盗んだことがある。その時、強烈な内なる声を聴いた。「泥棒をするのか」という声であった。それで私は怖くなり、店の後の地面を掘って、そこに盗んだ食器を埋めて、家に帰ってきた。朝の六時頃だったろうか。ところが近所のお店で働いていた女中さんに見つかり、学校に告げられたので、登校したら、担任の先生に呼ばれ、こっぴどく叱られた。それはそれとして、申し上げたいのは、泥棒したとき、「お前は盗みをするのか」という強烈な内なる声を聴いたことであった。それで、怖くなり、盗んだ瀬戸物を穴に隠して帰宅したのだ。が、その内なる声は今でも忘れられない。本当に怖い声だった。未信者のときであるから、信仰は関係ない。他にもあるが、宗教や信仰など関係なく体験したことなので披瀝したが、良心の声があることは実感した。それは宗教と関係なかった。

そして、良心の声に従って良いことをすると、何とも言えない平安と喜びを感じたものだ。それに反し、良心の声を無視したときには、悪事をしたような不快感を覚えるものだ。これが良心の呵責というものなのだろう。だから、良心の声というのは、罪悪深重・煩悩熾盛《ぼんのうしじょう》の凡夫《ぼんぷ》と親鸞の『歎異抄』にあるように、弱くて誤りやすい人間が、現世で安全・安心・幸せに生きられるよう、羅針盤のように、神が人間に賦与された能力であり、機能ではないだろうか。だから、良心の声に従って生きれば、安全で安心な生き方ができるのである。反対に良心の声を無視したり、それに背いたりすると、私が経験したように、良心の呵責や禍を招くことになるだろう。モラルというのは、そういう意味で自然法とも言えるのである。

だから、前述もしたように、人間が人間らしく生きることこそが、自然的な善であり、モラルに適うことなのだ。そして、それがまた現世における幸福や安全や繁栄につながるのである。だから、仏教では、「善因楽果・悪因苦果」とも教えるのではないだろうか。そして、これは現世の法則にほかならない。それが、今日、地に堕ちているからこそ、さまざまな災禍が起こっているのではないだろうか。では、どうしたらよいだろうか。私は教員の経験があるから言うわけではないが、やはり、大人のお手本と説教（モラルという法則に関して教えること）がもっと実践されるべきではないだろうか。おとなしいことや沈黙は、「沈黙は肯定である」とかつて若い時、広島大学の有名教授から教わったことがあるが、あまり教育効果がないと思う。世の中で安全に生きていくためには、おとなしいほうが良いかもしれないが、「世のため、人のために」生きようとするならば、言葉というのが非常に大事なことを忘れてはならない。道元（一二〇〇—一二五三、日本曹洞宗の開祖）が書いているように、「愛語よく回天の力ある」ことを学ぶべきではないだろうか。特に、両親、教師、長上だけでなく、社会のすべての指導者たちはそうあるべきであろう。そうすれば、現代はもっと安全で豊かな良い社会になるのではないだろうか。やはり、結果が悪ければ、原因が悪いのだ。この法則を忘れてはいけない。

## 宗教とモラルと愛

宗教とモラルの関係はむろん、極めて重要である。私は一〇代の後半、秋田県の大館という地方の町（駅前にはここが出生の忠犬ハチ公の銅像がある）にある大館鳳鳴高校一期生として卒業した後、出版社を経営している愚兄を頼って信州は長野市に移り住んだ。そこで、カトリック教会に通い、神学者のドイツ人の神父の許で、カトリックの教えを学び、クリスマスに洗礼を受けた。それは死後、天国（永遠のいのち）に救われたいからであったが、もう一つの動機は、宗教を信仰したら、倫理的にも正しい良い人間になるだろうと思い込んでいたからである。しかし、現実は違っていた。私自身を含め、信者の中にも人間的に成熟している人や立派な人は少なかった。そこで、宗教を信仰するのは、なんのためだろうと、真剣に悩んだものだ。死後の安心立命のためであろうか。あるいは、現世利益（例、無病息災、家内安全、商売繁盛など）のためであろうか。どれも否定しないが、究極の願望は、主なる神と結ばれて、神の子となり、神と一致して、神らしく生きることではないだろうか。その模範が、公に列聖された聖者であり、カトリックには、こうした聖人がたくさんいる。聖人というのは、私が考えるには、「人神（じんしん）」ではないかと考える。つまり本性が人間性であり、人格（ペルソナ）としては誰々でありながら洗礼によって成聖の恩寵を受けた人は、神の子となるから、いわば人神といってもよいのではないだろうか。列聖された聖人というのは、こうした人神性を完全に開花させた模範的な人物のことであろう。

これに対して、イエスは、神の御子で第二のペルソナ（神格）でありながら、本性が神性なので、「神人（しんじん）」と呼ばれる。この神学的区別が重要である。それを混同しなければ、異端になることはないと思う。だから、昔、ドストエフスキー（一八二一―一八八一）の小説を読んでいたときに、人神を悪霊と解していたが、それは誤解であって、小説だから許されることだろう。ともあれ、主イエスが神でありながら人間となられたのであるから、人間が神になったとしてもおかしくはないであろう。私はカトリック信者として、多くの聖人伝を読んできたが、彼らが主なる神や主イエス・キリストと親密な友情を抱き、親しい友人のごとく接していたのには、感心したものである。例えば、アビラの聖テレジアの伝記を読んでいたときに、テレジアが観想を「神との親密な友情の交換」とご自身の神秘体験を基に書いているのには心から感動した。そして、自分もそうありたいと思ったものだが、それが不可能なので、スペインに行った時には、時間を割いて、アビラまで旅をし、聖女に祈ってきた。ともあれ、実際に聖人を目の前で見た時には、人々は主イエスを観ているように感じたのではないだろうか。

だから、ある神学者（例えば、カール・バルト〈一八八六―一九六八〉）が言うように、神と人間の間には、無限の断絶があると考えたならば、誰が神を愛することができるだろうか。しかし、イエスを主キリストと信仰する真のキリスト者ならば、主なる神を「父（アッバ）」

と呼んで祈るのである。だからこそ、カトリックでは、聖人崇敬が盛んなのではないだろうか。列聖されなくても神の前で偉大な人というのは、世界に大勢いるだろう、と思う。私は、「禅とキリスト教懇談会」のメンバーであるが、五〇年以上も他宗教の方々と付き合っていて、聖人のような立派な先生が結構いらしたような気がする。イエスを主キリストと信仰している私にとっては、そういう先生方も時として神の子のように思えることがあった。そうでなければ、例えば、宗派が違うといっても、弘法大師空海のような方が、今も現世で生きておられると信じられている現実を受け入れることができるだろうか。高野山では、今日でも何百年間も食事を差し上げる儀式が継続しているのである。そうでなければ、単なる大師信心だけで、こういう行事が切れ目なく継続できるわけがないであろう。何回も高野山に登った私は、現地でそれを実感したものである。余計なことかもしれないが、あるお寺で饗応に与かり、本堂を見せてもらい、お話をうかがっているとカトリックと真言宗は儀式を含め、非常によく似ているのがわかった。また、私には大日如来が、主キリストの顕現ではないかと思えたが、いかがなものだろうか。しかも、こういう点は、諸宗教対話の今日、極めて重要ではないかと思うが、いかがであろうか。言葉を換えれば、愛をもって万物を見るということは、神の子として万物を見ているということになるのではないだろうか。

また、主イエスの教えによれば、「人にしてもらいたいと思うことは何でも、あなたがたも人にしなさい。これこそ律法と預言者である」（マタ7・12）という聖言がある。ある意味で、このみ言葉の中に、宗教とモラルの本質が含まれている、と言ってもいいだろう。律法とは、モラルのことであり、預言者とは宗教のことだと解するならば、結局、「愛」という教えの中に宗教もモラルも包摂することができるのではないだろうか。むろん、この場合の愛とは、「好き」という感情だけでないことはいうまでもない。他者の利益、すなわち霊益、心理的利益、身体的利益、社会的利益など、他者を利することに関して、良いものを与えることである。が、他者に怒涛のような善のエネルギーを注ぐためには、聖霊のごとき神の愛の霊力が与えられていなければならないだろうと思う。だから、主イエスは昇天された後、聖霊が降るようにされたのではないだろうか。聖霊は、神の智慧と愛の源泉なので、聖霊が降ると、少なくても聖霊の七つの賜物が与えられるという。それは、「上智・聡明・賢慮・勇気・神を知る知識・孝愛・畏敬」と教会は教えている。何度も同じことを繰り返すようだが、宗教とモラルの間には、密接不可離の関係にある。けれども、愛の観点から、眺め、論じるなら、宗教というのは、信仰や祈りによって絶対者とつながる道である。これに対してモラルというのは、本来絶対者、つまり愛とつながっている人間が、その素晴らしさ、すなわち人間らしさ（あるべきようわ）を開花・結実（換言すれば、神の子らしく表現）させて、その結果として幸福を享受することではないかと考える。それは、卑近な例でも、例えば、人に善事をすると、嬉しくなるであろう。こうしたことによっても、「悪を避け、善を行え」という良心の声が自覚されるのではないだろうか。つまり、日常生活でよく経験することだが、他者（人）のために何か役に立つような善いことをすると、何となく嬉しくなるものである。それがその一つの証左と言えよう。また、宗教とモラルの関係について、主イエスの言葉がもう一つの重要なヒントになるのではないかと思う。

主イエスは言われた。「わたしはまことのぶどうの木、わたしの父は農夫である。わたしにつながっていながら、実を結ばない枝はみな、父が取り除かれる。しかし、実を結ぶものはみな、いよいよ豊かに実を結ぶように手入れをなさる。……わたしはぶどうの木、あなたがたはその枝である。人がわたしにつながっており、わたしもその人につながっていれば、その人は豊かに実を結ぶ。わたしを離れては、あなたがたは何もできないからである」（ヨハ15・1―5）。この光景は、エルサレムのゲッセマニの園にある聖堂の傍に生えているぶどうの樹を見たときに、すぐ想い出した。ぶどうの樹やその枝は外見上、弱々しく見えるが、それにたくさんのぶどうの房がなるのである。少し神秘的に感じるのは、私だけであろうか。

このぶどうの木の喩えは、神と人間とモラルの関係について、非常に象徴的であるように思える。ぶどうの樹は、主イエス、つまり神人キリストを指す。枝は、人々、特に信者（宗教を信心している人）を指していると思う。実を結ぶというのは、善業を行うことと解することができよう。実を結ばないとは、信仰や信心があっても善業を怠る人を指すのではないだろうか。私は子どもの頃、神や主キリストを信仰し、よくお祈りもしたが、善行をすることを怠った。その結果、幸福とは縁がなかったような気がする。今から思うと、善業の大切さがわかっていなかったからではないかと思った。

善行（善業）というのは、大抵の場合、対人関係の中で行われるか、仕事や活動の中で、なされることが多い。そのために、私利・私欲も入りやすいし、対人関係の複雑さに巻き込まれることも少なくない。だから、人のために善業をするということは、口で言うほど易しくはない。そこには、克己や自己放下、忍耐や根気などの決意や努力が求められよう。だから、自愛心（利己心）の強い人は、愛徳という他者のために「良いもの」を与えようという慈悲の心が弱いのではないかと思う。慈悲というのは、仏教用語であるが、「慈」と「悲」という言葉（文字）から成る。慈とは、慈しむ心であるから、他者を慈しみ、尊敬し、好意を抱き、良いものを与えて、他者が少しでも霊的、心理的、身体的、人間的、社会的に益になるよう（利すること）に努める愛のはたらきである。悲というのは、悲しいという感情のことではなく、弱い人、貧しい人、病んでいる人、困っている、いわゆる弱者と呼ばれる人々に共感する心のことである。仏様とは、そうした人を指すのであろう。また、神仏という言葉もあるが、いずれもキリスト様のような人を言うのであろう。このようなことを、かつて友人だった著名な仏教の僧侶で学者で叙勲もされた立派な教授から教わったものである。

また主イエス・キリストによれば、いくら立派な信者でも、ただ主なる神に向かって、『主よ、主よ』という者が皆、天の国に入るわけではない。わたしの天の父の御心を行う者だけが入るのである」（マタ7・21）とある。では父の御心とは何であろうか。聖書によれば、それは「愛」だという。愛とは何かについて、聖書には聖パウロが書いた素晴らしい言葉がある。「愛は自慢せず、高ぶらない。礼を失せず、自分の利益を求めず、いらだたず、恨みを抱かない。不義を喜ばず、真実を喜ぶ。すべてを忍び、すべてを信じ、すべてを望み、すべてに耐える。愛は決して滅びない」（一コリ13・4―8）。私は、パウロのこの聖言が、彼自身のキリスト体験から出たものではないかと考えているので、凡夫のキリスト信者が受洗して、聖霊の賜物を受けたからといってすぐに実践できるわけではないであろう。人間は、倫理的にはかなり弱い存在なのである。

それは、人祖アダムとエバが人祖として原罪を犯した（創3・4―6参照）からだ、とキリスト教では説明する。それで、主キリストが人類の救済を十字架上で果たされたとき、人類の罪過が赦されたし、また赦されることになったのである。そればかりか、煩悩や罪過に抵抗し、それに勝利を得るよう、また神の子として愛に生きることができるよう、神の第三の神格（ペルソナ）である聖霊が与えられたのである（使2・1―4参照）。だから、キリスト教の洗礼を受けた信者は、堅信の秘跡を受けると、聖霊がその人の魂に降り、聖霊の賜物を受ける。それは例えば、「愛であり、喜び、平和、寛容、親切、善意、誠実、柔和、節制」（ガラ5・22―23）である。

けれども、何度でも繰り返すが、人間は道徳的には弱い存在なので、いくら恩恵や賜物を授かったとしても、それを表現し、実践して、現実態としての徳（習性）にしなければ、それはあくまで可能態としての能力であり、賜物であって、徳としての習性ではない。能力が習性としての徳になるためには、繰り返しその行為や活動を実践しなければならないであろう。善の実践という積み重ねがあって、はじめてその人は道徳的にも立派な人になるのである。しかし、現実はそうでないことが多い。一言でいえば、人は道徳的に弱い存在なので、我執や煩悩や私利私欲のために、善行を怠り勝ちになる。繰り返しになるが、いくら神の恩恵として聖霊の賜物が与えられたとしても、それはいわば可能態としての能力や賜物であって、現実態としての徳ではないことである。だから、聖霊の賜物が現実のはたらき、いわば習慣性の善徳になるためには、持続的な善行の実践がなければならないだろう。これが、モラル、つまり道徳と言われるものではないだろうか。徳というのが、善業の習慣〈ラ〉habitus）ならば、善い行為を継続的に繰り返し実践する必要があろう。

強調のために、また同じことの繰り返しになるが、モラルとは、良心の声に従って、善行をすることとである。宗教、例えば、信心や祈りがそれを補佐し、支え、強化してくれることは確かだが、信心さえあれば、安心立命が得られるというわけではない。モラルにしても、宗教にしても、単独だけで、完成された立派な人間になるわけではないだろう。理想的にいえば、両者が相俟ってはたらくことが大事なのである。そして愛はそういうはたらきをするのではないだろうか。神の御心を表す愛とは、聖書（聖パウロ）によれば、「愛は忍耐強い。愛は情け深い。ねたまない。愛は自慢せず、高ぶらない。礼を失せず、自分の利益を求めず、いらだたず、恨みを抱かない。不義を喜ばず、真実を喜ぶ。すべてを忍び、すべてを信じ、すべてを望み、すべてに耐える。愛は決して滅びない」（一コリ13・4―8）ということになるだろう。だから、キリスト教は「愛の宗教」と呼ばれるのだろう。だから、わかりやすく言えば、モラルとは、愛の具体的な表現にほかならないと言えよう。「愛」に関し、イエスはわかりやすく、「人にしてもらいたいと思うことは何でも、あなたがたも人にしなさい。これこそ律法と預言者である」（マタ7・12）と言われた。そのように、愛は身近な日常生活の中で実践できるし、またしなければならないことであろう。

最後に、宗教の必要性について一言したい。人間に宗教が必要なのは、人間が弱い存在だからである。人間は偉大な自立的存在、つまり「神の似像」である人格（ペルソナ）として創造された。しかし、人生不如意という苦の世界に住んでいると、人間がいかに無力であり、矛盾に満ちた弱い生き者であるかがわかる。やはり、神によって創造されたがゆえに、神から離反した人間がいかに悲惨でかよわく惨めな存在であるか、そして現世という無常で生老病死という苦の世界に翻弄される哀れな存在であるかがよくわかる。だから、創造主なる神は、慈しみと憐憫の愛から、御子イエスを救い主として人間界にお遣わしになられたのである。だから主イエスは、ご自身のご苦難と十字架上の死によって、人類と宇宙の罪過が赦され、贖われて、すべての被造物が永遠のいのち（天国）に救われるようになさったのである。それゆえ、私たちの魂が永遠のいのちに救われるためには、「イエスは主キリストである」ということを信じなければならないのだ。それは、人間が無力な存在かもしれないが、自動的に救われるのではない。自由意志という尊い能力が与えられているので、主イエスによる救いという神の愛と恩恵に対して、自由に「はい、信じます」という同意が必要なのである。人間はロボットではない。この自由に対して、神が干渉されることは決してない。したがって、理屈上は、人が地獄を望めば、地獄に行くことになる。ここまでは、私はわかる。が、まだ深い疑問がある。それは、状況や環境が似ているのに、なぜ私が信じ、彼は信じないのかという問題である。信仰も神の恵みなので、いつか与えられるだろうとは思うが、なぜ今でないのだろうか。神秘で私はよくわからない。けれども、慈悲そのものでいらっしゃる神のことだから、いずれ、神はすべての人を救われるだろうとは信じている。ただ、日常生活の中でも、時として「内なる声」を聴くことがある。例えば、インスピレーション、直観、望みなどである。その時には、その声に素直に従うことである。子どものときの体験から言うと、私の場合は、カトリック信者の姉から、「神さまがいるよ、天国があるよ」と言われたとき、すぐに信じて、天国に行きたいと思った。それが、私の場合、「内なる声」だったと思う。

最後になるが、祈りの大切さについて、一言言及したい。自然的な善行であろうと、超自然的な恩恵や霊的恩恵であろうと、主イエスが教えてくださったごとく、「もしあなたがたにからし種一粒ほどの信仰があれば、この桑の木に、『抜け出して海に根を下ろせ』と言っても、言うことを聞くであろう」（ルカ17・6）とある。また、ある時、実を結ばないいちじくの木を呪われたとき、イエスは弟子たちにこう言われた。「はっきり言っておく。あなたがたも信仰を持ち、疑わないならば、いちじく木に起こったようなことができるばかりでなく、この山に向かい、『立ち上がって、海に飛び込め』と言っても、そのとおりになる。信じて祈るならば、求めるものは何でも得られる」（マタ21・21―22）。だから、ある意味で、人間には神に似た創造力が備わっていることを認識すべきである。それは、信じて祈るときに、発揮されよう。確信をもって祈るならば、何でも実現するだろう。疑わない心構えさえあれば、不可能と思えることも実現させることができよう。こうした信仰、つまり確信に満ちた祈りこそ、弱いと思われる人間に与えられた尊い能力ではないだろうか。しかし、確信の力は、善悪に関係なく作用するので、もし悪いことを念じ、信じていれば、実際に悪いことが生じるに違いない。なお、一般的なことをいえば、人間の知・情・意にも創造力があるので、やはり、日常生活においても、善いことを考え、語り、実行して、悪いことは考えない、語らない、行わないことが大切である。要するに、人生における幸・不幸は、むろん神仏などの超越的の存在の影響もあるかもしれないが、実際は自分の幸・不幸というのは、本人の自由意志による選択や決断や実行の結果であることが多い。この事実を私たちは明確に認識すべきであると思う。

本稿の結論を主イエスのみ言葉で締めくくると、人生における最も重要な掟とは、「『心をつくし、精神をつくし、思いを尽くして、あなたの神である主を愛しなさい。』これが最も重要な第一の掟である。第二も、これと同じように重要である。『隣人を自分のように愛しなさい。』律法全体と預言者は、この二つの掟に基づいている」(マタ22・37—40)。

預言者というのは、宗教を指し、律法というのは、モラル、すなわち倫理・道徳を指すだろう。すると、主キリストによれば、宗教もモラルも結局「愛」に集約されることになるだろう。しかし、何度も申し上げているように、愛という言葉は甘美だが、いざ他者を愛するということになると、その難しさがよくわかる。特に私のように大家族の中で生まれ、育ち、修道院という内外混淆の共同体で長いこと生活していると、気の合わない他者がたくさんいるわけだから、愛を説教しながらも、実践の難しさがよくわかる。だから、常に自己の至らなさを自覚しながら、他者を受け入れていかなければならないと思っている。努々《ゆめゆめ》自信たっぷりな態度は取れない。また、神さまを愛することは難しくない。神は限りなく偉大だから。また、自然界や動植物も愛することも難しくない。美しいもの、立派なもの、優れたものを愛することは容易である。やはり、難しいのは、人間であり、特に悪人や気の合わない人を愛することはやさしくない。したがって、私が考えるには、人を愛するためには、存在をあるがままに受容する心構えと他者を愛することができるよう祈ること、最後にすべてを神の愛の眼差しで見ようという心構えが必要ではないかと思う。こうした態度自体、愛徳であると私は考えるが、いかがなものだろう。

やはり、日常生活では、神を信じ、絶えず祈りながら、生きていかなければ、愛徳の実践も難しいであろう。しかし、愛徳のあるところには、幸福や安全・安心も、成功や繁栄も、健康や癒しもあるだろう。私は、愛徳とは神の力だから、万能だと信じている。現代社会にモラルが低下し、犯罪や災害、危機や困窮などさまざまな悪が蔓延っているのは、一言でいえば、ひとえに愛徳の欠如にあると考えている。そして、愛徳の欠如というのは、神信仰の欠如にあると考えているが、いかがなものだろうか。

# モラルは自己実現の道

吉野 次郎
（越前喜六の筆名）

## 自我（我執）とは何か

自我とは迷える自分のことである。そして、それに執着しているのが我執（エゴ）であり、普段、自分だと意識している私にほかならない。私は、かつてJ大学の教員として「人間学」という授業を担当したことがある。当時、人間学という言葉は聞き慣れない言葉であったが、在学中、ラテン語によるスコラ哲学を専攻していた関係で、人間論（アンソロポロジア、〈ラ〉anthropologia）という興味深い科目を学んだ。その最初の授業で外国人の教授から、

「人間は理性的動物である」と教わった。ラテン語でいえば、"Homo est animal rationale." である。そこで学生の私は、人間というのは、動物の一種であるが、魂（霊）という理性的な要素を持っているのだと納得した。それで、一般的に西洋人は、理性を重んじ、身体を軽視する傾向があるのだということもわかった。日本人は美しい大自然に囲まれている関係で、肉体軽視の傾向は少なく、むしろ仏教思想の影響もあって、「身心一如《しんじんいちにょ》」で身体を重視する傾向があると思う。そうでなければ、坐禅のような宗教的業が大事にされるはずがないであろう。それに、永平寺などを訪れると、あの広くて急な廊下がぴかぴかに磨かれている。そのわけは作務《さむ》が修行の一環だからであろう。そして、作務の重要な一環に掃除や草取りがあるので、廊下などの掃除が徹底しているのがよくわかる。それは一度、禅宗の偉い老師の紹介で、永平寺の内部まで案内されたことがあるので、納得したものである。

理性的動物である人間には、不滅の魂（セルフ）が宿っている。だから、死は無に帰するのではなく、本来の生、それが「神と共なるわが家である天国」に帰ることである。そうした真実を悟らせるために、ユダヤ教などは預言者、キリスト教なら主イエス・キリスト、イスラム教ならムハンマド（通称、マホメット）らが神によって遣わされ、その真実を啓示されたのだと思う。ならば、魂、すなわち本来の自己に目覚めることが、現世という人生に生きている人間の究極の目的ではないだろうか。そして、本来の自己とは何だろうかと考えている時に、一〇代の私は、聖アウグスティヌス（三五四―四三〇）の『告白録』を読み、主なる神が、私たち人間を神のために創造されたので、神を求め、神を信じて、神と一致するまでは、本当に安らぐことがないという冒頭の言葉に、強烈なショックを受けた。それからというもの、私は何を置いてもまず第一に神との一致を目指して生きようと決心したものである。それが私の最初の回心であったといっても過言ではない。

そもそも旧約聖書を開くと、『創世記』という冒頭の書物の最初に、主なる神は、神の似像として人間を創造されたとある（1・27参照）。これだけでも凄いことなのに、堕罪した人間を救うために、神の御子（ロゴス＝言）が人間になられた（ヨハ1・14参照）とある。これで、これまでの神観念が一八〇度変わった。これまでは神というのは、宇宙や人間を無限に超えた超神秘的な存在であった。だから、人々は神仏に対して畏怖の念は持つかもしれないが、敬愛するといった感情は湧かないのではないだろうかと考えたものである。ところが、人々は気がついていないかもしれないが、神は人間を神の似像として創造されただけでなく、いついかなる場合でも人〈へ〉アダム）の傍にいらして、人のケア（世話）をしておられるのである。これを宗教用語では、摂理というが、それは神が人をこよなく愛しておりれるからにほかならない。その慈悲の愛は無辺・無量・無限である。仮に人が神に背き、想像を絶するような悪事をしたとしても、神は人を決して見捨てられない。だから、悪事をしてもよいというのではない。人生には自業自得というモラルの法則がある。それは、モラルの道を歩いて、健康で幸せな日々を送ってほしいと神が願われた証拠の一例である。だから、自分が蒔いた種は、自分で刈り取るしかないのだ。それで仏教では、「善因楽果《ぜんいんらくが》・悪因苦果《あくいんくが》」と教えるのである。だから、例えば地獄の教えはこうしてできたのではないだろうかと想像する。人がモラルという人間の道を外れて迷い込んだ経験を地獄に喩えたのではないだろうか。子どもの頃、山国で育った経験からいうと、迷子になるのが一番怖い。元に戻れないばかりか、助かる安全な道がどこなのかもわからないのである。このわからないという恐怖感は、例えば山歩きなどで経験していないと恐らく実感できないかもしれない。これを拡張して言うと、人生が死という終着点に向かう旅だとすると、人生とは何かがわかっていないと、人生は不安と恐怖の旅ということになりかねないことだろう。そこで慈悲深い神は、人間が神に気づき、神が人間の究極の終着地であることを思い出させるために、魂の深奥に神への憧れと希求心（求道心）を遺伝子のように組み込まれたのではないだろうか。これを端的に語っているのが、ルカ福音書にある「放蕩息子」のたとえ話（ルカ15・11―32参照）ではないかと思う。

ある金持ちに二人の息子がいた。金持ちは二人の息子に財産を二分して相続させた。下の息子は、貰った財産で遠方に出掛け、放蕩の限りを尽くしたので、最後には完全に一文無しの貧乏人になった。そこで仕事を探したがなく、豚の世話をすることになったが、食べ物をくれる人もいなかった。こういう貧窮のどん底で、息子は我に返ったのである。自分の実家には、大勢の雇人がいて、食べ物もあり余るほどあるのに、自分はここで飢え死にしようとしている。家に帰って、お父さんに謝り、雇人としてでも働かせてくださいと頼もう。こう悔悛して実家に帰った。その姿を遠くから見ていた父親は、走って来て、わが子を抱きしめ、召使いに命じて、身体を洗わせた上、上等の衣服を着せた。また、家畜を屠って上等な料理を作り、盛大な宴会をはじめたのであった。そこへ長男が帰って来て、宴会の騒ぎに驚き、家に入ろうとしなかった。そこで、父親は息子に言った。「お前はいつもわたしと一緒にいる。わたしのものは全部お前のものだ。だが、お前のあの弟は死んでいたのに生き返った。いなくなっていたのに見つかったのだ。祝宴を開いて楽しみ喜ぶのは当たり前ではないか」（ルカ15・31）と。これこそ、神と私たち人間との間にある真実の愛の関係ではないだろうか。神の愛が信じられないという人は、ぜひ、この「放蕩息子のたとえ話」を読んでいただきたい。仏教の説話にも似たような話があるが、省略する。ともあれ、この息子の行動は、自我（エゴ）に執着している、まさに我執のなせる業なのである。我執というのは、自我（エゴ）という妄想が本当の自分だと思い込んでいる自分意識のことである。仮我といってもよい。これに対して、自己（セルフ）というのは真我のことである。真我というのは、神と繋がっている自分のことである。これに気づくことが端的にいえば、悟りということであろう。

では、真の自己（セルフ）とは何であろうか。真の自己とは、結論的にいえば、創造主なる神が、ご自身に象って創造されたので、人間に与えられた魂（霊）を指すと言わなければならない。本来それは不滅である。そればかりか、ペルソナの基になっている重要な要素である。それに比べれば、身体はその道具や手段や現世に生きるための機能と言ってもよい。だから、魂は本性的に創造主である神を志向している「神の似像」（創1・27）にほかならない。さて、では神とは何かということになろう。ここではごく簡単に触れよう。

神（〈ヘ単〉エル、あるいは〈複〉エロヒーム）は、紀元前一三世紀頃、ヘブライ人のモーセという人物に出現された。そのとき、モーセはあなたの名前は何ですかと神に訊ねられた。そのとき神は、「わたしはあるという者だ」（出3・14）と答えられた。ヘブライ語では「ヤーウェ」という。訳せば、「主」となる。つまり、わかりやすくいえば、神とは存在（有、命）である。だから、神がいない、ということはあり得ない。むろん、人が「神はいないと思う」ことは可能である。つまり、無神論で生きようとすれば、生きられる。しかし、神体験をすることは、不可能であろう。真の神は、人間の自由意志には干渉されない。さらに、神は人間に創造力も賦与された。それで、人の思い・言葉・行為などの意識行為は、好悪・是非・善悪に関係なく、物事や事象を創造することができる。だから、悪いことを考えていれば、実際に悪いことが実現するであろうし、善いことを考えていれば、善いことが生じるだろう。だから、普段の生活においては、意識して良いことを思念し、悪いことは放下することである。

さて、「放蕩息子の喩え話」で主キリストが教えてくださった真のパーソナルな神とは、恐ろしい神ではなく、慈愛に満ちた優しい神である。だから、神の子になるべく創造された人間は、畏怖の念だけでなく、こうした親子のごとき親密な情愛をもって神を愛し、神の許に帰ることができるし、帰るべきなのだ。慈悲の神はそれを絶対に望んでおられる。しかし強制はなさらない。したがって、救われるためには、信仰が必須要件になるのである。だからこそ、御子（ロゴス＝聖言）が救い主イエス・キリストとして私たちの許に遣わされたのである。かつて私は日本テレビの「心のともしび」番組で、この放蕩息子の喩え話を二回も話したことがある。朝の七時頃の時間帯にもかかわらず、視聴率が高く、好評だった。やはり、人々の琴線にふれるものがあるのだろう。

日常の生活の中でも、いろいろな機会に、私たちは神体験をしているのではないだろうか。神体験といえば、抵抗を感じるだろうが、ピーク・エクスペリエンス（至高経験）（心理学者A・H・マズロー〈一九〇八―七〇〉）といえば、結構あるだろう。マズローは欲求五段階説を唱えた。第一段階は生理的欲求、第二段階は安全・安心欲求、第三段階は社会的欲求、第四段階は承認欲求（尊重欲求）、そして第五欲求が自己実現欲求である。人間の基本的欲求がこうして段階的に満足させられていくと、やがて、自己実現欲求までくる。そのときによく至高経験をするという。いわば、自然的な神秘体験と言ってもよいかもしれない。だから、それに気づく人は幸いである。しかし、現実にはそれに気づく人が少ない。私のささやかな一例をあげよう。

私はあるとき『雪のひとひら』という詩集を読んでいたら、その中に神さまは一輪の花にも無限の愛を注がれているという詩に出会って、非常に感激したものである。また、その詩集には、神は決してひとひらの雪片さえ決して同じ雪片がないように造られた、という句もあって非常に感じ入ったものだ。東北の雪国の出身だから、なおさらのことである。雪が積もると、その除去だけでも大変な作業だから、寒さだけでなく、雪国の作業も想像以上に大変なのだということは実感している。けれども、朝方、粉雪がしんしんと降っているときには、周りの静けさと共に美しいなあと感じることが多かった。だから、自然界や動・植物界を見渡しても、神の素晴らしい創造の業を垣間見ないものはないのだ。一つひとつがみな、オリジナルなのである。だから、一輪のバラの花にも無限の愛を注げるのではないだろうか。

そういえば、昔、若い時分、富士山に数回も行き、そのうち三回登頂した。まだ、剣ヶ峰に測候所があった頃である。その中で一番感動したのが、単独で、しかも普通の恰好で五合目の峠の茶屋から、昼の一二時頃に登り始め、三時間で頂上に到達し、頂上に腰掛けて、下界やら雲海などを眺めていたときであった。まさに神の創造の業を垣間見る思いがした。噴火口には茶店があったが、人はひとりもいなかった。友人は一時間遅れて登頂したので、暗くなってきた頂上を後に、浅間神社の傍の須走口を急いで降りて五合目の休憩所に辿りついたら、そこの親父さんに酷く叱られた。暗い時間に、頂上から降りて来るバカはいないよ、と言われたが、親切に泊めてくれた。

ともあれ、大自然にしろ。雪の結晶にしろ、あらゆる自然万物が、人間を含め神の創造の業であることには変わりがない。だから、聖書に載っている聖パウロがかつてアテネのアレオパゴスで説教した言葉が響くのである。

「アテネの皆さん、あなたがたが拝んでいる『知られざる神』について知らせましょう。世界とその中の万物とを造られた神が、この方です。この神は天地の主ですから、手で造った神殿などにはお住みになりません。また、何か足りないことでもあるかのように、人の手によって、仕えてもらう必要もありません。すべての人に命と息と、その他、すべてのものを与えてくださるのは、この神だからです。神は一人の人からすべての民族を造り出して、地上の至るところに住まわせ、季節を決め、彼らの居住地の境界をお決めになりました。これは人に神を求めさせるためであり、また、彼らが探し求めさえすれば、神を見いだすことができるようにということなのです。実際、神はわたしたち一人一人から遠く離れてはおられません。『我らは神の中に生き、動き、存在する』、『我らもその子孫である』とギリシャの詩人も言っているとおりです。わたしたちは神の子孫なのですから、神である方を偶像と同じものと考えてはなりません」（使17・24―29参照）。

私はかつて世界一周した時、最後にギリシャのアテネの空港からタクシーに乗り、アレオパゴスの丘まで行ってきた。そこで、ソクラテスが「汝自身を知れ」と書かれたデルフォイの神殿に記されている神託も見てきた。感動的な思い出であった。もし万事に神を見出すことができるなら、これ以上の幸せはないと思う。神秘家と言われるだろうが、私にはそうした神体験はない。聖書や聖人伝などを読んでも、神が姿を現されたという記事にお目にかかったことはない。神の声が「内なる声」として聞こえることはあるが、肉体的な姿・形をもって現れたという記事に出会ったことはない。天国で神を観ると『黙示録』にはあるが、それは魂が霊眼で見るということなのだろう。霊眼がどういうものであるかはわからない。まさに「目が見もせず、耳が聞きもせず、人の心に思い浮かびもしなかったことを、神は御自分を愛する者たちに準備された」（一コリ2・9）賜物にほかならないであろう。この言葉に続いて、パウロはこう書いている。「神が〝霊〟によってそのことを明らかに示してくださいました。〝霊〟は一切のことを、神の深みさえも究めます。……同じように、神の霊以外に神のことを知る者はいません。わたしたちは、世の霊ではなく、神からの霊を受けました。それでわたしたちは、神から恵みとして与えられたものを知るようになったのです」（一コリ2・10―12）と。神からいただいた霊とは、聖霊（神の第三のペルソナ。ペルソナとは神格のこと）のことである。だから、聖霊によって、私たちは三位一体の神を霊眼で観ることができるのであろう。そして、聖霊の七つの賜物とは、「上智、聡明、賢慮、勇気、知識、孝愛、主への畏敬」であるが、それに限定されているわけではない。要するに、大胆な言い方をすると、神のごとくというか、主キリストのように神と世界を知り、愛し、より素晴らしいものに創造していくことができるカリスマ（特能）が与えられているということではないだろうか。

しかし、こうしたカリスマや才能も人間学的にいえば、可能態にすぎない。それを現実態にするには、そうしたカリスマを活用しなければならない。例えば、知恵に関する領域なら、〝学び〟や瞑想になるだろうし、勇気なら、困難・試練・逆境等に耐えることだろうし、孝愛なら、神や人や万物を愛することであろう。そうした機会は、人生においていくらでもある。例えば、生老病死をはじめとする人生苦やさまざまな試練・逆境・困難など、十字架に不足はないだろう。エルサレムで主イエスの歩まれた十字架の道行の跡を歩いたが、昔ローマ人が造った石畳み式の道は、しっかりしているが、結構大変であった。世界を回ってみても、どこへ行っても、十字架に不足することはなかった。ただ苦に直面した時に、自分が呪われた悪い人間だから、こんなに苦しむのだと思い込むことはない。むしろ、十字架のイエスを眺めていると、苦はより良い人になるための一里塚なのだと思えるであろう。

## 自己（真実の自分）を訊ねて

もう一つ重要な真理がある。それは、真の自己とは何かということである。それを知るには、悟りしかないだろうが、悟りはそう簡単に開けるものではない。神と合一している本来の自己（セルフ）が、魂といわれるものである、と私は哲学と神学を学んだ時に確信したが、それがどういうものであるかは悟っていないのでわからない。だがひとつだけは、真実（真理）だと確信している。それは、人間が「神の似像《じぞう》」（創1・27）だということである。それが、直截的にわかったのは、キリスト教と出会って、ナザレのイエスが主なる神であることを信じてからである。山路の多いナザレの町をぶらぶら歩いていると、イエスの人間性がよくわかる気がした。現代のナザレは、少し人間臭い気がするが、イエスの時代には、もっと人間臭かっただろうと想像したものである。特にガリラヤの山路（坂道）を歩いていると、人間の業《ごう》が強く響き、二千年前のユダヤは、今以上に人間臭さかったのではないだろうか、と想像したものである。私は、イスラエルではベトレヘムが好きだ。ともあれ、本来の人間は「神の似像」である。だから、尊いし、不滅の霊（魂）によって生かされている。それを体験的に悟られたブッダ（仏陀）や聖者のようになること、それが人間の究極の願望であり、救いなのではないだろうか。ではどうしたら、悟ることができるだろうか。通常は、日常の生活において、職人のように、地道にコツコツと善徳を積み重ねていくという、モラルの道を通ってであろう。悟りや完徳に至るというのは、不可能ではないだろうが、至難なことである。しかし、神が恵まれる聖霊が降臨されたら、それが可能になろう。だが、悪人でも回心したら救われるだろうから、無理にモラルの道を真面目に歩む必要がないのではと考える人がいるなら、その人は神を侮辱していることになるだろう。神を軽んじることなどできはしない。神の子なら、神の子らしく生きようとしなければならない。それが宗教であり、モラルである。しかし、それが至難なことなので、神は御子イエス・キリストを通して、聖霊という第三の神格をお与えになったのではないだろうか。聖霊はその賜物（七つの賜物＝「上智・聡明・賢慮・勇気・知識・孝愛・神への畏敬」）によって、信仰者を聖性の高みまで導くことができる。聖人と言われる人は、聖霊の恩恵のはたらきに協働することによって、聖性の高みまで到達した人のことである。例えば、フランスのリジューの聖テレジア（一八七三―一八九七）のように、霊的幼子の道といわれる全き無我と神への信頼と愛に秀でて教会博士にまでなった聖人である。

しかし、別の観点から言うと、神の似像である私たち人間は、一人ひとり個性が違う人格であるけれども、本来皆すでに尊くて偉大な存在（人間）であることに変わりはない。それをまず信じなくてはならない。信じなければ、偉大な人物になることはできないであろう。私たちは神を信じ、尊崇しているが、神も私たち人間を大切なわが子として尊敬し、愛しておられることを知らなくてはならない。尊敬も愛も信頼も一方通行なら、何もならないと言える。良い親というのは、わが子を尊敬しているものだ。我が子が愚かで、救いがたい人間なら、まず親が悪いということになる。同じように、人間が本質的に悪い存在ならば、創造なさった神が悪かったということになる。そんなことは絶対にあり得ない。だったら、人間が尊い存在であり、命であることをまず、しっかりと肝に銘じなくてはならないだろう。その上で、では、なぜ尊い存在である人間が、禁断の木の実を食べるような行為をしたのだろうか。それは、創世記の記事を読むと、よくわかるであろう。

エデンの園という楽園にいた女に、悪魔の化身ともいうべき蛇が誘惑する。「蛇は女に言った。『園のどの木からも食べてはいけない、などと神は言われたのか。』女は蛇に答えた。『わたしたちは園の木の果実を食べてもよいのです。でも、園の中央に生えている木の果実だけは、食べてはいけない。触れてもいけない。死んではいけないから、と神様はおっしゃいました。』蛇は女に言った。『決して死ぬことはない。それを食べると、目が開け、神のように善悪を知るものとなることを神はご存じなのだ。』女が見ると、その木はいかにもおいしそうで、目を引き付け、賢くなるように唆していた。女は実を取って食べ、一緒にいた男にも渡したので、彼も食べた。二人の目は開け、自分たちが裸であることを知り、二人はいちじくの葉をつづり合わせ、腰を覆うものとした」（創3・1―7）。

これが、人祖アダムとエバが最初に罪を犯した原罪物語である。ここにある誘惑は、まさに人間の弱点を巧妙に突いていると思われる。（1）は、美味しそうに見えたということ。美味しいものは食べたくなるものだ。美味しい食べ物は誘惑的だ。私などは、東北出身だから、美味しいお酒や他のアルコールには弱い。食べ物なら、例えば、きりたんぽ鍋などは大好物である。（2）は、目を引きつけるということで、綺麗とか、美しいとか、美に関係することだ。例えば美人は当然として、綺麗な絵画を見ていると飽きないだろう。（3）の賢くなるというのも、誘惑になることが多い。私は昔、商人だったのでわかるが、売れる商品というのは、綺麗で美味しくて頭が良くなるというコマーシャルの宣伝に合っている物だそうだ。特に女性は、こうした宣伝によく左右される、と聞いたことがある。つまり、人間は誰でも、美しくて、美味しくて、賢くなるというのなら、ほとんど必ず手を伸ばすだろう。悪魔は客観的には存在しないが、人間が悪魔のようになることは可能であろう。その場合、悪魔のごとき人間は、悪い物でも良い物として宣伝するのである。だから、人が騙されやすいのであろう。悪事だとわかっていれば、人はなかなか悪事に手を出すことがないだろうが、本当は悪いことなのに、それが悪事だとは本当に気がついていないからこそ手を出すのではないだろうか。だから、子どものときから、両親や兄弟姉妹や友人などは、何が何のために悪いのかをきちんと教えるべきではないかと思う。何度も繰り返すが、「わっているけど、やめられない」ではなくて、本当はわかっていないからこそ、手を出すのではないだろうか。例えば、万引きなどは、むろん見つかれば、警察にしょっぴかれるが、見つからなければ大丈夫だと思うものである。ということは、私も子どもの時、経験があるが、見つからなければ大丈夫だと思ったものだ。だから、道徳教育とは悪事についてもよく教えるべきだ、と教員だった経験からも言える。実は、神学研究の時代、倫理神学を学んだが、教授の神父が授業で教えたことは、罪とは何かという授業が多かったことである。それは神父になると、「告解（赦しの秘跡）」と言って、他人の罪を赦す行為をしなければならないからだ。そして、罪を赦すためには、何が罪過か知らなければならないだろう。そのための授業が多かった。善悪の判断は、良心がするから、自然に物事の善悪はわかるものだと言われるが、少し複雑になると善悪の区別はなかなかわからないものだ。例えば、本当にお腹が空いているときに、果物店から果物を一個盗んだ場合は、泥棒になるかと言われれば、盗みにはならない。なぜなら、空腹で倒れることよりも元気で生きることの方が大事だからである、と教わった。このように、善悪は相対的なものなので、善悪の教育も必要なのである。

さて、私たち凡人の自我をなぜ「我執」と仏教では教えるのだろうか。それは貪《とん》・瞋《じん》・痴《ち》という三毒（根本的煩悩）、聖書の表現によれば、「肉の欲、目の欲、生活のおごり」（一ヨハ2・16）があるからである。人間は、創世記の堕罪物語（創3・4―6参照）にあるように、創造主なる神の意志に反して、禁断の木の実を食べて罪を犯した。その結果、楽園から追放され、死と苦の現世に生まれてくることになった。これが、原罪物語と言われる。その結果、神の似像で、理性的動物である人間が、神と自然の法則に逆らって、罪を犯すようになったというわけである。ともあれ、現実にさまざまな災禍や不幸や死苦など、不如意の現実があるのは、原罪やその結果である自罪があるからにほかならない。そう断言してもいいだろう。個人の場合は、それが煩悩という形で人に影響を及ぼしているからだと言われる。そこで神は、人間の自由意志を妨げることなく、人々を良心に適った正しくて善い生き方に導くために、預言者、賢者、聖者、導師、教師、リーダーなどを遣わされたのではないだろうか。表現は違うが、彼らが指し示しているのは、救世主イエス・キリストの受難と死によって、人類の罪過が赦され、贖われたので、信仰と祈りと愛があれば、人間誰でも罪過が赦され、神の子として永遠の生命に救われる（これが天国）という真実（真理）である。だから、真実の自己がどんなに素晴らしいかは、死んで天国に行ってからわかることだろう。その前に、もう少し煩悩について考察してみよう。悪についてある程度知識がないと、善とは何かも深く理解することができないだろうからだ。

前述したように、根本的な煩悩が仏教では三毒（貪《とん》・瞋《じん》・痴《ち》）と呼ばれる。そのうち、根源的な煩悩といえば、やはり痴、すなわち無明の闇、すなわち無智ではないだろうか。しかし、明晰な智慧をもっていても、人は悪事を選ぶことがあるだろう。それは、欲に負けるからだという。しかし、前にも書いたように、私利・私欲・私心の中、特に金銭欲や快楽欲より、名誉・権力などの栄華欲に負けて、悪事に手を貸すということが多いのではないだろうか。しかし、もし明晰な智慧があれば、その虚しさや儚さなどがよくわかっているから、そう簡単には悪事に手を出すことはないだろうが、それでも悪事に手を貸すのは、環境要因というか、友人や周囲の人に悪人がいる場合ではないだろうか。だから、愚かな人や悪人とは交際しないことである。私も若い時、悪友がいて、彼に勧められて煙草を吸うようになった経験がある。また、悪事なのに、それが悪いことだということを明確に認識している場合と、認識していない場合では、長年にわたる教師や神父としての経験から言うと、ほとんどの場合、悪事に手を出す本人には罪意識があまりないことが多い。例えば、万引きが悪だということは、多くの常習犯にはわかっていない。また、日本では大麻は麻薬に該当するが、例えばアメリカのカリフォルニア州のバークリーなどは合法的である。こうした知識は、生活の中で教えられなくてはならないことだ。悪事の認識がないために悪事に同意するということはよくあることだ。だから、教育とは、何が悪いことなのかをもっと教えるべきではないかと思う。それと、最近の日本の社会状況を見ると、犯罪の多くが、罪意識の低さから来ている場合が多いように思える。また、刑罰も軽すぎるのではないだろうか。厳罰にしなさいというわけではないが、例えば、宗教などで、なぜ地獄を教えるかというと、地獄の恐怖感が、悪事を止める効果があるからだ。私は若いときに、ノイローゼになったので、それが非常に苦しくて自殺しようと思ったことがある。しかし、自殺したら、魂は地獄に行く。地獄は永遠だから救われることがない、という教育を受けていたので、どんなに現世で苦しくても、地獄よりはましだろうということを思い出して踏みとどまったものである。だから、今があるのだ。やはり、悪事に対する罰の効用も関係者はもっと考えるべきではないだろうか。それに、日本の精神風土では、来世を否定している。すると死刑は絶望的に考えざるを得ない。

しかし、幸福な来世があることが信じられたら、死後の地獄も絶望的に恐れることはないだろう。そういう点で、仏教の輪廻転生はうまくできた教説ではないかと思う。どんな悪人でも最終的には極楽に救われるからである。

ともあれ、人間がどんなに罪悪深重だとしても、魂の深奥には、聖なる霊が息づいていることを信じ、人々にそれを伝えるべきではないだろうか。人間学的にいえば、本質的に悪いものが善くなるということはない。毒蛇は毒蛇なのである。善くなるというのは、本来、つまり存在論的には善であるものが、何らかの環境要因によって悪い作用をしている場合である。そういう場合は、環境や条件や働きが変わると、悪作用が善作用に変わることはある。例えば、ある人が、貧困のどん底にあって、数日間飲食をしていない場合、お店の食べ物を盗んで食べたからといって盗人にならない、と昔、倫理神学で教わった。それは飢えて死ぬより、食べて生きる方が大切だからというのであった。

だから、宗教の教えは、悪人正機なのである。悪人正機とは、『歎異抄』（親鸞の語録）にある「善人ですら往生できるのだから、悪人が往生をとげられないはずがない」という逆説的な教えのことである。その場合、悪人は自分の犯した違反行為が悪いということを自覚しているのだ。キリスト教で言えば、イエスの十字架上の死に直面して、悔悛した善き盗賊に対して、イエスは、「はっきり言っておくが、あなたは今日わたしと一緒に楽園にいる」（ルカ23・43）と言われた。この場面が、それに該当するかもしれない。そういう意味で、現世では絶対的な悪は存在しない、と言えよう。相対的な世界である現世においては、スコラ哲学が教えるように、「悪とは善の欠如。〈Malum est privatio boni. マルム・エスト・プリヴァツオ・ボニ〉」である（注、ラテン語はローマ字式に発音すればよい）。だから、絶対的な悪は存在しないのだ。反対に、キリスト教は絶対的な善とは、愛（〈ラ〉amor, caritas アモル、カリタス）であると言う。すると善とは愛の表現、形、作用、行動などを指すことが多く、神は絶対的な愛ということになる。真実の自己とは、神の似像であり、神が宿る魂の働きであるから、実体化する必要はない。魂を神とはまったく別の実体と見なすならば、原罪物語にあるように、自己を偶像化しやすいだろう。偶像化というのは、神でないものを神のごとく見なすことを言うが、人間を神と対抗できる存在だと見なすならば、人を偶像化したことになる。昔の王様たちの中には、こうして自分自身を崇拝させた例も少なくない。しかし、その結末は悲惨であった。人間は神の被造物であって、極めて不安定な存在に過ぎない。それが聖者のような素晴らしい偉大な人になれたのは、一〇〇パーセント神の愛とその恩恵のお蔭である。人は神の似像で素晴らしく見えるが、主キリストが言われたように、私たち人間は、ぶどうの樹というキリストに繋がっているぶどうの枝にすぎない。枝から樹から離れては、実を結ぶことができない。それはかりか、外に投げ捨てられるだけだ。そのように、主キリストから離れれば、枝である私たちは、何もできない（ヨハ15・5参照）。しかし、このキリストの言葉は、霊的な世界、神の恩寵の世界のことであって、現世のような自然界のことではないと思う。自然界では依然として、善因樂果・悪因苦果の法則が作用している。また、是非・善悪も吉凶禍福も相対的関係にある。前にも言及したかと思うが、現世は相対的な世界である。それを絶対化したり、オンリーワンと見なしたりすると、地獄に変容しかねない。だから、我執という地獄の門から逃れるためには、離脱心や無我が大事なのである。

## 真の自己実現とは

我執とは何かを前章で学んだが、それではどうしたら。その我執を乗り越えて真実の自己に至り得るのであろうか。人間学の最大の課題である。それには、まず我執とは何かを自覚する必要があろう。我執とは、エゴという仮の自分を本当の自分だと誤認していることであるから、繰り返しになるが、まず自我という自分が三毒に支配されている煩悩具足の凡夫であるというリアリティ（真実在）を認めることから始まるだろう。その上で、自己受容をする。

受容については、すでに見たとおりであるが、正邪・是非・善悪などの価値判断を入れずに、あるがままに認識することだ。あるとき、諸宗教対話の席で、ある仏教の偉い先生（老師といってもよいが、その会席では皆、お互いを先生と呼ぶことにしていた）と自由に歓談していたときに、その先生はこう言われた。雨が降っていると、東北出身の私は、雨が嫌いなので、〝ああ、また雨か、嫌だな〟と嘆く習慣がある。ところが、その禅宗の先生は、〝雨が降っていますね〟、と現実をあるがままに受け容れるという。是非善悪の判断こそ、自分の〝計らい〟、つまり分別にあたる。これが、いわゆる我執になるというのである。

といって、自分の考えを持つなということではない。自分の考えがあるということは、必要だし、重要なことである。問題は、自分の考えに固執し、囚われている状態なのだ。自分の考えが善だから、または良いアイディアだからといって、それに固執するな、ということである。

だから、無我になりたければ、道元ではないが、身も心も放ち忘れて、仏の家に投げ入れて、仏の側から行われるはたらきに従っていけば、自然に仏となるというのである（『正法眼蔵』「生死」参照)。つまり、キリスト教的にいえば、自我をすべて主イエス・キリストに委ね、内なるインスピレーション(直観)に従って取捨選択をするのである。神からの霊感かそうでないかは、そこに愛・平安・喜び・自由があるかないかで識別できよう(ロマ14・17参照)。それがあれば、神からの霊感と見なしてもよいだろうし、そうでなければ、自我からの思い付きだと判断してもよいだろう。つまり、聖イグナチオの『霊操』にある「霊動の識別の法則」(『霊操』川中仁訳、教文館)によって判断すればいいだろう。我執か神からの霊感かは、こうした方法で識別できるだろうと思う。

また、キリストのみ言葉に「すべて良い木は良い実を結び、悪い木は悪い実を結ぶ。……このように、彼らをその実で見分ける」(マタ7・17―20)とあるように、結果によって原因の良し悪しを判断することである。結果が悪ければ、原因が悪いわけだから、結果の良し悪しに基づいて、原因の良し悪しを判断すれば、その選択は間違いないだろう。一番わかりやすい例は、若い時の友人選択であろう。悪友と付き合っていると必ず悪事をするようになる。最近流行っている詐欺も、大抵は付き合う他人が詐欺師の場合が多い。他人との付き合いは、用心深くすることである。また、見知らぬ人からの甘い話は必ず裏がある。それは、戦後神田で出版業をしていたときに、体験したことである。ここに素晴らしい原稿があるが、これを出版しないかという話である。読んでみたら、確かに面白い原稿だった。しかし、著者が無名な方なので、知り合いの作家に尋ねてみた。すると、それは盗作であることがわかったので、お断りして難を逃れた。素人の書いた原稿でも、内容が良くて、面白いものであれば、雑誌に掲載していたが、盗作は許されない。現代は、情報化社会であるだけでなく、生成AIに書かせた原稿などもあって、見分けが難しくなってきたが、「文は人なり」で、著者の人格が表現されるものだ。だから、著者の人生観や人間関係観や活動ぶり、あるいは生き方などは、皆オリジナル（独創的なもの）なものである。それを見分けないと欺かれることがあるだろう。ただ、面白いからとか、上手だからといって採用するのは、要注意ではないだろうか。神田の古本屋街を歩いていると、そういうことを感じたものだ。

さて、抽象的な言い方になるが、我執とは何かがわかったら、物事、それは善悪いずれにも当てはまるが、物事に執着しない、つまり「囚われない」ことである。抽象的な言い方をすれば、自由な境地で生きることである。そして、モラルが自己実現の道であることをわきまえ、日常生活や職業、あるいは日々の活動において、道徳的な態度や行為に勤めることである。そうすれば、だんだんそれが習慣となり、容易に楽しく実践することができるようになる。そして、内心、平安と喜びと自由を覚えるであろう。一言でいえば、愛に生きるようになるだろう。愛徳の道は、辛いこともあるが、基本的には甘美な道のりである。その甘美さはいろいろな機会に体験される。若い時の恋愛感情もその一例であろうが、例えば、好きなことをしている時には、我を忘れるほど、それに没入するものだ。山登りにせよ、スキーにしろ、絵描きにしろ、歌唱にしろ、読書にしろ、祈りにしろ、散歩にしろ、その他何でも、本当に好きなことをしていると、我を忘れて好きな対象に没頭するものだ。残念ながら、私にはあまりそういう体験がないが、男兄弟が多かったので、個性の違う兄たちがそれぞれ好きなことをしているのを傍から見ていると、羨ましいと思ったものだ。では、無趣味な私は、戦時中の悲観的な雰囲気の中で何が楽しかったかというと、僭越な言い方になるかもしれないが、霊的な書物を読むことが好きだったので、姉が購入してくれた霊的書物をよく読んでいたものだ。もともと本屋に生まれ育ったので、読書は隠れてでもするほど好きだった。なぜ隠れてかというと、例えば講談社から新刊本が入荷する。すると面白いと思ってこっそり炬燵に入りながら読んでいた。しかし、見つかると、よく親父に叱られたものだ。書籍は商品だからであった。新刊書は商品なのだ。それと、昔は本を読んでいると遊んでいると思われたものだ。今の時代とは雲泥の差である。だから隠れてこっそりと読んでいたのである。だから、ある意味で趣味は読書であった。しかも霊的書物が好きだったので、聖フランシスコ・サレジオ（一五六七―一六二二）の『信心生活の入門』などは精読したものだ。私にとって多読、精読は日常の行為なので、習慣みたいになっていたと思う。お蔭で学校の授業が難しいと思ったのは、大学のラテン語の授業だけで、他はあまり難しいとは思わなかった。頭が良いのではなく、子どもの時から乱読・多読・精読を習慣にしていたからではなかったかと思う。読書のお蔭と考えているが、いかがなものだろうか。教育の一環として、もっと若い人は読書に親しむべきではないだろうか。だから、一八歳で受洗した私は、教会の図書室にあった信心書や聖人伝など精読したものである。特に現代のような情報化社会では、スマホで検索と思うかもしれないが、検索と読書は雲泥の差がある。

むろん、読書から得た知というのは、単なる知識かもしれないが、今日の情報知とは違い、著者の感情や生き方や思想が反映されているので、〝学び〟、すなわち人間の深層に刻まれている知恵を想起することができる。そればかりではなく、哲学や神学を学んでいた時も、ラテン語という語学は別にして、講義を難しいと感じたことはあまりなかった。それは先天的に頭が良かったからではない。私は、戦時中という環境のせいもあるが、生来語学が不得手であった。それでも何とかラテン語をクリアできたのは、数学ができたからだと思っている。つまり、ラテン語の場合、文法が大変なのだが、数学のように合理的だと感じたのである。

る。しかし多くの同級生がラテン語の成績のために、退学したり、転校したりした。けれども、やはりヨーロッパの言語は、ギリシャ語やラテン語が基礎になっているので、古典語ができないと、近代語をマスターするのは、難しいのではないだろうか。現代は変わったので、もはやラテン語やギリシャ語で苦しむことはなくなったであろうし、漢文で苦労することもないかも知れないが、それだけに、教養が浅く、知恵に乏しいということは、若い人たちと接して感じることである。ともあれ、外国語というか、古典語というか、語学を若い時、マスターすることは、学校教育では重要なことだと思う。

本来の自己に目覚めることが人生の重要な課題である、ということを認識した上で、ではどうしたら、悟ることができるかというと、むろん宗教に入信することが手っ取り早い方法であるかもしれないが、入信したからといって、すぐ悟れるわけではない。やはり、悪を避け、善を為し、真理や真実を学び、苦労を耐え、自分の務めを忠実に果たし、「世のため、他人のために」なることを実践し、万事において万事になるよう修行することである。そのために宗教が役立つなら、大いに利用することである。モラルは宗教とは不即不離の関係にある。だから、宗教すなわち信仰・祈り・愛などは、善徳を促し、習性づけ、深化させるのに役立つ。これに対し、モラルは宗教を安全かつ快適に目的地に導く作用がある。宗教とモラルを分離させると、堕落しかねない。親鸞の悪人正機説が誤解されて、悪人ほど極楽浄土に救われやすいと勘違いしている人が少なくない。が、いくら南無阿弥陀仏とお念仏を唱えたところで、泥棒は盗みの罪を犯しているから盗人である。人を殺めることは殺人である。親鸞自身も『歎異抄』の中で、「本願誇《ほんがんぼこ》り」と言って、警告しておられる。悪人が真っ先に救われるというのは、回心した悪人が心底、自分が本当に悪かったという謙虚な罪悪意識を抱いて悔悛しているからであって、どんな悪事をしても、それを悪かったと悔悛すれば赦されるであろう。そうでなければ、いくらお祈りしたり、「南無阿弥陀仏」と唱えたとしても救われることはないのだ。心すべきことである。私はカトリックの神父なので、罪を赦す権能を持っている。しかし、告解部屋で告白する信者が本当に痛悔していなければ、赦しを与えることはできない。厳密にいえば、私が仮に赦しの言葉を唱えたとしても、神がお赦しになっていないことがわかる。やはり、罪の赦しのためには、悔悛が必須条件なのである。日常生活のなかでも、真面目に悔悛しなければ、罪は赦されないのだ。忘れさえすればよいと考えている人がいるが、人の良心は忘れることができないのだ。例えば、私が子どものとき盗みをしたことは信者になって赦されているが、忘れてはいない。そればかりか、私も悪い人間だったねと想起するよすがにはなっている。

悪人意識が自己の謙虚さにつながるとき、真実の自己に目覚める契機になるだろう。聖人伝を読んでいると。聖人と言われるほど立派な人なのに、世界中で一番罪深いのは自分だという謙虚な自己意識が目立つ。例えば、アッシジの聖フランチェスコなどはそうだ。確かにフランチェスコは若いとき放蕩な生活をしたが、しかし悔悛して神体験をしてからは、完全な清貧に生きて聖者になった。始終、「わが神よ、わが総てよ」と祈りながら、アッシジの町を歩きまわり、人々を聖性に導いていた。アッシジは大好きなので、イタリアを訪ね、ローマに滞在していたときには、三回も訪ねたものだ。アッシジの坂道を歩き、ウンブリア高原を眺めていると、中世の街並みそのままではないかと感じたものだ。

ともあれ、神との合一なくして真の自己実現はあり得ない。だから、本当に自己実現を目指すなら、神への信仰や愛、そして祈りに秀でようとしなければなるまい。これが宗教の領域であるが、人間としての領域では、やはり、モラルであろう。モラルとは、既述したように、良心が告げる善をなし、悪を避けよという道徳律を実践することであり、人間が人間らしく行動し、生きることにほかならない。そして、モラルという道こそ、現世で健康・安全・安心・繁栄・成功等に生きていくための秘訣なのである。多くの人々が、不幸に陥るのは、普段の生活の中でモラルを軽んじているからにほかならない。戦中、戦後の私自身の貧しい経験からも、それは断言できる。平和な時代にもかかわらず、天変地異や事故・事件などが多いのもモラルを軽んじているからではないだろうか。戦後の貧しい、大変な時代に生きてきたが、恐ろしい犯罪などは今日ほど多くはなかった気がする。今日、信じられないような凶悪な犯罪が多いのは、どう考えてもモラルの喪失以外には考えられないのだが、いかがなものだろうか。社会がいくら物質的に豊かになり、科学・技術などが進歩・発展したからといって、人々の意識や態度や行動が変わらなければ、安心できるような良い社会にはならないのではないだろうか。ある意味で、これが勧善懲悪という世界の厳然たる法則にほかならない。そしてまた、モラルの法則は、日常生活における個人の幸・不幸をも左右していることを忘れてはならない。

## 安心立命をどこに

内容に重複があるかもしれないが、お許し願いたい。モラルについて考えていると、どうしても安心立命を深めなければと思うのである。アリストテレスではないが、人は誰でも、幸福を希求しているという。換言すれば、安心立命であろう。しかし、幸福とは何かとなると千差万別であろう。私はそれが神との合一であると確信している。それは、戦時中、貧しい子ども時代に人生の虚しさを東北の田舎町で嫌というほど経験したからである。それが姉の一言で変わった。それは神さまがいらっしゃる（存在）ということであった。そこで神を信じた私は、安心立命を求めて、東北の田舎町で、ただ姉がくれた子ども向きの『聖教の本』を読んで、絶えず祈ったものだ。しかし心の不安は消えたが、人生の虚しさ感はなくならなかった。それが消滅したのは、長野市に移動し、そこの教会に通い、洗礼を受けてからであった。それがどういう変化であったかというと、それは受洗の恩恵（神からのプレゼント）だから、論理的に説明できるものではないが、体験として言えることは、ああ私は今、やっと神と合一できたのだという実感であった。が、正直なことをいうと、信者になったから、不安がなくなったということより、人は何のために生き、動き、存在しているのかという人生の意義がわかったことだと思う。ある禅宗の僧侶が「それは、悟りだろうが」と言われたが、悟りではないと思う。神との合一が本来的だということを知ったにすぎない。それまでは信仰によって、人間が神の創造の業であるという真実を知っていたからである。が、今はある程度、実感できているので、祈りが容易にはなってきている。

人のいのちは、本来、神から来ているから、神と一体である、ということを神学的に主張することはできる。しかし、それを体験することは至難なことである。人間が自分のその真実を体験的に知るということは現世では難しい。だから、聖人たちは、神秘体験によってそれを経験的に知ったのであるが、これは純粋に神の恩恵である。生来的には、信仰によってそのリアリティ（真実在）を知るしかない。けれども、信仰知が直観智よりも低い霊的知恵だとしても、復活された主キリストが使徒のトマスに言われたように、「わたしを見たから信じたのか。見ないのに信じる人は幸いである」（ヨハ20・29）とある。だから、ある意味で信仰者の方が、神秘家よりも偉大なのではないだろうか。列聖された聖人を羨むよりは、貧しくても信仰に生きる方がましである、と今の私は思っている。

しかし、聖人からも学ぶことも多い。それは、少なからず大聖人と言われる人が、若い時には、放蕩息子のように自堕落な生き方をしていたからだ。一例は、例えば聖アウグスティヌスである。若者の悩む姿は、かつてのアウグスティヌスの青春時代の迷いと放縦に似ている。しかし、アウグスティヌスは、迷いながら求め、求めながら迷った。外国の地に旅をすることによっても、真の心の安らぎは得られなかった。学問が好きだったが、哲学や思想の研究にも安心を得ることができなかった。では、どこで真の心の平安を得たのだろうか。求道心が強かった彼は、最後にどこで神を見出したのであろうか。実は自己の内面の深みにおいてであった。そこで、“intimior intimo meo”〈ラ〉インティミオル・インティモ・メオ）、訳せば自分の内面よりももっと深い内面、すなわち翻案すると、自分の内面よりももっと深い内面に永遠なる神を見出した、というのである。彼の宗教体験によれば、神とは私が私自身である以上に私自身である、と言うことができよう。そして、彼のこの神発見の体験は、西洋の神秘思想の系譜へとつながっていくのである。

洋の東西、時の古今を問わず、人は、自身の内面の深みに現存し、生きておられる永遠なるものを信じ、それを発見し、合一したいと望んできた。キリスト教しかり、仏教しかり、ヒンズー教しかり、シナの思想（いくら現世的といわれようと）しかり、神道しかりである。しかし、神は「隠れたる神」である。それは神を希求させるためではなかっただろうか。すなわち人間は神を希求し、神は人間の近くにおられるが、隠れておられる。人間の内面に潜む神的神秘を何という名称、あるいは名辞で呼ぶかは、民族・文化によって多種多様であろう。しかし、人間が根源的に欲求し、願望し、憧憬していることは、永遠なるものとの合一体験、つまり愛、もっと正確に言うと「神愛＝聖霊」との合一にほかならない。だから、人間は、そうした愛に生きるときにのみ、本当の意味で自己実現していくのだ。そしてそれは、人間としての究極的な開花・結実を意味し、その結果、究極的な至福をエンジョイするのである。こういうことは、皆が生得的に知っている。だから、正しくて良き宗教文化は、人間のこうした生得的で根源的な知恵や愛のデュナミス（衝動）を現実化する働きをもっている。これに反し、悪しき宗教文化とは、こうした人間の根源的デュナミスを擬似宗教、偶像、人為的な神観念などによって、逼迫させ、窒息させるのだ。つまり、無神論的な働きをしている。この見極めが難しいが、騙されないためにはまず無欲にならなければならない。宗教的行為に、無病息災・家内安全・商売繁盛といった現世利益《げんぜりやく》を期待するようでは、簡単に騙されやすい。

私の実体験からいうと、戦後、神田の淡路町で雑誌や書籍を刊行する小さな出版社（愚兄が社長）を運営していたとき、朝早く起きて、四谷の教会のミサに与かり、帰宅してから自炊し、夜まで仕事した。そのとき、無欲・無心になって、若い人たちの利益になるような雑誌を企画し、書籍を出版してきた。そのときは、本当に世のため人のためにと思って、私利・私欲のことを忘れて仕事に励んだものだ。お金は愚兄から月給として、一万円もらっただけである。けれども、困ったとか、不便だと感じたことはなかった。といって、他人から寄付があったわけでもない。むろん助けてくれる人もいなかった。もちろん、一応、株式会社であるから、必要経費は予算から下ろした。戦後（一九五〇年頃）の貧しい時代だから東京の神田に住んでいたとしても、買う物があまりなかった。けれども、そういう状況下で出版という営業や商売をしていたけれども、本当に困ったことはなかった。これは本当である。それればかりか、仕事柄、編集長であったので、当時の偉い教授や作家や評論家や詩人やエッセイストなど予約なしに自宅訪問してもお会いできた。特に印象的な体験を話すと、当時、下落合に住んでいらした南原繁東大総長のご自宅を訪ねた時である。わざわざ先生が玄関までいらして、ご自分で応接間に私を招じ入れ、応接間で一時間くらい、いろいろなことをお話しくださったことである。当時は東大も難しい問題に直面していた。特に当時の総理大臣、吉田茂とは考え方も方針も違うので、非常に苦労をしておられた、そういう状況下で一介の貧しい編集者相手に一時間も青年問題や教育問題、その他の問題について忌憚なくお話しくださったということはすごいことではないだろうか。むろん、用件の原稿は書いてもらえなかったが、それ以上の収穫があったのは忘れられない。南原総長は内村鑑三の弟子で無教会主義者なので、私とは信条が違うけれども、人物としては偉大な学者であり、聖なる信仰者と言える。

さて、私が自分のささやかな体験を記したのは、貧富や身分の上下や境遇の良し悪しなどに関係なく、日常の生活や業務などのいかんを問わず、モラルの道を真面目に歩いていれば、本当の意味で困ることはないだろう。神が必ず守り、助け、支えてくださるであろう、という一例として私の拙い事例を記したに過ぎない。宗教の有無を説いたのでもない。

ただ、本当の安心立命を得たいと望むならば、宗教を避けては通れないであろう。というのは、結論を先に述べれば、人間には霊である魂がある。それによって、私たちはそれぞれ人格としてこの世に生き、動き、存在しているのだ。そして、その魂の最深奥には前述もしたが、アウグスティヌスが言うように「私よりも私自身である」神さまが現存しておられる。だから、それに気づき、真実の自己である神と合体することが究極のいのちなのである。宗教というと、何か特別なことと考えがちであるが、真実の自己と思えば、抵抗が少ないだろう。実際にそうなのである。この真実から離れて、自分自身が何か神と対立するような存在であるかのように想像するから、偶像崇拝という無神論者に堕してしまうのである。そして、現実には多くの人が、無神論者になったら、自己確立ができると勘違いしている。真実は逆なのである。神の似像である人間は、本来的に神のイメージであり、顕現であり、表現なのである。だからこそ、「言（みことば）は肉となって、わたしたちの間に宿られた。わたしたちはその栄光を見た。それは父の独り子としての栄光であって、恵みと真理とに満ちていた」（ヨハ1・14）と、著者の使徒ヨハネが書いていることが真実だと容易に信じられるのではないだろうか。

だから、本当に安心立命を得たければ、自我の深みにある真実に目覚めようとしなければならない。そのための手段や方法はモラル（道徳・倫理）であるが、人間は道徳的に弱い存在であるので、助け手が必要であろう。その助け手といえば、私の体験からいっても、「神仏」と言えよう。神仏と書いたのは、日本文化の中で超越的な絶対者を表現しようとすれば、これより適切な言葉がないと思うからである。より一般的にいえば、宗教と言ってもよい。

ただ、宗教と言うと、一般の人は大体、宗派を連想するであろう。が、私が主張したいのは、宗教心のことである。人間には誰でも良心があるように、宗教心もある。宗教心というのは、宗教、つまり超越者への帰依を希求する心（憧憬・希望・感嘆等）のことである。しかもそれは外部から取り込むのではなく、生来愛の心に内在しているものが発芽することなのだ。まさに、アウグスティヌスが『告白録』の冒頭で書いているとおりである。その言葉を翻案すると、「主よ、あなたは私たちをあなたのためにお造りになりました。ですから、あなたの内に憩うまでは、私たちの心は安らぐことがありません」。だから、本当の安心立命を得ようと望むなら、内面に沈潜していかなければならないだろう。

修道院が説く沈潜、つまり内的生活とか霊的生活とか呼ぶのは、説き方、語り方、表現が違うとしても、いずれも自己の内面、つまり無意識の奥に、神との一体性を見出すしかないからである。聖人たちの神秘体験はみな内面の世界での出来事と言ってもよい。

ともあれ、本当の自己実現とは、魂の深奥に存在する主なる神との悟り（智）と愛による合一やアビラの聖テレジア（一五一五―一五八二）がいう親密な神との友情・交わり――すなわちこれが聖女のいう観想生活であるが――を体験してこそ、実現されるのではないだろうか。しかし、それは私のような大変至らない人間にとっては、不可能に等しいのではないかと疑問を持たれる人もいるであろう。そのためにこそ、私は信仰が一番大切だと考えているが、いかがなものだろうか。それは、復活された主イエス・キリストが、使徒のトマスに言われた言葉を拠り所にしている。復活の主キリストは、復活を信じていなかった使徒のトマスに現れて、言われた。トマスよ、あなたは「わたしを見たから信じたのか。見ないのに信じる人は、幸いである」（ヨハ20・29）。この実例からもわかるように、観想という神秘体験に恵まれることは大いなる喜びである。けれども、現世においては、主キリストが言われたように、信仰による智恵のほうが、ずっと優れているのである。

最後に、私の好きな道元禅師の言葉を引用して、拙稿を終わりたい。

それは道元の『正法眼蔵』の「現成公按」の中に美しく表現されている。

仏道をならふといふは、自己をならふ也。自己をならふといふは、自己をわするるなり。自己をわするるといふは、万法に証せらるるなり。万法に証せらるるといふは、自己の身心、および他己の身心をして脱落せしむるなり。

〈現代語訳〉

仏道を修行するということは、自己を修行することです。自己を修行するということは、自己をわすれることです。自己をわすれるということは、自己が万法に実証されることです。自己が万法に実証されるということは、自己の身心と、それに他己の身心をも解脱させることです。

（玉城康四郎編『道元集』日本の思想2、筑摩書房、一三七頁）

己が己から解放されるとき、宇宙の真理とつながっている真の自己が現成してくるというのである。キリスト教的な解釈を加えるなら、神的神秘に生かされている真の自己が顕現してくるということではないだろうか。

そこで、どうしたらありのままの自己、すなわち煩悩具足の凡夫である私たちが、そのままの有様を素直に受け入れつつも、我執から解放され、真実の自己に目ざめることができるかというと、道元は、『正法眼蔵』の「生死」の最後に、次のように記している。

ただわが身をも心をもはなちわすれて、仏のいへになげいれて、仏のかたよりおこなはれて、これにしたがひもてゆくとき、ちからもいれず、こころをもつひやさずして、生死をはなれ、仏となる。たれの人か、こころにとどこはるべき。

仏となるに、いとやすきみちあり、もろもろの悪をつくらず、生死に著するこころなく、一切衆生のために、あはれみふかくして、上をうやまひ下をあはれみ、よろづをいとふこころなく、ねがふ心なくて、心におもふことなく、うれふることなき、これを仏となづく。又ほかにたづぬることなかれ。

（中村宗一訳『正法眼蔵』巻四、誠信書房、三九八頁）

道元が「仏」と書いているところを、私は「キリスト」と置き換えながら、このすばらしい言葉を座右銘としている。

# 倫理における良心と根本的選択

竹内　修一

## はじめに

主が初めに人間を造られたとき、
自分で判断する力をお与えになった。
その意志さえあれば、お前は掟を守り、
しかも快く忠実にそれを行うことができる。
主は、お前の前に火と水を置かれた。
手を差し伸べて、欲しい方を取ればよい。

人間の前には、生と死が置かれている。
望んで選んだ道が、彼に与えられる。（シラ15・14―17）

良心は、人格的存在としての人間の深奥に生得的に刻み込まれている。それは存在論的に人間存在を根拠づけ、倫理的に人格の成長を促す。「善をなし、悪を避けよ」――これは私たちに対する良心の要請である。良心は、ただ単に、正・不正や善・悪の識別・判断に尽きるものではなく、むしろ、人間が人間として生きるための根本的な状態《ありかた》を開示する。それゆえ良心において、人間は、自らの究極的根源（神）の声を聞き、それに応えることができる。良心はまた、人間に求められる二つのこと――善い人間となること（倫理）と聖なる人間となること（霊性）――の邂逅の場でもある。

この良心に、かすかな声が語りかける。それは、私たちを真のいのちへと招く声である。その招きの声に静かに耳を澄まし、素直にそれを受け容れ、そして惜しみない心でそれに応えるとき、それが「根本的選択」（fundamental option）となる。

以下、三つの部分に分けて考察を進めたい。まず、良心と根本的選択を考察する場としての倫理について検討したい。ここで語られる倫理は、決して、規則や規範によって構築されるようなものではなく、むしろ、物語としての倫理である。次に、良心の考察を進める。その際の良心は、いわば倫理と霊性の交差点として捉えられるものである。そして最後に、根本的選択について検討する。これは、人間に与えられている「根源的自由」(basic freedom)によって可能となるものであるが、究極的目的としての善さそのもの、あるいはいのちそのものとの人格的関係の体現にほかならない。

## 物語としての倫理

生きるということには、秩序が求められる。それをここでは、「倫理」と呼ぶことにしたい。「倫理」という言葉は、しかし、一般的にどのような印象を人々に与えているのだろうか。もしかしたらそれは、義務や規則・規範といったものだろうか。もしそうなら、倫理的な生き方とは、それらに従って生きることになるだろう。その場合倫理は、何か人間の自由を抑制・拘束するもの、換言すれば、何か否定的なものとして理解されるだろう。しかしはたして、それが、倫理の目指すべき本来のあり方なのだろうか。むしろ倫理とは、それによって私たちが、いっそう自己の涵養へと導かれ、より良い社会の形成に寄与すべきものなのではないだろうか。

## 人間の現実

「わたしは自分の望む善は行わず、望まない悪を行っている」（ロマ7・19）――このパウロの呻吟は、まさに生身の人間の現実を表している。そのような人間を、どうして、法や規則・規範だけで捉えることができるだろうか。確かに、私たちは、ある人の行為について、それが正しいとかそうでないとか、そう言うことはできるかもしれない。しかし、それ以上に大切なのは、なぜその人が、その行為をしようとしたのか、その動機や意図に心を向けることであり、またその人の心の状態《ありかた》ではないだろうか。

イエスは、このような人間のありのままの姿を知っていた。いのちそのものとしての神を自らにおいて示すこと――そのことに、彼の生涯はあった。「わたしは道であり、真理であり、命である」（ヨハ14・6）――そう彼が語るとき、私たちは、彼の中に人間としての生き方を見出す。イエスは、学問体系を構築したのでも、また抽象的な教条を義務として私たちに課したのでもない。むしろ彼は、そのようなことから私たちを解放するために、自らのいのちを賭けた。私たち一人ひとりが、いかに神の目に価高いか、そのことを彼は、自らの言葉と行いを通して示した。

## キリストに倣う

「キリストに倣う」――これが、キリスト教倫理の初めであり終わりである。それゆえ、エルサレムのキュリロス（三一五頃―三八七）が次のように語る時、それは正しい――「キリスト教倫理とは、キリストの道を歩むことである」。たとえ、パウロのような劇的な回心がなくても、それは問わない。キリスト者となる道は人それぞれであり、そこにこそ一人ひとりの召命の意義はある。真のキリスト者となること――それは、確かに容易なことではないだろう（マタ7・13、ルカ14・33）。しかし、イエスと労苦を共にするなら、その喜びにも与る。それは、パウロが語るように事実である（二コリ7・4参照）。しかし同時にまた、私たちの中につねに揺るぎない確信がある、というわけでもない。依然として私たちは、弱く不確かな存在であり、たとえ誠実であろうとしても、過ちを犯し得る人間である（ロマ7・19参照）。

## キリスト不在のキリスト教倫理

カトリック倫理は、これまで（もちろんいつもではないが）、二つの大きな過ちを犯してきた。一つは倫理と霊性の分離であり、もう一つは聖書から乖離した倫理である。その結果生まれたのが、いわゆる、キリスト不在のキリスト教倫理である。第二バチカン公会議はしかし、再び「キリストに従う者」という標語のもとに倫理神学の刷新を進め、改めてその根本的立場を確認した。それは、〝キリスト中心主義〟の倫理である。すなわち、それは、キリストによって、キリストとともに、キリストのうちに結ばれる、神と人間との人格的関係の再確認である。

キリスト者として、生きる。それにあたって最も大切なこと――それは、いのちそのものとしての神の愛を確認し、その神がイエスを通して与えられた招きに応えることである。それゆえ、キリスト教倫理は、決して罪中心の教えを振りかざしたり、法の遵守や義務の遂行に執心したり、ましてやそれらを人に強要したりするものではない。大切なこと――それは、神との人格的関係において真摯に神の招きに応えること、これである。へりくだって人間となられた神の子、イエス・キリストの心を心とし、その生き方に自らの生き方を重ね合わせること、それこそが、私たちの確認すべき原点であろう。

## 良心

おそらく、多くの人は、次のこの言葉にうなずくかもしれない――私は、自分の自由意志に基づいて選択・決断し、自分の人生を切り開いていきたい。しかし同時にまた、私たちは、次のことにも心を止めなければならないだろう――その選択・決断が、同時にまた、他の人々にとっても良きものであるということ、これである。このような選択・決断は、私たちの「良心」においてこそ行われる。それが、根本的選択にほかならない。それゆえ、大切なのは、私たちの良心に語りかけるかすかな声、それに心を開いて静かに聴くということ、これである。

### 良心という言葉

「良心」は、一九世紀になって初めて使われるようになった言葉である。それは、conscience の訳語であるが、conscience は、「con」（共に、全体）と「science」（知識）とからなる。つまり、conscience には、「共に何かを知る」「共通の知識」、あるいは「全体的な知識」などの意味がある。これらのことから、conscience には、何らかの共同体性があることが伺われる。さらに詳しく見るなら、「con」に、その存在の根拠やある種の共通的・解釈学的地平を見ることができるかもしれない。同時にまた、そこに conscience の普遍性の根拠を見ることもできるかもしれない。一方「science」は、単なる知的知識あるいは客観的知識ではなく、人間の倫理的・実存的知識を意味している。この種の知識は、聖書においても確認される。たとえば、セム人にとって、「知る」とは、単なる抽象的知識ではなく、対象との実存的な関係を意味していた。

## 良心とシュンデレーシス

「良心《シュネイデーシス》」（*syneidesis*）という言葉が、最初に新約聖書において現れるのは、パウロの手紙である。このシュネイデーシスの理解は、中世において、新たな神学的発展を見た。トマス・アクィナス（一二二四／二五―一二七四）も確認するように、人間はペルソナ、すなわち「神の似姿」（*imago Dei*）として造られている。[1] 良心の理解において、彼の最大の貢献の一つは、「良心」（*conscientia*）と「シュンデレーシス」（*synderesis*）との区別である。彼によれば、良心は、シュンデレーシスに基づいており、その限りにおいて、良心には拘束力がある。

シュンデレーシスは、実践理性の第一原理として、無条件に〝善を行い、悪を避けよ〟と私たちに要請する。シュンデレーシスが間違うことはないが、良心にはその可能性がある。なぜなら良心は、具体的・個別的行為における倫理的知識の判断であり、その適用であるからである。

良心とシュンデレーシスとの間には、どのような関係があるのだろうか。J・H・ニューマン（一八〇一―一八九〇）によれば、神が良心を通して私たちに何かを命じるとき、単にあることをするようにと命じるのではなく、正しいと思われることをするようにと命じるのである。ここに、良心が誤り得る可能性の一つがある。ヒエロニムス（三四七―四一九／四二〇）によれば、シュンデレーシスは、〝良心の火花〟あるいは〝光と暖かさを与える小さな炎〟として理解される。良心は、ただちに神の声ではないが、シュンデレーシスは、ほぼそれに近いものと見なすことができるかもしれない。

## 倫理と霊性の交差点としての良心

「良い人間になること」（倫理）と「聖なる人間になること」（霊性）は、本来、人間にとって統合されるべきものである。「あなたたちは聖なる者となりなさい。あなたたちの神、主であるわたしは聖なる者である」（レビ19・2）。そのために神は、人間に良心を与えられた。聖なる者となること、それはいわば、神から人間への招きであり、それに応えることに人間の生きる意義はある。それゆえ良心は、単なる倫理的範疇に還元されるべきものではなく、むしろ霊性との関連において考えられるべきものである、と考えられるだろう。

## 良心の発見

ニューマンは、実に聡明な人物であったが、それ以上に信仰の人であった。彼は、論理的一貫性を大切にする人であったが、同時にまた、良心の声に耳を傾ける人物であった。彼によれば、良心は、人間が真理に到達するにあたって、知性よりも重要な位置を占めている。この場合の真理とは、数学や自然科学におけるそれではない。むしろそれは、「わたしは道であり、真理であり、命である」（ヨハ14・6）と語られたイエス自身のことである。それゆえ私たちが、最も深い意味で真理について語る時、それはいつも、イエス自身を指し示していることとなるだろう。アウグスティヌスによれば、イエスは、言葉の言葉、あるいは内的な言葉と言われる。

良心の発見と神との出会い――それは、不可分なものである。よく良心は神の声であると言われる。しかしより正確に言うなら、良心は、そこにおいて神の声を聞くことができる、そのような場である。人間が、その最も深い意味で良心の声を聞くのは、その源である神への愛においてである。それはやがて、私たちにとって第二の天性あるいは習慣となる。その意味で、ニューマンは、良心を「倫理的感覚」と呼んだ。彼は、良心を単に人間の理性からは独立した神託のようなものと見なしたり、あるいは単なる理性に還元する合理主義に陥ったりすることはなかった。

ニューマンによれば、良心は、キリストの代理人である。それゆえ、良心の命令に従うこと、それは、キリストの言葉に従うことであり、神のみ心の成就に参与することにほかならない。このように良心は、その最も深い意味においては、宗教的次元に根ざしている。良心が命じる真理を行うことは、キリストの宣教に参与することでもある。イエス自身、御父によって世に遣わされた。「わたしが天から降って来たのは、自分の意志を行うためではなく、わたしをお遣わしになった方の御心を行うためである」(ヨハ6・38)。そして彼が、私たちをこの世に遣わされる。それは、良心による派遣にほかならない。

## 良心と自然法

良心は、神と人間との関係を考えるにあたって、極めて重要な位置を占めている。この良心には、一つの法が与えられている――それが、自然法である。自然法は、「文字によって書かれた法ではなく、(人間の心に)刻み込まれた法である」(*Lex indita non scripta:* law inscribed [in the human heart] and not written down)。良心は、存在論的に人間存在を根拠づけ、倫理的に人格の成長を促す。「善を行い、悪を避けよ」――これは、私たちに対する良心の要請である。しかし良心は、ただ単に行為の「正・不正」(right-wrong)や行為者の「善・悪」(good-evil)を識別する能力ではなく、むしろ、人間が人間として生きるための根本的な状態《ありかた》を明らかにするものである。

人間は、良心の奥底に法を見いだす。この法は、人間が自らに課したものではなく、人間が従わなければものである。この法の声は、つねに善を愛して行い、悪を避けるように勧め、必要に応じて「これを行なえ、あれを避けよ」と心の耳に告げる。つまり、人間は自分の心の中に神から刻まれた法をもっており、それに従うことが人間の尊厳であり、また人間はそれによって裁かれる。良心は人間のもっとも秘められた中心であり聖所であって、そこで人間は独り神とともにあり、神の声が人間の内奥で響く。神と隣人に対する愛を通して成就するあの法が、良心のおかげで感嘆すべき方法をもって明らかになる(2)。

良心の働きには、聖霊の内在がある。イエスがこの世を去った後、私たちの良心を育み導くのは、この聖霊にほかならない（ヨハ14・26参照）。第二バチカン公会議はまた、神が聖霊の内在を通して、人間を救いに導くことを語る。

本人の側に落ち度がないままに、キリストの福音ならびにその教会を知らないとはいえ、誠実な心をもって神を探し求め、また良心の命令を通して認められる神のみ心を、恵みの働きのもとに行動によって実践しようと努めている人々は、永遠の救いに達することができる(3)。

**良心の確からしさ**

ニューマンの良心理解は、自然科学者のそれでもまた形而上学者のそれでもない。すなわち、経験科学の実証主義にも、また直観主義の抽象的理解にも基づいていない。むしろそれは、一種の現象学的あるいは心理学的方法に基づいている。彼は、習慣の観点から良心の概念を強調する。換言すれば、彼は、疑念にさいなまれた良心よりも、人間の倫理的生活における良心の起源と性質、また良心がどのように形成されるのか、そのようなことに関心を抱いている。また彼は、宗教的良心に思いを馳せ、それゆえ、人間中心の良心ではなく、神中心の良心に心を向けていた。

後ほど詳細に考察するが、根本的選択は、自由や人格と密接な関係にある。根本的選択は、倫理的主体としての人格の確立にも寄与しており、そこにおいて根源的自由は、選択の自由に先立つ意志の自己実現として、神によって直接的に動かされる。

しかし、良心は絶対的なものではなく、それゆえ誤り得る。それにもかかわらず、ニューマンによれば、そのような良心であっても、それに忠実に従うことによって真の良心は形成される。

## 【コラム1】

### 真心の込め方

あるお医者さんについて、次のような話を伺った。そのお医者さんは、患者さんの部屋に入る前に、必ず一礼をするという。患者さんは、そのことを知らない。しかし、たとえそうであっても、このお医者さんの態度は、明らかに患者さんに対する尊敬・敬意の表れではないだろうか、とそう思う。それは、そのお医者さんの真心の形にほかならない。

この話を伺って、「医は仁術なり」という言葉を思い出した。「医は、人命を救う博愛の道である」（『広辞苑』第七版）と語られる。

孔子の思想の根源は、「仁」にある。しかし彼は、仁とは何か、すなわちその定義については、明確に語っていない。むしろ彼は、仁によって人間はどのような人間になるのか、そのことについて語っている。

この仁を、曾子は、「忠恕」と言い換えた。忠恕は「まごころ」の意とされるが、さらに詳しくみるなら、「忠」とは自分に対する誠実さ、「恕」とは他人に対する誠実さである。あるいは、「忠」とは自身のまごころ、「恕」とはそのまごころから出る他人への思いやり、と考えることもできるだろう。

仁とは人を愛すること、と言われる。釈迦の説く慈悲、イエスの語る愛、そして孔子の述べる仁——それらは、端的に同じものではないが、確かに重なり合うものがある。

## 根本的選択

根本的選択とは、人間が、自らの存在や人生全体を究極的目的との関係において、根本的に方向づける選択あるいは決断のことである。換言すればそれは、人間が自己自身によって、また自己の存在そのものにおいて、自らのあり方を選択・決断するあり方であり、自己定義である。このように、根本的選択は、自らのペルソナ（人格）と自由に深く関わる人間的行為なのである。

### 根本的選択と根源的自由

ベルンハルト・ヘーリング（一九一二—一九八）は、根本的選択への自らの関心について、次のように語る。「わたしの特別の関心の一つは、根本的選択が、根源的自由の表現として、同時にまた、創造的自由と創造的忠実への選択であるかどうかを検証することである」[4]。彼はまた、根本的選択は、自由と人格とに密接に関係している、と指摘する。「根本的選択は、それによって人格が、自らを委託する自己についてのまた根源的自由についての深い認識の実現である[5]」。

人間は、個別的存在として根源的自由を与えられ、それによって根本的選択をする。人間の精神は、自らの人生を全体として捉え、それを方向づける能力と責任を自覚する。それはまさに、根源的自由の自覚にほかならない。したがって、根本的選択は、倫理的主体としての人間の確立に伴うものであり、根源的自由の行使でもある。根源的自由は、自己自身との結合だけでなく、世界全体との結合をも可能にする。

このように根本的決断は、根源的自由を前提とし、それによって人間は、決断をしたりしなかったりする。この根源的自由は、自己において個人的自由にほかならない。このことは、トマス・アクィナスにおいて、「内的衝動」(*instinctus*)の理論において見ることができる[6]。すなわち、この内的衝動において、根源的自由は、何らかの選択的自由に先立つ意志の自己実現として、神によって直接的に動かされるのである。

## 根本的選択とペルソナ

根本的選択は、個々の行為に還元され得るものではないし、またされるべきものでもない[7]。むしろそれは、根源的自由に基づくものであり、それによってその行為を意味のあるもの、すなわち倫理的行為とする。「実によって木を知る」（ルカ6・43―45参照）のたとえは、人間と個々の行為との関係を考察するにあたって、役立つだろう。ここにおいて「木」は、人間を表す。それゆえ、もしその人が善良であれば、そこから生まれる行為（実）も当然善いものとなる。逆もまた、しかりである。このことは、「行為は存在に従う」（*agere sequitur esse* : action follows being）に通ずるものでもあろう。

根本的選択は、個々の行為に還元されるものではないとは言っても、それは、個人の過ちや罪といったものは重要ではない、ということではない。大切なのは、個々の行為をどのような背景のもとで見るか、ということである。換言すれば、それらをキリストによる救いの営み（オイコノミア）において、すべての人々との連帯のもとで見ることである。これこそが、根本的選択が目指すべき本来的方向性である。次のパウロの言葉は、そのことを端的に表しているだろう。「互いに重荷を担いなさい。そのようにしてこそ、キリストの律法を全うすることになるのです」（ガラ6・2）。

ヘーリングも語るように、根本的選択は一度だけの決断ではなく、何度も繰り返すべきものである。確かにそれは、一つひとつの具体的行為を通して体現されるが、同時にまた、自らが共同体の一員であるという観点から理解されなければならない。

私たちが選ぶべき態度――それは、行為中心の倫理ではなく、行為者中心の倫理である。『真理の輝き』や『カトリック教会のカテキズム』は、前者の立場に基づいている。それゆえ、そこにおいて強調されるのは、本質的・絶対的悪、いわゆる「本質的悪」（*intrinsece malum*：intrinsically evil）と呼ばれるものである。そこでは例外はなく、大罪に重点が置かれている。もちろん、すべての罪が同じレベルにあるというわけではない。しかしそもそも、大罪と小罪との明確な区別は可能なのだろうか。むしろ大切なのは、私たちが、根本的にどこに向かっているのか、そのことの確認にあるのではないだろうか。そのためには、キリストによる救いの営みという地平において、根本的選択を位置づけなければならない。ヘーリングは、次のように語る。「個々の行為に焦点を当てる前に、私たちは、キリスト教倫理において、基本的意向（basic intention）と基本的決意（basic decision）を見る。それは、いっそうよりよいもの、より効果的で継続的な悔い改めに基づいたものでなければならない。大切なのは、毅然とした確信、基本的態度（徳）、そして調和のとれた性格の形成である[8]」。

## 人間の行為と人間的行為

ある行為の倫理性が問われるとき、「人間の行為（倫理的内容を含まない行為）」（*actus hominis*：act of a human person［*without* a moral dimension］）と「人間的行為（倫理的内容を含む行為）」（*actus humanus*：act of the human person［*with* a moral dimension］）との区別がなされる。ここで問題となるのは、ある行為を人間的行為とするものは何か、という点である。その際、人間の自由は重要な位置を占める。つまり、倫理的行為の主体は人間であるから、個々の行為は、その人の内的状態《ありかた》や行為の意図の具体的な体現として考えられるのである。

自由であるということ、それは、積極的に獲得された自己存在のあり方である。(9) したがって、自由における主体は、その人の主体性にほかならない。根本的選択は、自己定義という最も純粋な自己実現であり、同時にまた、究極的目的との関係における人間の神秘であり、また使命でもある。なぜなら、根本的選択は、根源的自由に基づいているため、それ以上演繹することはできないからである。

人間の自由な行為は、それぞれ個別的である。それゆえ、個々の行為は、人間の具体的個性を形成する。トマスはこの考えを出発点として、人間という概念を展開する。[10] 彼によれば、行為の構造の基礎は、人間の倫理的自由と自己定義にある。人格的存在としての人間は、意志による決定においては自由であり、それゆえ、自らの行為の主体である。その意味で意志は、行為の根源であると言えるだろう。[11]

**究極的目的からの呼びかけ**

根本的選択は、究極的目的としての神からの呼びかけと、その呼びかけに対する応答によって可能になる。この呼びかけは、包括的であると同時に無制約的であるものに基づいている。この包括的な呼びかけはまた、人間の自由の核心を形成している。倫理的かつ個人的な行為を通じて、人間は、自己伝達という宗教的行為へと向かう。そこにおいて、無制約的なものの包括的な自由と人間の有限的な自由との間に、超越的かつ対話的な関係が築かれる。[12]

自由はまた、それ自体、倫理的善への呼びかけでもある。したがって、自由が善と緊密に結びつけば結びつくほど、その成長は豊かなものとなる。そのような善を通じて、神学的徳としての信仰は、健全に育まれる。その意味で、根本的選択は、人間の自己実現や救いの可能性にとって極めて重要な位置を占める。そのことについて、教会は、次のように語る。

人間の尊厳のもっとも崇高な根拠は、人間が神との交わりに召されているということである。人間はすでにその存在の初めから、神との対話に招かれている。実際、人間が存在するのは、神から愛によって造られ、愛によってつねに保たれているからである。その愛を自由に認め、創造主にわが身をゆだねるとき、初めて人間は真理に基づく充実した生を営む(13)。

根本的選択は、超越的な他者に対してのみ可能である。換言すれば、それは、言葉によって媒介される超越的な他者の自己贈与においてのみ可能なのである。その意味で、この自己贈与は、呼びかけといった形をとる。すなわち、み言葉によって媒介された、信じるという決断の形をとるのである。善そのものから人間へのこの呼びかけは、まったく自由な行為である。それは、神の本質と意志に根ざしており、それゆえ、神ご自身である無条件的絶対性を包含しているのである。人間が、この呼びかけに自由に応えるとき、神との真の出会いへと招かれる(14)。

## 愛による善そのものへの応答

根本的選択は、善そのものへと開かれ、それを目指す。善そのものは、私たちの人生全体が、それへと向けられている究極的目的である。私たちが、この究極的目的を意志することもまたしないことも、まったく自由である。その意味でも、根本的選択は、私たちの根源的自由の行使にほかならない、と言えるだろう。

人間は、すでに完成された存在ではなく、むしろ、一人ひとりに与えられた選択と決断によって、絶えず形成されていくものである[15]。このプロセスは、決して場当たり的なものではなく、一定の方向性と秩序を持っている。つまり、善そのものと呼ばれる究極的目的があり、それが、私たち一人ひとりの選択や決断に意味を与えるのである。

自由とは、その本質的な意味において、自己決定である。この自己決定は、目的としての無制約的な善へと自己超越することによって可能になる。換言すれば、自由な行為とは、無制約的な善としての超越への始まりにほかならない。

「現代世界憲章」（19項）が述べるように、善そのものとしての神と人間との関係は、愛に基づいている。換言すれば、愛のみが、善そのものへの適切な応答なのである。したがって、倫理的義務の多様性は、愛への促しによってこそ支えられている、と言えるだろう。意志の内在的傾向は、善そのものによって喚起され、自然法全体の基礎となる意志の内在的傾向もまた、自発的な愛にその基礎を置く。このようにして人間は、善そのものへと向かう[16]。

愛とは、まさに自由の賜物にほかならない。この愛は、信仰によって与えられ、その人の人生と統合される。また愛は、贖われた人間の本性であり、キリストによってその使命が与えられる。それゆえ愛は、神の三つの位格間の相互内在（ペリコレシス）に根ざした徳目である、と言えるだろう。

人間の本性は、自由な行為によってのみその意義の実現を見る。すなわち人間は、行為においてこそ自らを実現するのである[17]。このプロセスの基盤は、超越へと向かう志向性にこそある。実際の生活において、それは、人間の尊厳と権利において体現される。これらは、人間にとって不可欠なものであり、尊厳は、自由な自己決定の基盤である。

## おわりに

「良心は人間のもっとも秘められた中心であり聖所であって、そこで人間は独り神ととももにあり、神の声が人間の内奥で響く[18]」と語られる。この良心において、私たちは、「善を成し、悪を避けよ」というささやきを聴く。その時の選択・決断は、私たち一人ひとりに任されている。そのことが可能であるためにも、私たちには、根源的自由が与えられており、同時にまた、責任も引き受ける。この根本的選択によって、私たちは、善そのもの、すなわちいのちそのものへと招かれている。そしてそこにこそ、私たちにとっての真の平和がある。「あなたがたに平和があるように」（ヨハ20・19、21、26）――これは、昔も今もそしてこれからも、決して変わることのないイエスの言葉であり、祈りである。

わたしは今日、天と地をあなたたちに対する証人として呼び出し、生と死、祝福と呪いをあなたの前に置く。あなたはいのちを選び……なさい（申30・19―20）。

【コラム2】

**大丈夫――いのちからの祈りの言葉**

「大丈夫。――小児科医・細谷亮太のコトバ――」というドキュメンタリー映画を観た。これは、その前に上映された「風のかたち――小児がんと仲間たちの一〇年――」

の続編にあたる。細谷先生は、四〇年間小児科医として、とりわけ小児がんの子供たちを診てきた。現在では約七、八割は治るそうだが、それでも先生は、これまで三〇〇人ほどの子供たちを見送ってきたという。（なぜ、この子がこの病気を背負って、自分ではないんだ）、といつも負い目のようなものを感じてきた、と言われる。映画の中では、そのような先生の気持ちが、ちりばめられるように、先生自身の俳句によって語られる。

朝顔の花数死にし子らの数

いのちに寄り添うとは

「大丈夫」――これは、（本人は気づいていなかったらしいが）先生の口癖らしく、診察する子供たち一人ひとりにかけられる言葉。先生の生き方を見ていると、（あぁ、いのちに寄り添うとは、こういうことなんだな）、と思えてくる。同時にまた、その姿が、イエスの姿とだぶってくる。イエスが、生前よく語っていた言葉――「心配しなくてもいい、いい、恐れなくてもいい」。

いのちの輝きとはかなさ――それはいつも背中合わせかもしれない。とりわけ私たちは、そのことを病気のとき、また誰かの死において体験する。いつこの世でこと切れてもおかしくないのに、それを認めたくない。これは極めて自然な人間の感情であろう。「人の日々は草のよう、／野の花のように咲き、／風が通り過ぎると跡もなく、／その場所を尋ねても、だれも知らない」（詩103・15―16、「現代語訳」、あかし書房）。

「人間はどうせ死んでしまうのに、なぜ生きているんですか」――これは、子供電話相談室での、一人の子供の質問。いったいどれくらいの人が、この質問に答えることができるのだろう。

死にし患児の髪洗ひをり冬銀河

永遠のいのちを見つめて

私たちのいのちは、この世だけのもの。これは一つの考え方。そうではない。その先にこそ、本当のいのち――永遠のいのち――はある。これもまた、一つの考え方。どちらの立場を採るのも自由であろう。しかし、どちらを採るかによって、その人の人生は大きく変わってくる。

神は永遠のいのち。そのいのちが、自分の内にも与えられている――そうイエスは理解していた。その意味で、彼は、自分を神と等しいものとした。それゆえ、彼のことばを聞いて信じる者は、永遠のいのちに与ることができる（ヨハ5・24参照）。ユダヤ人にとっては、しかし、これは許しがたいこと。なぜなら、彼らにとって、神は唯一なのだから。永遠とは、時間の枠には収まりきらないということ。つまり、初めもなく終わりもないということ。私たちのいのちは、この永遠の内に記憶され、忘れられることはない（イザ49・15参照）。

父と自分は一つである（ヨハ17・22参照）――これはイエスの確信。なぜなら、彼は、父の思いと自分の思いの間には、何の乖離もないと信じていたからである。イエスのいのちの意義は、自分の意志を行うことではなく、自分を遣わされた父のみ心を行うことにあった（ヨハ5・30、6・38参照）。それ以上でも、それ以下でもない。

「大丈夫」――これは、いのちから私たちへの祈りの言葉。

鯉のぼりしなのたかしの夢に泳げ

## 注

（1）S. T., I-II, Prologue. Cf. S. T., I, 93, 4.
（2）「現代世界憲章」、16項。
（3）「教会憲章」、16項。
（4）ベルンハルト・ヘーリング『倫理にのぞむ根本姿勢』中村友太郎訳（中央出版社、一九八七年）、一三頁。ただし訳は筆者の私訳（以下、同様）。
（5）同上、一四―一五頁。
（6）K・リーゼンフーバー『近代哲学の根本問題』（知泉書館、二〇一四年）、一三八頁。
（7）根本的選択の理解に関して、ヘーリングは、『真理の輝き』はその意味を正しく理解していない、と指摘する。ベルンハルト・ヘーリング『教会への私の希望――21世紀のための批判的励まし』真生会館学び合いの会監訳（サンパウロ、二〇〇九年）、六一頁。
（8）同書、一三一頁。
（9）K・リーゼンフーバー『中世における自由と超越』（創文社、二〇〇〇年）、八二頁。
（10）S. T., I, 29, 1.

（11）S.T., I-II, Prologue.
（12）リーゼンフーバー『近代哲学の根本問題』、一三〇―一三一頁。
（13）「現代世界憲章」、19項。
（14）S.T., I-II, 19, 10, ad 1.
（15）S.T., I, 29, 1.
（16）リーゼンフーバー『中世における自由と超越』、三六〇頁。
（17）K・リーゼンフーバー『超越に貫かれた人間』（創文社、二〇〇四年）、一七五頁。
（18）「現代世界憲章」、16項。

# 現代世界にゆるしの秘跡を生きる

菅原　裕二

第二バチカン公会議まで教会法学はモラル（倫理神学）と典礼規則の勉強を含みました。倫理神学の講義を教会法の専門家が担当することもありました。しかし公会議以降、倫理学と法学は区別されるようになり、別の分野のものとして共存することになりました。時間が経つに連れて、今度は互いがまったく不干渉になってしまうという極端が起きました。倫理と法律は別物であると称して、互いの間に対話や交流がなくなってしまったのです。今、それを修復しようとする努力が必要です。

この論考ではモラルと法律が重なる分野としてゆるしの秘跡を取り上げてみたいと思います。秘跡論や秘跡法に関する内容ですが、倫理神学の原則はもちろん、現代の神学では秘跡の理解に不可欠である聖書神学や教会論への言及も含みます。まず実践の面から考察を始めましょう。

## ゆるしの秘跡をめぐる困難

今日、日本ではゆるしの秘跡を受ける人が減ってきているように思います。以前に比べると、教会においても社会においても罪のセンスや罪の概念が薄れてきているように感じますし、信者の間でも「どんな罪でも神はゆるすと聞いた」「外では誰でもしている」という考えが蔓延しているかもしれません。以前は逆の極端もあり、ゆるしの秘跡が神による厳しい裁きの場であると教えられ、教会は監視の目が行き届かないときの見張り役であり、地獄の恐ろしさが強調され過ぎることもありました。

司祭の数が減ってきていることにも原因があるでしょう。共同回心式さえ開催がままならない地域もあります。逆に秘跡を受ける信徒が少なくて聴罪をする機会がない司祭もいると思います。どのように秘跡の準備をすればよいのかも以前ほど明らかではないかもしれません。マニュアル全盛の現代ですが、カトリック教会には以前、ゆるしの秘跡の準備のために罪の一覧表がありました。マニュアルがあったのです。『公教会祈祷書』にはゆるしの秘跡（その頃は「告解」と呼ばれました）の準備のために良心糾明（今でいう「意識の究明」）用の一覧表があり、しかも重大な罪とそうでない罪の違いが理解できるようなものだったと思います。

実践の面では、秘跡に頻繁に通ったとしても告白するのは同じ罪で、毎回毎回同じことの繰り返しだと感じる人もいることでしょう。それは信者だけの責任ではありません。わからないから、また難しいからと、さまざまな理由でゆるしの機会から人が遠ざかりました。しかしゆるしの秘跡は神との出会いの素晴らしい機会です。極端な言い方をすれば、ミサは司祭一人でも有効・適法に成立し、洗礼はキリスト者でない人が授けても有効です。しかし、ゆるしの秘跡は信者と司祭の両方がいなければ成立しない秘跡で、いわばその両者が共同で司式する秘跡です。司祭と告白する人の両方が神に触れるのです。

## 罪という現実的な体験

誰しも罪の体験があることでしょう。日々の暮らしの中にもあり、ずっと以前の出来事で心の奥底に傷跡が残ってない人はいないことでしょう。キリスト教の立場からすると罪は何やらネガティブなものであるのですが、同時に神秘に触れるものです。何が本当の罪であるかは神に照らしてもらわないとわからないからです。そして、もし神が私たちの罪深さを照らすならば、そこで人はゆるしや解放、癒しという恵みに出会うのです。

誰も自分の中にある闇や妨げを体験するでしょう。人は弱さのために神から離れようとする傾きに同意してしまうことがあります。誰にとっても罪は現実的なものとしてあり、それ自体実りのあるものではないのですが、救いを知るために何らかの役割を果たしており、罪に対抗することや罪深い自分を反省し、耐えることを通して信仰が清められ目が開かれる体験をします。ゆるしなしに罪をとらえることはキリスト教の仕方ではありません。

罪とは何か、なぜ存在するのかという定義や考察ではなく、罪をその結果から考察するならば、大切なものとの親しい交わりから離れるという体験を含むものです。罪を犯すと神との親しい交わりから離れてしまいます。人を傷つけ、教会や親しい人から離れる、真の自分自身が分裂して自分らしく生きられないという結果と結びつくことはないでしょうか。「わたしは復活であり、命である」（ヨハ11・25）とあるように神は命です。命から離れることは死を意味し、生きながら死を味わうとすれば、罪の結果は地獄の苦しみとなります。

こうした中で、罪のゆるしは結果から見るならば、清めというよりも親しい交わりの中に再び迎え入れられることを指します。ゆるされて落ち着きと喜びのある交わりの中に帰してもらえるのです。ゆるしは神、教会、愛された真の自己との和解を意味することとなり、その結ぶ実は愛や平和、喜びです。罪びとの集まりであるカトリック教会はゆるしをもって教会を築きたかったキリストの復活の恵みの結実です。

## 神のゆるしに関する聖書の話

聖書には罪とゆるしに関する記述がたくさんあります。たとえば恵みとして与えられる罪深さの自覚を伝える箇所として、預言者イザヤが神からの召命を受けたときに感じた自分の罪深さが挙げられます。「災いだ。わたしは滅ぼされる。わたしは汚れた唇の者。汚れた唇の民の中に住む者。しかも、わたしの目は王なる万軍の主を仰ぎ見た」（イザ６・５）。聖なるもの（天使の飛び交う様子）を目にしたイザヤは、そこで何かの不遜な行いをしたわけではないのに、神に呼ばれた自分は災いだと感じます。聖ペトロは一番近くからイエスに従った使徒で、いくつかの失敗もイエスに対する裏切りの体験も福音書が語るのですが、「主よ、わたしから離れてください。わたしは罪深い者なのです」（ルカ5・8）と告白したのはイエスの十字架のもとではなく、弟子としてイエスに従っていくことになる最初の召出しの時でした。召出しの恵みと罪深さの自覚とが共存しているようです。

イエスに出会って自分の罪と向き合うことになった女性の物語を伝える福音書の物語は、イエスの前にやってきた女性がなぜ泣いていたのかを伝えません。ファリサイ派シモンの家に入り込んだ女性の話（ルカ7・36―50）において、女性からはひとことのお詫びも懇願もなく、感謝の言葉もありませんが、この女性の人生にとってなにか大きな出来事が起こったことが計り知られます。ヨハネ福音書が伝える罪の女の物語（ヨハ8・1―8）では、女性は人々からは糾弾されるもののイエスを前に自分の罪や過去、失敗から逃げてもおらず言い訳もせず、イエスから「わたしも罪に定めない」とゆるしを宣言されることになります。

ルカによる福音書の一五章にはあわれみの三つのたとえ話と呼ばれる話が集められています。見失った羊を探しにわざわざ出かける羊飼いや、ほこりにまみれて目立たないドラクメ銀貨を探す女性の姿が語られ、放蕩息子のたとえ話には息子が遠くにいたのに見つけて走り寄った父親が登場します。これらはいずれも神の慈しみが主題となっており、そこでは愛の対象が一匹、一枚、一人とされ、罪びと一人が相手であっても動き出す神のゆるしが強調されます。善い羊飼いの話で羊飼いは羊を探しにわざわざ出かけていきます（ルカ15・4）が、それは羊が自分では群れに帰りつけないために羊飼いがそうする以外にないという単純な事実に基づいています。元の交わりに戻るためにまず神が動き出すのです。

イエスがゆるしを伝えるために取ったふるまいの中には、「主は振り向いてペトロを見つめられた」（ルカ22・61）とか「父よ、彼らをお赦しください。自分が何をしているのか知らないのです」（ルカ23・34）、「あなたは今日わたしと共に楽園にいる」（ルカ23・43）など、受難の時に（自分が苦しんでいる時に）表れたものがいくつもあります。受難と罪のゆるしが関わることを示しているのでしょう。

福音書に罪の一覧表はありませんが、イエスのことばからは「悪意、殺意、姦淫、みだらな行い、盗み、偽証、悪口」（マタ15・19）への警戒や、律法学者とファリサイ派の人たちへの非難のことばの中に見られる「偽善、偽り、二心」（マタ23・13―29参照）があり、「赦されることの少ない者は、愛することも少ない」（ルカ7・47）とか「今、『見える』とあなたたちは言っている」（ヨハ9・41）など、間接的に人間の弱さを指摘する記述もあります。

たとえ話を用いて語ったイエスの教えの中には、神の思いに反するものとして「ゆるさないこと、無慈悲」（仲間をゆるさない家来、マタ18・23―35）、「怠りや自己中心的な考え」（王の婚宴、マタ22・1―14)、「中途半端」(十人のおとめ、マタ25・1―12)、「不信頼、無為、怠惰」(タラントン、マタ25・14―30)などが見られます。イエスが特に諌めたのは「貧しい人への無関心」(金持ちとラザロ、ルカ16・19―31)でした。

## 放蕩息子のたとえ話

ゆるしのテーマで一番知られているのは「放蕩息子のたとえ話」(ルカ15・11―32)でしょう。どの言語においても「放蕩息子」と題されているのですが、実は主題は息子でなく父の方で、「放蕩息子の父のたとえ話」と呼んでもよいのではないかと思います。福音中の福音と呼ばれますが、どういうわけかルカによる福音書にしか登場しません。罪とは何かという定義ではなく、罪を糾弾する神が登場するのでもなく、人間の弱さと神の慈しみに関するさまざまな側面が描かれます。

たとえ話の冒頭で、下の息子は家を出ます。「こんな田舎にくすぶっているのは御免だ」とでも思ったのでしょう。自分の自由、自律の実現のために財産を分けてくれた父の思いを無にします。現代世界で言えば、神の創造したものを誤った形で用いる自由主義の罪のことで、その影響を受けている人間の姿と重なります。たとえ話の中でこの息子の歩みは自己実現とは反対の結果を招いてしまいました。豚の世話という当時のユダヤ人にとっては最低の状態に陥って弟は我に返りますが、その理由は見上げたものではありません。お腹が減ったのです。そこで告白してゆるしてもらう決意をしました（18節）。放蕩の果てに償いを自分で決め、家に帰ることにしたのはお腹が空いて死にそうだったからでした。回心の歩みの始まりは自分の罪の結果として生じた苦しみだったのです。見栄を捨てて帰ることにしたのですが、弟には帰る家があってよかったと思います。

福音書によるとこのたとえ話が向けられたのは徴税人や罪びとたち（1節）でしたが、同時にそこに別のグループの人々がいました。律法学者やファリサイ派という宗教的に熱心な人たちです。こうしてたとえ話の続きでもう一つの罪が語られます。兄は家に残って働いていました。おそらく模範的であり、弟が自分の取り分を持って出て行ったので、父の財産はすでに全部兄のものでした。しかし、兄には帰ってきた弟を迎える気持ちがありません。「お父さん、あなたの掟に何も背いたことはなかったのに、弟のためにどうしてこのような祝いをするのですか」（29―30節参照）。このお兄さんの反応は私たちにはわかりやすいものです。兄はどのような気持ちで家にとどまっていたのでしょう。父への信頼がないのか、あるいは勤めを果たしているのに喜びがなかったのかもしれません。弟を迎える気持ちがないだけでなく、父の心もわかりたくないかのようです。しもべたちが「弟さんが帰りました」と伝えているのに、自分は弟と呼びたくもなく、「あなたのあの息子が帰って来ると」（30節）と口にします。

ゆるすことができないことがたとえ話では一緒に喜ぶことができないと表現されています。神のゆるしと喜びとが一体になっているのは、ルカ福音書のこの章には「喜んでください」という表現が繰り返されることからわかります。ゆるしは結果から見るならば「喜び」で、神はゆるすことを喜んでおり、ゆるされることにもゆるすことにも喜びが関わると伝えています。家庭でも修道院でもゆるすことができている人は深いところから喜びを生きているように思います。

このたとえ話では弟と兄という形で二つの罪が語られます。しかし中心にあるのは父の心です。イエスが語るこの父は天の父の姿を透明に伝えているのでしょう。父は感極まって走り出してしまったとあります（20節）。神は感動する神で、牧者のない羊を見て心を動かされる羊飼い、慈しみに心を動かされる父、罪の結果を甘受して苦しんでいる私たちを惨めな姿にさらしておかない神として登場します。お父さんは迎えに出て、自分から走り寄り、弟を抱きしめます。かわいそうだと思ったというのが最初の反応だったと福音書は伝えます。（神の）子であることは賜物で無償のもの、失われようのないもので、罪を犯しても子でなくなることはないと語っているようです。罪の結果、惨めな姿になることはあります。しかし、（神の）子でなくなることはないのです。

そしてたとえ話は父が最高の宴会を開いたと続くのですが、父親にとって「これは当然の宴会」（32節）でした。これが当然であるというのが神の感じ方だとは確かに福音ですが、私たちにとって簡単に理解でき、受け入れられるものでしょうか。誰がこの宴会は「当然」であると思い、同じようにふるまうことができるでしょう。弟が帰ってきた時とは、父が自分の与えた財産がすべて失われたことを確認した瞬間です。息子が帰ってきたことだけで現れたこの愚かなほどの父の態度は神の愛を伝えます。この父は賢明な方ではないですし、ここに登場する神は裁きを行う裁判官でなく被害者です。

息子が父のことがわかったのはこのときではないかと思います。まず神のゆるしがあるのです。本当の罪が何であるかとは神のゆるしに出会ったときに真に理解できるのでしょう。弟の罪は、放蕩に身を持ち崩したことではなく、父の家を出て行ったことです。息子は父の家に帰って初めて本当の自由と自律を得ることになり、父はそれを「弟は生き返ったのだ」

と宣言します。これがイエスが生きていた福音のメッセージだったのでしょう。罪びとのためにひとり子を惜しまないと父の心を理解したイエスは十字架に向かいます。弟が生き返るために自分は十字架で命を捧げます。罪のゆるしのためにイエスは受難を受け入れます。

このたとえを聞いていた人々は驚きました。こんなに簡単に罪がゆるされて（聖書の言い回しならば「神の前に義とされて」）よいものか。ファリサイ派の人、長老たちはこうした話を聞いてイエスを殺すことを計画していきます。「これは民を誤らせる教えだ」と考えたのです。しかし、神の子はそのために命を差し出すことになっても計画を変えません。それほどまでに罪のゆるしはイエスのメッセージの中心でした。

たとえ話の中に人間の弱さは表現されています。それが罪だとは表現されていませんが、意識がされていなくても本当の罪は暗示されています。弟が放蕩に身を持ち崩したことを糾弾しているのは兄の方で、弟の言葉にその記述はありません。弟が話したこととして「わたしのもらうべきものをください」とありますが、それは本来父が亡くなったときに遺産として受け取るものでした。父をあたかも亡き者のように扱って遺産を要求したのです。現代世界における神の不在という状況とつながります。兄は「わたしは今日までこれほどあなたのために働いてきました」と主張します。私は間違っていないという兄の態度は神の前で回心が必要であることを示しています。

弟にも兄にも弱さも罪もあるので、確かに告白は必要です。しかし、たとえ話の中心は父の心で、この父は徹底的にゆるす方です。罪は神に対する侮辱ですが、罪のゆるしを疑う方が神に対してはもっと悪いことかもしれません。罪自体よりも悪いかもしれません。私たちはゆるしの秘跡において神に戻るすべを知っています。そうだとすれば、罪の告白は人間にできる純粋な祈りであるといってもよいでしょう。

## ゆるしの秘跡が成り立つための要素

ここから少しゆるしの秘跡の話をしましょう。ゆるしの秘跡の本質は、イエス・キリストがもたらした神のゆるしが与えられ、告白する人が罪を犯すことで傷つけた教会（神の民）と和解する恵みです。その恵みを守り、伝えるために教会法が示す原則を見ると、ゆるしの秘跡が有効に成立するためには「罪を悔い改めること」、その罪を「告白すること」、そして「適法な奉仕者から罪の赦免を受けること」が求められ（九五九条）、そしてそれで十分であるとされています。告白者の側から悔い改めと他者に対してそれを明確に口にするという箇単とは言えない行為が必要とされるので、司祭はそれ以上秘跡を受けることを難しくしてはならず、秘跡を通して神が与える恵みの橋渡し役であり続けなければなりません。

一五世紀のフィレンツェ公会議は上記の三つの他に「償い」を秘跡が有効に成り立つ条件としており、これは一六世紀のトリエント公会議にも受け継がれました。現在「償い」は秘跡の有効条件ではありません（秘跡の有効条件が歴史的に変わることは珍しいことではありません）。「適法な奉仕者」とは叙階の秘跡を有効に受けた司祭で、告白を聴く権能が司教から与えられていることが必要です。中世（八―一四世紀）には、一部で信徒への告白をする習慣が見られましたが、これは秘跡ではなく信心業でした。

告白については洗礼後に犯し、まだ直接にゆるされていないすべての大罪を言い表さなければならないというトリエント公会議の決定（第一四総会）が今も変わっていません。覚えていない罪もゆるされますが、もし思い出したら告白することになります。犯した大罪は忘れないでほしいと思うのですが、すべてを正確に口にすることができなくて過度に心配をする信徒もいるので、全部ということについてはあまり厳格にとらえないほうがよいかもしれません。

現代における課題は罪の定義です。トリエント公会議以降、教会においても啓蒙主義の影響を受けて大罪を定義しようとする傾向が生じました。客観性や科学性を重んじる思想が、犯した罪の告白に関してもできるだけ正確さや具体性を求める傾向につながったのでした。その結果、（大罪を正確に告白しないと地獄に行くと教えられたのですから）大罪の数は増加し、どのような行為を行ったかという客観的な事実が重視され、なぜそれを行ったのかという人間の自由や自覚（とその基礎となる知識）はあまり省みられない時期が続きました。

大罪と小罪の区別は二世紀のテルトゥリアヌスの教えの中にすでに言及が見られますが、第二バチカン公会議以後、その区別や定義が真剣に問われるようになりました。伝統的に大罪とされるのは、重大な事柄について熟慮の末（行為の意味を理解したうえで）、自由にその行為を選んで犯す場合です。実際に行為があることが必要で、頭の中にあっただけでは大罪にはなりません。自由が制限されている中での行い、たとえば正当防衛や精神異常の状況といった場合などは該当しないことになります。

しかし実際には本人でも判断は容易ではなく、まして他者の行ったことを大罪であると決めつけることには難しさが付きまといます。人が行為に到るまでには（隠されたものも含めて）さまざまの要素や条件があります。大罪とは条件なしに「地獄行き」となる行為を指すので、司祭が短い告白を聴いただけで白黒をつけることも正確に回答を出すこともできず、事実、現行教会法にも罪の一覧表はありません（あるのは犯罪の一覧表です）。人間の行為で一〇〇パーセント善いとか悪いことと考えられるものはないとする考えが主流で、現代では個々の行為が生活全体の中で位置づけられ、釣り合いを見極めるプロポーショナリズムと呼ばれる考えがあてはめられるのが普通です。

同時に重い罪は誰の中にも存在し得るものです。例として考えられる神への重大な不従順には、背教、偶像崇拝、無神論といった信仰に反すること、殺人、堕胎などの命に関わることなどがあります。現代において重視されるのは、重大なモラル違反の行為だけでなく、行為者の意向です。近世において罪を考えるときに行為に主たる注意が向けられたことに対し、行為者の意向が考慮されるようになっているわけです。明確な意向をもって神との関係を断つという行為が重い罪に当たります。

さらに現代では社会的な視点で罪をとらえる考えも強調されます。第二バチカン公会議以後見られる（神と個人の関係にとどまらずに）行為の意味を社会との関係でとらえる姿勢で、良心の動きを考えるときにも社会性が大切な基準とされます。教皇パウロ六世、ヨハネ・パウロ二世からフランシスコに至るまで強調され、社会的な弱者を顧みなかったり、社会構造に内在する罪に無関心であったり、加担する姿勢が糾弾されます。

これらすべての事柄に対して基準となるのは良心です。良心とは伝統的に神の声とも呼ばれます。キリスト者にとって基本は聖書です。

## 罪はどの程度まで告白しなければならないか

ゆるしの秘跡を受ける人の告白すべき範囲について、教会法は十全な（トータルな）告白と表現しています（九六〇条）。内容や回数を明確にすべてを語ることが必要とされます。しかし、それが不可能な場合は一般的な表現の告白でよいとされ、条文では「実際上の不可能」と「社会通念上の不可能」という表現が用いられています。「実際上の不可能」とは重い病気、大きな災害、差し迫っている戦争など、死の危険が目の前にある場合を指し、口がきけないことや、司祭が告白する人のことばが理解できないなどの状況もこれに当たると考えられています。実際に告白ができない、している時間がないなどの場合です。

「社会通念上の不可能」の方は、普通の状況であれば十全な告白が必要と考えられるけれども、例外が認められるような状況です。たとえば心理的に極端な弱さを持つ信徒が罪を告白することに恐れを抱く場合とか、どうしても主任司祭や聴罪司祭と平穏に話すことができないと感じる信徒、あるいは告白を聞く司祭と親族であるとか極めて親しい関係にある信徒の場合などが考えられます。小さな村、教会であれば特にあり得る状況です。また、自分の持つ特殊な状況を委ねることができる司祭に出会えないと感じている信徒もトータルな告白ができないかもしれません。こうした場合には一般的な表現の告白でよいとされるのは、この秘跡があくまでも一人ひとりが信仰を継続的に生きていくための秘跡だからです。

どの程度の悔い改めがあれば十分に罪を悔いていると言えるのかという要素も考えなければなりませんが、人の心の中にある事柄を他者が判断することはできませんから、司祭の側からはまずゆるしの秘跡を受けに来たことで悔いていると判断することが必要になる場合もあります。そのために信徒の「意識の究明」を助けることが必要でしょう。さらに回心の歩みに「漸進の原則」があてはめられることが必要です。信仰の歩みにおいては全面的な回心ではなくとも一歩前進ができればよいとする原則のことです。

小罪については伝統的には二週間に一回の告白が必要とされ、信心業として頻繁に秘跡を受けることとすることが勧められていましたが、現行教会法には定義がなく、告白が必要ではないとされています。

## 罪と犯罪の区別

信仰の世界においては罪と犯罪が明確に区別できるわけではありません。罪とは良心（教会法では「内的法廷」と呼ばれます）に関わる事柄で、神と教会を傷つける行いです。他方、教会における犯罪は、教会内の公の事柄で外的法廷において措置が取られます。教会が制裁を発動する権限があることは生来の権利の一部であり（一三一一条一項）、犯罪には教会裁判所において司教あるいは司教代理による判決が伴い（一三一四条）、刑罰は真の必要がある場合のみ課される（一三一七条）と定められています。

教会法第六集には個々の犯罪も挙げられています（一三六四―一三九八条）が、大別すると信仰に関わるもの（異端、背教）、教会の自由と任務に関する事柄、また司祭や修道者の特殊義務に関するもの、そして生命や自由に関わるものなどです。犯罪に対する「懲戒罰」の最大のものとして「破門」（たとえば堕胎した場合）があり（一三三一条）、破門されると秘跡を与えることも受けることもできなくなります。ゆるしの秘跡を受けるため、まず外的法廷で破門を解く判決を受けなければならなくなるわけです。

これら刑罰の規定は権利の行使の制限を伴うので厳密な解釈をしなければならない（一八

条）と決められています。日本で叙階されている司祭は基本的に（堕胎の）破門制裁をゆるしの秘跡の場で解く権能が与えられているのですが、そうした権限が一般の司教や司祭に与えられず、使徒座（聖座）に保留されているケースが五つあります。これらの行為を行った際の罰則は「使徒座に留保された破門制裁」で、犯したのが聖職者ならば聖職者身分からの追放も含む重い刑罰が用意されています。

一つ目は聖体（聖変化後のパンとぶどう酒）を汚すこと（一三八二条一項）で、これは不敬の念を持って、汚聖の目的のために聖体を持ち去るか保持することを指します。二つ目はローマ教皇に対して暴力を加えること（一三七〇条一項）で、（精神的にでなく）身体的に暴力を加える場合です。三つ目は第六戒に反する犯罪の共犯者に秘跡的赦免を与えること（一三八四条）です。第六戒の共犯者の相手は同性のことも異性のこともありますが、こうした間柄にある人に対する罪のゆるしは死の危険の場合を除いて無効です（九七七条）。実際に両者にとって確かで外的、重大な罪の行為があり、秘跡を与えることを装った場合でなくて実際に共犯の相手にゆるしの秘跡を行おうとする司祭を指します。

四つ目は教皇の指令なしに司教叙階を行う場合（一三八七条）で、叙階する司教と叙階される者の両方が破門制裁を受けます。最後に後述するゆるしの秘跡の秘密を侵すこと

（一三八六条一項）があります。概観すると聖職者だけが犯すことができる犯罪により焦点が当てられ、聖職にある者により厳しい規定となっているのがわかります。まれにしか起こらない事例だと思いますが、起こった場合にはローマにある使徒座内赦院に手紙を書くか出向くかして措置を願うことになります。本人が願っても、ゆるしの秘跡の場でそれを聞いた聴罪司祭が願うことも可能で、その場合は関わった人の氏名を告げずに手紙を書き、対象となった人は適当な時間をおいて、また秘跡の場に戻ってきて犯罪の赦免を受け、それからゆるしの秘跡に向かうという手順を踏むことになります。

## 聴罪司祭の義務と役割

端的に言うならば聴罪司祭にはゆるしを与える義務があります（九八〇条）。前述した犯罪が関わるケースは特別ですが、逆にそれ以外の場合は必ずゆるしを与えなければならないとも言えます。教会法が細かい規定を定めている場合（たとえば九六〇条から九六四条）は条件が細かく、さらに多いように見えるのですが、最終的にはゆるしを与えることを念頭に置いています。司祭は告白をする人が罪を悔いているのが明らかであることがゆるしを与える唯一の条件であり、告白に来たこと自体に悔い改めを見ることも可能です。秘跡の場において、司祭は神の愛の取り次ぎ手、神と教会との和解の働き手であり、具体的には裁判官、医師、教師として行為します（九七八条）。神だけが罪をゆるすことができるのですが、司祭は秘跡において、罪によって傷つけた教会、回心のために努力している教会と信者との和解の橋渡し役になります。

裁判官として行為するとは一六世紀のトリエント公会議の決定に見られる表現ですが、客観的にみて重大な罪を犯したかどうかよりも、告白に来た人が犯した罪を悔いているかどうかを判断します。人は自分の犯した罪と悔いの間にバランスが取れていなければなりません。司祭は自覚している罪の重さを判断する裁判官というわけですが、それには告白する人の社会的状況（年齢、社会的立場や家庭の状況など）と個人の自由な決断（決心）に関わる要素を考慮する必要があります。

悔い改めと矯正の可能性（自己の責任）について疑いが起こる場合があります。その道を変えることが可能かどうか、その道を変えるためにできるだけのことを行うという心構えがあるかどうかを考慮し、疑いがあれば質問もしなければなりません。自分の自由になる状態を変えようとする態度がないなら赦免を拒否できるのですが、司祭はそこで「漸進の原則」、すなわちまず一歩前進できればよいという原則を適用すべきでしょう。悔い改める心がなくてゆるしを与えることができない場合もありますが、そうした時にはなぜ与えることができないかを伝えなければなりません。

司祭は医師としてもふるまいます。霊的な、そしてキリスト教倫理を知る癒し手としての医師です。よい医者であるために、辛抱強く耳を傾けることや人の霊的な歩み全体の中に罪を位置づけることが必要です。患者が癒されるべき傷（病気）を見せないならば治療ができないという状況にも出会います。告白する人に霊的な真面目さがあることが前提ですが、同時に聴罪司祭は罪（罪として告白されたこと）を罪としてとらえることが必要です。自分の経験だけに頼って「それは罪でありません」と伝えてはいけないのです。告白をする人は失望、病、不安を感じているという状況もあり得ます。司祭のことばが与える影響も考えなければなりませんし、現実から離れないことばを語る努力が必要です。「理解された」という印象が与えられることによってゆるしによる癒しがより効果のあるものになることが期待されるなら、霊的なことに開かれているだけでなく司牧的な工夫も必要です。

聴罪司祭が教師であるとは、教会の名前において教える、教導職の教え手であるという意味です。ゆるしの秘跡の場で司祭は自分の意見を伝えるのでなく、教会の教えを説かなければばなりません。教会が持つ真理には段階があり、すべての教えが同じ価値を有しているのでもありません。罪と思われる行為や良心についても神学的評価ができることが求められ、告白する人に教会の教えが正しく理解されているかどうかも見極めなければなりません。教導職が誤って理解されているならば教える必要があり、打ち勝つことができないほど間違って理解している状態の人に対しても、慎重に、しかしはっきりと教えることが求められます。特にその誤りが霊的、倫理的な生活態度に影響を及ぼしているときは辛抱強く伝えなければなりませんが、教えるのに時間がないときは後で来るようにと告げることも大切で、告白室で議論に入らないように配慮しなければなりません。現代において、司祭は倫理神学のエキスパートというよりも、真の対話の相手（助言者）として選ばれているということを忘れないで教えることが肝要でしょう。

## ゆるしの秘跡における告白の秘密

ゆるしの秘跡で語られたことの秘密が固く守られるのはカトリック教会の伝統です。初代教会では告白が公に行われていましたが、次第に秘密の厳守が言われるようになりました。

秘密が守られるからこそ人はすべてを告白することができると考えられるからです。現行法でもゆるしの秘跡で語られたことを直接に侵す司祭は自動的に破門されるという最も厳しい罰則が設けられています（一三八六条一項）。

秘跡に関する秘密の直接侵犯と間接侵犯の区別は一三世紀から存在し、告白者を指すことば（○○さんが告白した）と罪の内容（○○と告白した）の両方がわかるのが直接侵犯です。もちろん間接的に侵すことにも罰則が課せられます。告白の秘密の内容はゆるしを受けようとして話したすべての罪で、ゆるしを与えることができなかった事例、痛悔が十分でなかったためにゆるしを与えなかった場合でも告白の席で話されたことは秘密に当たります。あまり神経質になる必要はありませんが、ゆるしの秘跡について司祭はすべての要素、状況についても話さないのが賢明です。話せば内容が推測されるもの（たとえば刑務所での告白）についても、ある人が告白したことがわかっただけで（たとえば賄賂を受け取った政治家、愛人を持つ既婚者）内容が推測されてしまう事例でも、また全員が知っている（周知の）罪でも内容を明かしてはいけません。聴罪司祭は死ぬまで秘密を守らなければなりません。

告白の秘密に関して司祭は慎重であればあるほどよいのです。映画や小説には事件に巻きこまれた司祭がさまざまな危うい状況に出会ったりすることも描かれるのですが、たとえば自分に有利な真実の証言を裁判所で行うように告白者から求められた場合でも、告白者の許可を得た場合でも、長い時間がたった後でも話さないのがルールです。ただし、告白者の側に秘密を守る義務はありません。また霊的指導司祭と指導を受ける者の間など、告白者と司祭の間で秘密が守られているなら侵犯には当たりません。しかし、以前の告白への言及は慎重にするのがよいでしょう。

秘跡の席で聞いた内容について難しいケースに出会ったときに、経験のある他者に助言を求めることは可能です。告白された内容に関しては秘密を守りながら、聴罪の経験のある司祭あるいは倫理神学や教会法の専門家に対して、一般論として尋ねることは可能ですが、時と場所をよく選ぶことは肝要です。司祭は「忘れなければならない」のではないのですが、告白された罪に関しては何も知らないようにふるまうことが求められます。

違反に対して厳罰が用意されているとはいえ、宗教内の規定であることから国家によって秘密が侵された例もあります。アメリカ合衆国でのことでしたが、ある刑務所においてゆるしの秘跡を盗聴器によって録音することを州の検察官が認めた事例がありました。新聞記者によってその事実を知った司教が検察官に抗議して謝罪がなされ、検察官はその内容に当たることを公開もしないし利用もしないと言明しました。司教は録音テープと写しを廃棄すること、二度とそのようなことが行われないことが保証されることを求め、そしてこれがカトリック教会の教えと伝統だけでなく、合衆国憲法が保証する信教の自由を侵害することを意味するとコメントしました。録音されていることを知らなかった司祭は当然、告白の秘密を侵害していないですが、宗教上の秘密は厳密に解釈されなければならない職業倫理上の秘密です。

秘密を侵犯するとはことばまたは他のいかなる方法、いかなる理由によってもそれを外に漏らしてはいけないという意味（九八三条）で、通訳や他のすべての人の（たまたま聞こえてしまった）場合も該当するので注意が必要です。さらに教会法は告白で得た知識を外的統治のために利用してはならない（九八四条）と定めています。聞いた内容を聴罪司祭が自己の神学的、霊的反省に用いるのは許されますが、外的統治、たとえば叙階の許可・不許可に関わる神学校長や初誓願の許可・不許可を問われる修練長などの場合、ゆるしの秘跡で得た知識を許可を与えるにあたって用いてはいけません（九八五条）。霊的指導司祭は誓願や叙階の許可について質問されることはありません。

## 償い

教会法は聴罪司祭が有益かつ適当な償いを課さなければならない（九八一条）と定めています。償いは秘跡を受ける信者の状況と罪の性質および回数に応じたもので、前述したようにゆるしの秘跡の有効条件ではありませんが、告白者はその償いを「自ら果たす義務がある」ので、どうでもよいものではありません。償いの目的は罪によって乱した秩序を立て直すことであり、同時に傷つけた教会との和解です。罪によって教会もその人も傷ついているという神学的な視点を理解し、理解させることが大切です。回心の歩みは必ずつらいものですが、苦しみという要素と関わると同時に償いは感謝と関わる行為です。救いに役立つ償いを課すことが必要で、償いと罪の重さとの間に比例があるということを狭義に取らないように気をつけることも大切です。

償いはできる（果たすのが可能な）ものであることが肝要です。告白者には果たす義務があるからです。はっきりとした償いを課し、できれば軽く、後で心配にならないようにその場でできることを課すことも司牧的に重要です。避けるべきことは、可能だとしても難しいこと（たとえば「一週間煙草を控えなさい」）、信徒には難しいこと（たとえば「詩編五一を唱えなさい」)、はっきりしないもの(たとえば「よい信者になりなさい」)、長期(二日以上)にわたるもの(たとえば「これからクリスマスまで○○しなさい」)などです。

与え方としては勧めと償いを区別して課すことが必要です。免罪符の過ちが過去にあったカトリック教会は、施しを償いとして与えることには危険があることを体験しました。ただし、金品を盗む、人の名誉を傷つけるなど、社会に害を与えたならば、それを復元できるように助言することは有益です。償いを果たすから罪がゆるされるのではないので、必ず愛のわざとして意識されることが大切で、ゆるされたので感謝のわざを行うという形で導いていくのが助けになるでしょう。

## 共同回心式

共同で行われる回心式は、ゆるしの秘跡の教会性(共同体性)をよりよく表現するものです。罪や和解は個人的な出来事であるという印象があり、実際にそういう側面がありますが、共同でゆるしの秘跡を行うことには罪のゆるしを共に生きる教会の信仰が表現されます。共同祭儀はこの秘跡の教会的性格をよく表すので、そのために典礼面において工夫することは役に立ちます。

形式としては集会祈願、ことばの典礼（聖書朗読、説教）の後に回心の儀式があり、それに一般告白や連願、主の祈り、個別告白（個別赦免）が続き、最後に結びの祈りがあるのが一般的です。ことばの典礼において意識の究明が助けられるように配慮することが勧められ、ことばの典礼において告白の準備ができることが肝要です。神のことばによって罪を照らしてもらい、誤った主観主義から解放されるように導くことが大切でしょう。具体的に神（の愛）に反したことが見極められることが有益で、不確実な理解であるためにことばに表せない場合、告白が難しくなります。反したのは自分の理想（理念）に対してでなくて神あるいは隣人に対してであること、受けた恵みに反したことが理解できるように、どのような恵みを受けているかに目を向けるよう助けることも役に立つでしょう。

共同回心式に関しては、一般赦免（同時に複数の人に対してゆるしが与えられること）の乱用について警告が出されています。個別赦免か一般赦免かという二者択一ではなく、一般赦免は例外としてだけ認められています。ゆるしの秘跡においては大罪の個別の告白が今も必要だからです。一般赦免は個人が集団の中で匿名的になってしまう危険があるため、（免除、解釈、地方の習慣など）司牧者の自由な裁量に委ねられるものではありません。例外は死の危険が迫っている場合や、司祭が年一回あるいはごくまれにしか訪問できないような宣教地など長期間秘跡に近づけないという重大な必要がある場合です。必要性の判断は聴罪司祭ではなく教区司教に委ねられています（九六一条一項）。

ただし、実際には日本の司教協議会だけでなく、どの司教協議会も関連する規定を定めていません。「司祭が少ないのでこの場では大罪のある人だけ来なさい」とも言えないでしょうし、ゆるしの秘跡は常に秘跡を受ける人に有利になるように計らわなければならないという原則を確認して行為することが大切です。

# 小さなことに、大きな愛を

## ――マザー・テレサに学ぶ人間らしい生き方

片柳　弘史

「わたしたちは、競いあうためではなく、愛しあうために生まれてきたのです」、二〇世紀のインドで貧しい人たちのために生涯を捧げ、「スラム街の聖女」と呼ばれたマザー・テレサはそう語っている。この言葉には、キリスト教信仰に基づく彼女の人間観が凝縮されているといっていいだろう。この言葉は、「人間は何のために生まれてきたのか」、「人間にとって幸せとは何か」といったような、誰もが考える根源的な質問に答えるものだ。「人間は、愛しあうために生まれてきた。人間の幸せは、互いに愛しあうことの中にある」、マザーはそう考えていたのだ。マザーの行動規範は、すべてのこの人間観から生まれてくる。マザーにとって、よいこととは愛を生み出すことであり、悪いこととは、愛から遠ざかること、あるいは人を愛から遠ざけることなのだ。愛こそが、マザーにとっての究極の道徳規範だったといってもよいだろう。

すべての人の心には、生まれながらに愛が宿っているとマザーは確信していた。愛である神に似せて造られたという人間の心には、生まれながらに愛が宿っている。その愛の導くままに生きることこそ、「神の子」として生きるということであり、人間の本来あるべき姿なのだ。幸せとは、あるいは救いとは、人間が自分の本来の姿を取り戻し、「神の子」として互いに愛しあって生きることに他ならない。彼女の言葉や生き方は、わたしたちにそのことを教えていると思う。本稿では、マザーの言葉と、それに響きあう聖書の言葉に基づいて、マザーがわたしたちに教える人間としての道、人間らしく生きて幸せに至るための道について考えたい。

## 自分自身を愛する

「隣人を自分のように愛しなさい」という教えが、聖書の中にはたびたび登場する。単に

「隣人を愛しなさい」ではなく、「自分のように」というのだ。人間が自分を愛するのは当たり前という意見もあるかもしれないが、しかし、さまざまな弱さや欠点のある自分をあるがままに受け入れ、愛するということはなかなか難しい。弱さや欠点を抱えた自分を受け入れられない人が、同じような態度で、自分と同じような弱さや欠点を抱えた隣人と向かいあったならば、それは隣人を愛することにならないだろう。弱さや欠点を抱えた自分を、それでもかけがえのない大切な命としてあるがままに受け入れられる人だけが、弱さや欠点を抱えた隣人を、それでもかけがえのない大切な命としてあるがままに受け入れることができるのだ。隣人への愛は、まずあるがままの自分を受け入れ、愛することから始まるといってよいだろう。では、どうしたら自分自身を愛することができるのか。マザーの言葉に耳を傾けてみよう。

**失敗作などありません。誰もが神さまの最高傑作なのです**

キリスト教では、この世界に存在するすべてのものは、神によって造られたと考えている。神がこの世界を造る様子を描いた創世記は、旧約聖書の冒頭に置かれたとても大切な文章だ。人間を含めてすべてのものを造り終えたあとで、「神はお造りになったすべてのものを御覧になった。見よ、それは極めて良かった」（創1・31）と創世記は記している。神が造った以上、この世界に存在するすべてのものは素晴らしい。何一つとして失敗作はないということだ。

最初の人間、アダムとエバだけでなく、わたしたちの誰もが、神の手によって造られて、この世界に生まれてきた。まるで陶工が粘土をこねて器を作るように、神はわたしたち一人ひとりを丹精込めて作り上げ、この世界に送り出してくださった。マザーはそう考えていたようだ。神が造ったものである以上、失敗作であるはずがない。わたしたちは誰もが、神の作品であり、最高傑作なのだ。

キリスト教徒でない方の中には、「神が世界を造ったなんて、そんな話をされてもまったくぴんとこない」という方も多いだろう。確かに、聖書が伝える創造の物語は、「宇宙はビッグバンから始まった。生物の多様性は進化論によって説明される」といった科学的な世界観とは程遠い。創世記の記述は、事実とは異なる。しかし、そうであったとしても、創世記は極めて大切な真理を伝えているとわたしは考えている。それは、この世界は、神が造ったとしかいいようがないほど、美しく、壮大で、精密にできているということだ。一人の人間が世界や生命と向かいあうときに感じる、「どうして世界はこれほどまでに美しいのか。

どうして生命はこれほどまでによくできているのか。これはもう、人間をはるかに超えた何ものか、おそらく神が創造したとしか考えられない」という感慨。それこそが、創世記に込められた真理なのだ。

日々の生活のふとした瞬間に、花の美しさに息をのむほど驚き、「こんな一輪の花が、これほどまでに美しいなんて」と感動することや、懸命に生きる鳥たちの姿を見て、「こんな小さな鳥が、これほど力強く生きられるなんて」と感動する。宗教を信じているかいないかにかかわらず、そのような体験をする人は多いだろう。子育てをしている人ならば、「人間の命とは、なんとすごいものなのだろう」と感動した経験がきっとあるはずだ。その視線を自分自身にも向けるとき、きっとマザーが「あなたは神さまの最高傑作」といってくれたことの意味がわかるだろう。

わたしはときどき、自分の胸に手を当て、心臓の動きを感じながらこう考えることがある。この心臓は、わたしが生まれたときから、もう何十年も、片時も休むことなく動き続けてきた。大量の血液を、全身に送り出し続けてきた。わたしが寝ているあいだもだ。これからまだしばらくのあいだ、同じように動き続けるだろう。なぜこのような器官が存在するのか。これはもう、生命の神秘としかいいようがない。わたしたちが生きている。そのこと自体が、いってみれば一つの奇跡なのだ。当たり前と思っていることが、実は奇跡のように尊い。そのことに気づけば、「生きてることだけでも十分に価値がある。わたしは神さまの最高傑作、少なくとも、そのうちの一つ」と思えるのではないだろうか。

## ありのままで愛されるためには、ただ心を開くだけでいいのです

自分を愛するのを難しくする一番大きな理由は、他人と自分を比較することではないかとわたしは思っている。「わたしには、人と比べて優れたところが一つもない。こんなわたしには価値がない。愛されるはずがない」というように、わたしたちはつい考えてしまいがちなのだ。これは、ある意味で無理のないことだと思う。なぜなら、わたしたちは、生まれたときから厳しい競争社会の現実の中で生きているからだ。

わたしは幼稚園で働いているが、幼稚園児のあいだでさえ競争が起こる。たとえば、わたしが車を降りて園庭に入っていくと、子どもたちがわたしの周りにたくさん集まってくる。そして、「神父さん、ぼく跳び箱とべた」とか、「うちはポケモン買った」とか、わたしの注意を引こうとして、何か自分の優れたこと、あるいは自分に起こった特別なことを話し始める。一人の神父の注意を引こうとして、たくさん子どもたちのあいだに競争が起こるのだ。

教室では、先生の愛情を求めて競争が起こることがあるし、家庭では、兄弟姉妹のあいだでお母さん、お父さんの愛情を求めて争いが起こる。人間が大人数で暮らす場合、どうしてもそのような、愛を求める競争が起こってしまいがちなのだ。

その競争に勝つためには、自分が他の人間より相手の気を引くところがなければならない。他人より、何か優れたところがなければならないのだ。そのような競争を続けているうちに、やがてわたしたちは、「何もできないこんな自分には価値がない。誰もわたしなんか愛さない」と思い込むようになっていく。それが、自分で自分を愛せなくなる大きな要因だとわたしは思っている。少なくとも、そのような悩みを抱えている人はとても多い。

聖書の中にも、競争、特に兄弟、姉妹のあいだでの喧嘩《けんか》が度々、登場している。そもそも、人類の最初の殺人は、兄弟げんかの中で起こった。アダムとエヴァの息子、カインとアベルのあいだでの兄弟げんかである。「主はアベルとその献げ物に目を留められたが、カインとその献げ物には目を留められなかった。カインは激しく怒って顔を伏せた」（創4・4―5）と聖書が記している通り、兄のカインは、弟のアベルばかりが神から愛されていると思い込み、弟に嫉妬して、弟を殺害してしまうのだ。愛を巡る競争、他者への嫉妬が生み出す罪は、ほとんど原罪と同じくらい根が深い、人間の根源的な罪だといってよいだろう。

ではどうしたら、この競争社会の呪縛から抜け出し、他人と比べて特に優れたところもない自分に価値を見出すことができるのだろうか。そのためには、ただ「心を開くだけでいい」とマザーはいう。心を開くとは、「こんな自分ではダメだ」と思い込んで閉ざされた心を、無条件の神の愛に向かって開くということだ。神は、弱さや欠点の多いわたしたちをあるがままに受け入れてくださる方だ。自分では「他人と比べて優れたところがない」と思い込んでいるわたしたちの中に、わたしたちにしかないよさを見つけ出し、わたしたち一人ひとりを特別に愛してくださる方、それが神なのだ。その愛を信じること。信じて心を開くこと。救われるために必要なのは、自分に価値を見つけ出し、「神の子」として生きていくために必要なのは、ただそれだけだとマザーは確信していた。

新約聖書の中には、「放蕩息子のたとえ」が登場する。これは、世界で最も有名な兄弟げんかといってもいいだろう。ある農園主に二人の息子がいた。兄は働き者だが、弟は農園での暮らしに満足せず、父親から財産を分けてもらって都会に出ていく。しかし、まもなく弟は財産を使い果たして、ぼろぼろの姿で農園に帰って来る。父は、その息子を抱きしめ、「死んでいた息子が蘇った」といって盛大な祝宴を行った。そこへ兄が、農園での一日の厳しい労働を終えて帰って来る。家で宴会が行われているのに気づいた兄は、「わたしのためには子山羊一匹くれなかったのに、あんな放蕩息子のためには子牛を屠ってやった」といって父親に腹を立て、祝宴に決して加わろうとしなかった。だいたい、こんな話だ。

弟に対する嫉妬といってよいだろう。父が弟ばかりかわいがるのを見て、兄は怒り、祝宴に加わらない。この話を天国のたとえ話とするならば、弟を迎える祝宴こそ天国であり、兄は弟に嫉妬するあまり天国に入るのを拒んだということになる。この兄の救いは、いったいどこにあるのだろう。兄が救われるためには、兄が、自分自身も父から愛されていることに気づき、その愛に心を開くこと。「弟ばかりがかわいがられ、自分の努力は報われない」という思いを捨て、父の愛に感謝することだろう。父は、兄に向かって、「子よ、お前はいつもわたしと一緒にいる。わたしのものは全部お前のものだ」（ルカ15・31）といった。「わたしは、お前のことをこんなにも愛している。子牛一匹がいったい何だというのだ。わたしのものは、すべてお前のものだ」ということだ。この言葉を聞いて、兄が父の愛に気づき、「弟ばかりかわいがられている」という思い込みを捨てることができたなら、道に迷って死にかけていた弟が無事に帰ってきたことを祝う祝宴に参加することができたなら、そのときこそ兄に救いが訪れるのだ。

**わたしたちは、競いあうためではなく、愛しあうために生まれてきたのです**

冒頭でも引用した言葉だが、マザーは、人間は「競いあうためではなく、愛しあうために生まれてきた」と考えていた。愛しあうために生まれてきた人間は、愛しあうことによってのみ幸せになれる。愛し、愛されて生きることこそが、人間の本来の姿、「神の子」としてのあるべき姿だということだ。

ローマ教皇フランシスコは、教皇に就任して最初に出した使徒的勧告『福音の喜び』の中で、「多様で圧倒的な消費の提供を伴う現代世界における重大な危機は、個人主義の虚しさです」と指摘した。現代人は、物質的な豊かさの中で、心に大きな虚しさを抱え込んでしまった。人間の心は、愛によってのみ、神からの愛、そして人と人との交わりの中に生まれる無条件の愛（これも「神の愛」と呼んでいいだろう）によってのみ満たされるものだが、現代人は、そのことを忘れて神から離れ、物質的な豊かさや快楽を求めて競争し、互いに疑ったり、傷つけあったりするようになってしまったというのだ。

競争に勝つことによって、愛されているような錯覚に陥ることがある。成功を収めて称賛を浴びる、権力や財産を手に入れて、たくさんの人を思い通りに動かすことができる。そのようなとき、わたしたちは自分が愛されているような錯覚に陥るのだ。しかし、そのような称賛や従順は、わたしたちの心を満たす真実の愛ではない。

このように考えてみるとわかりやすいだろう。たとえば、「大きな成功を収めて、みんなからチヤホヤされたい」という願いがかなえられたとする。そのときわたしたちは果たして幸せになれるだろうか。自分の周りに集まっているのは、自分が成功したから集まってきた人たちばかりだ。もし失敗すれば、たちまち離れていくだろう。そのような人たちに囲まれてチヤホヤされているとき、わたしたちは本当に幸せになれるだろうか。チヤホヤされることはうれしいかもしれないが、心のどこかには「失敗したらどうしよう」という恐怖心がいつもあるに違いない。「この人たちは、わたしの成功に集まって来た人たちであって、わたしのことを愛しているわけではない」と気づいて、孤独にさいなまれることもあるだろう。「大きな成功を収めて、みんなからチヤホヤされる」ことは、わたしたちを決して幸せにしないのだ。

では、どうしたら幸せになれるのか。どうしたら、心の底から湧き上がる喜びに満たされ、安らかな心になれるのか。そのために必要なのは、たとえ失敗しても、決して自分のもとを去っていかない人がいることだ。失敗しても、成功しても、自分を大切に思い、愛してくれる人が一人でもいてくれるなら、わたしたちは幸せになれる。人間の心は、愛されることによってのみ満たされるものであり、心が愛で満たされたときにのみ、わたしたちは心からの幸せを感じることができるのだ。もちろん、その一人は、目に見える誰かとは限らない。目には見えないけれど、わたしたちのそばにいつも寄り添っていてくださるイエスの愛に気づけば、その瞬間にわたしたちの心は満たされ、幸せになれるだろう。

競争社会の最大の問題点は、「愛されるためには人に勝たなければならない」とわたしたちに思い込ませ、真実の愛を見えなくする、真実の愛の存在を信じられなくすることにあるとわたしは思っている。真実の愛とは、イエスが弟子たちに注いだような無条件の愛、「あなたがたとえ弱くて、欠点だらけだったとしても、あなたがあなたであるというただそれだけの理由で、わたしはあなたを愛している。あるがままのあなたを、無条件に愛している」という愛なのだ。そのような愛は、確かに存在する。しかし、競争社会は、その愛の存在を見失わせ、「何もできないわたしには愛される価値がない」と思い込ませてしまうのだ。そんなことはない。「神は、あるがままのあなたたちを愛している。わたしはあなたを、あるがままに愛している」、そのことを伝え、命がけで証明し、わたしたちを競争社会の呪縛から解放するためにイエスがやってきたとわたしは思っている。イエスの福音とは、まさに解放の福音なのだ。

**わたしにできないことがあなたにはできます。あなたにできないことがわたしにはできます。力を合わせれば、きっと素晴らしいことができるでしょう**

マザー・テレサのところにやって来る人の中には、マザーと自分を比べて、「あなたは本当にすごいですね。世界中の貧しい人たちに奉仕して。それに比べてわたしは、毎日、家事や子育てに追われるばかりで、何もできないのです」と嘆く人もいた。そんな人に向かってマザーがいったのがこの言葉だ。マザーにとって「わたしにできないこと」とは、家事や子育てのことだ。神に生涯を捧げたマザーは、結婚することがなかった。そのためマザーは、夫や子どものために掃除や洗濯をしたり、料理を作ったりすることができなかったのだ。マザーにも、そのような結婚生活への憧れはあっただろう。だから、マザーは「わたしにできないことがあなたにはできます」といったのだ。「あなたがしていることは、わたしがスラム街でしているのと同じくらい大切で、尊いことだ。あなたにはあなたにできることがあり、わたしにはわたしにできることがある。力を合わせて、この世界を素晴らしい世界にしていきましょう」、マザーは人々にそう語りかけ、人々を力づけた。

わたしたちは、人と自分を比べるとき、「あの人はあんなにいろいろなことができるのに、わたしには何もできない」と極端な考え方をしてしまいがちだ。しかし、そんなことはない。単に「あの人にはあの人にできることがあり、わたしにはわたしにできることがある」というだけのことなのだ。神から与えられた使命は、確かに、それぞれ違う。しかし、使命をまったく与えられていない人などいない。それぞれに、必ず、自分にしかできないこと、自分にしか果たせない尊い使命があるのだ。

それらの使命のあいだに優劣はない。「あなたがたはキリストの体であり、また、一人一人はその部分です」(一コリ12・27)と使徒パウロがいうように、わたしたちはそれぞれが、教会という、人類という、一つの体の部分なのだ。頭が足を見下して笑うことはできないし、目が鼻を見下して笑うこともできない。足の指が手の指をうらやましがる必要もない。体の中ではそれぞれその部分にしか果たせない役割があり、どれ一つとして、なくてもいい部分などないのだ。それと同じように、わたしたち一人ひとりにも、必ず、自分にしか果たせない大切な役割がある。たとえ目立たない役割であったとしても、その尊さに変わりはない。むしろ、「縁の下の力持ち」というように、目立たないところでみんなを支えている人こそ尊いのだという考え方さえできる。目立つところで活躍している人には価値があり、目立たないところで活動している自分には価値がないというのは、わたしたちの思い込みに過ぎないのだ。
マザーは、「わたしたちがしていることは、大海の一滴に過ぎません。しかし、その一滴がなければ、大海はその一滴ぶん小さくなるのです」ともいっている。どんなに大きな海でも、もともとは一滴一滴の水が集まったものだ。もし「こんな一滴には意味がない」といってすべての一滴が海に向かって流れるのを止めれば、たちまち海は干上がってしまうだろう。人間の愛についても同じことがいえる。一人ひとりが注ぐ一滴の愛、真心を込めた真実の愛が集まって、初めて大きな愛の海がこの世界に現れるのだ。どんなに小さな一滴であったとしても、わたしたちがしていることには必ず意味がある。マザーはそう確信していた。

**大きなことをする必要はありません。小さなことに、大きな愛を込めればいいのです**

何かをするとき、わたしたちはつい、「こんな小さなことをしても意味がない。もっと大きなことをしなければ駄目だ」と考えてしまいがちだ。「こんな目立たないことをしても意味がない」とか、「こんな少人数のために話しても時間の無駄だとか」、そのように考えてしまいがちなのだ。だが、そもそも、「小さなこと」「大きなこと」とは何だろうか。「大きなこと」とは、結局のところ、自分が目立ち、人から高く評価されることであり、「小さなこと」とは、目立った成果を上げられず、やっても誰からも褒めてもらえないことという意味だろう。つまり、「大きなことをしなければ駄目だ」と考えるとき、わたしたちは自分のことしか考えていないのだ。

たとえ誰も見ていなくても、何の得にならなくても、「目の前で倒れているこの人を放っておくことができない」と思い、その人に助けの手を差し伸べるならば、そこには確かに愛がある。その愛は、相手を助けるだけでなく、自分自身の心にも喜びや安らぎをもたらし、生きていくための力となるだろう。自分を忘れて誰かを愛するときにこそ、わたしたちは、「神の子」としての本来の姿を取り戻し、幸せになることができるのだ。もし、「助けてやればみんなから褒められるだろう」と思ってやったならば、そこには愛がない。愛がないなら、どんなによいことをしたとしても、その人が幸せになることも、救われることもない。人から見られようとしてどんなに大きなことをしても、そこに幸せはなく、むしろ、人から見られない小さなことの中にこそ幸せがある。そういってもいいくらいだ。

「自分には小さなことしかできない」と思ってあきらめる必要はまったくない。むしろ、「小さなことしかできない」ということは、自分を忘れて誰かのために奉仕し、「神の子」として生きることによって幸せになるためのチャンスなのだ。家庭や施設で高齢者を介護するとき、幼稚園や保育園で小さな子どもたちの世話をするとき、ご近所の清掃活動に参加して公園のゴミを拾うとき、「たとえ自分を褒めてくれる人はいなかったとしても、みんなが幸せになってくれさえすればそれでいい」という気持ちでするなら、そこには確かな愛がある。その愛は、わたしたちの心を天国の喜びで満たし、わたしたちを幸せにしてくれるだろう。「小さなこと」をするときこそ、むしろ、幸せになるためのチャンスなのだ。マザーがいうとおり、「小さなことに、大きな愛を込める」なら、わたしたちは必ず幸せになることができる。

このことは、わたしたちの人生そのものにも当てはまるだろう。この世の中には、確かにたくさんの業績を上げ、多くの人から注目される人もいれば、目立たないところで、家族のため、社会のために生涯を捧げる人もいる。しかし、注目される人が幸せかといえば、必ずしもそんなことはない。繰り返しいっているように、わたしたちの幸せは、愛しあうことの中にこそあるのだ。どんなに目立たない人生、「小さな人生」であったとしても、そこに大きな愛を込めるなら、わたしたちは誰でも、自分にとって最高の人生、喜びに満ちた幸せな人生を生きることができるだろう。「小さなことに、大きな愛を」と短く表現されることもあるこのマザーの言葉は、人生の大切な道標としてわたしたちの心に刻まれるべき言葉だ。

## 人間にはときどき、沈黙の中でゆっくり自分と向かいあう時間が必要です

誰かを愛するためには、その人とゆっくり向かいあう時間をとることが必要になる。ゆっくり向かいあい、会話する中でこそ、その人がいま何を望み、何に悩み、何に苦しんでいるのかをわたしたちは知ることができるからだ。ゆっくり相手と向かいあう時間の中で、わたしたちは、自分で勝手に造り上げた理想の相手ではなく、あるがままの相手を知ることができるのだ。愛するとは、そのようにして知ったあるがままの相手を、そのまま受け入れることに他ならない。自分の思っている通りではないあるがままの相手、弱さや欠点、悩みや苦しみを抱えたあるがままの相手を、それでも自分にとって限りなく大切な相手として受け入れていく。それが愛するということなのだ。

同じことが、自分自身を愛するときにもいえる。自分を愛するためには、ゆっくり自分と向かいあい、自分を知るための時間が必要なのだ。「自分のことなんて、向かいあうまでもなくよく知っている。自分本人なのだから当たり前だ」という人もいるかもしれない。しかし、本当にそうだろうか。外部から無際限に入って来る情報や、表面的な欲望や感情に踊らされているだけで、心の奥深くにある自分の本当の思い、本当の望みと、腰を落ち着けてゆっくり向かいあう時間は、意外と少ないような気がする。他人の声には熱心に耳を傾ける

が、自分自身の本当の望みの声には意外と耳を傾けていない。それが、現代人の陥りやすい罠ではないかと思う。わたしたちは、あまりにも忙しすぎて、自分とゆっくり向かいあう時間がないのだ。

たとえば、自宅で親の介護をしているある年配の女性は、たまたま教会の前を通りかかったとき、「疲れた者、重荷を負う者は、だれでもわたしのもとに来なさい。休ませてあげよう」（マタ11・28）という言葉が掲示板に貼ってあるのを見て、涙が止まらなくなった。なぜ、こんなに涙が出るのだろうと思っているうちに、彼女はふとあることに気づいた。自分は、自分が思っていたよりはるかに疲れていたのだ。たまたま見かけた聖書の言葉をきっかけにして、彼女の心が、「もう限界だ」と叫び声を上げた。そういってもよいかもしれない。彼女は自分があまりにも多くのことを引き受けすぎていたことを反省し、いくつかのことを人に委ねて、負担を軽くすることにした。頑張り屋の彼女は、「まだやれる。自分がやらなければ」と思って、自分を酷使しすぎていたのだ。

これなどは、自分と向かいあうことを避け、理想の自分を自分に押し付けていたことから起こった出来事だといってよいだろう。このように、わたしたちは頭で考えた自分の理想や、「自分はこうあるべきだ」という思いを、自分に押し付けてしまっていることが多い。もし相手が他人であれば、すぐに人間関係がこじれるだろう。自分自身との関係でも、同じことが起こる。自分が反乱を起こし、自分のいうことを聞かなくなることさえ起こるのだ。わたしたちは、自分の頭で考えた理想の通りに自分を動かすために、自分と向かいあうのを避けることさえある。自分と向かいあい、自分に正直になれば、いましがみついている何かを手放さなければならなくなる。そのことがわかっているから、自分と向かいあうことを避ける。できる限り先延ばしにする。そんなことがよくあるのだ。

しかし、そんなことでは、いつまでたってもわたしたちは自分を愛することができない。本当の自分と向かいあい、本当の自分の望むままに生きて幸せになることができない。感情や欲望、さまざまな思惑から解放されて幸せに生きるためには、どうしても自分と向かいあい、自分の本当の望みを確かめる必要があるのだ。自分の望むままに自由に生きるためには、自分の本当の望みを直視し、それを素直に受け入れる必要があるのだ。

聖書には、「あなたが祈るときは、奥まった自分の部屋に入って戸を閉め、隠れたところにおられるあなたの父に祈りなさい」（マタ６・６）という言葉がある。人間は、何をするにしても人からどう見られるかを気にして行動しがちだ。祈る場合でさえ、人に見せびらかすために祈る場合がある。イエスがいう「奥まった自分の部屋」とは、「人からどう思われるだろう」というような思いさえ届かないほど深い、自分の心の奥の部屋。他人の目を気にすることなく、ただ自分と神だけでいることができる部屋と考えることができるだろう。その部屋に入って、自分の本当の望み、自分の心の奥深くに宿っている本当の自分、「神の子」としての自分の望みに耳を傾ける。わたしたちの心の奥深くに住んでおられる、神の望みに耳を傾ける。それが祈るということなのだ。自分自身への愛は、祈ることから始まる。そういってもよいかもしれない。

## 隣人を愛するために

ここまで、どうしたら自分を愛することができるのかについて、マザーの言葉に耳を傾けてきた。ここからは、隣人を愛するための手がかりとなる言葉に耳を傾けたい。「自分を愛することでさえこんなに難しいのに、まして自分とまったく違う相手、理解することさえ難しい相手をどうしたら愛することができるのか」という声を聞くことは多い。しかし、マザーは、その不可能に思えることを実践した。いったい、どうすればそんなことができるのだろうか。

## 貧しい人の中にイエスを見なさい

マザーは、世界中から集まってきたボランティアたちに、「貧しい人の中にイエスを見なさい」と繰り返しいっていた。わたし自身も、かつて彼女のもとでボランティアとして働いていたとき、何度この言葉を聞いたかわからない。しかし、そのときまだ大学を出たばかり、洗礼も受けたばかりの青年だったわたしには、その言葉の意味がよくわからなかった。「きっと、貧しい人たちをイエスだと思って大切にしなさいということだろう」くらいに思っていたのだ。

いまから思えば、それは大きな勘違いだった。マザーがいいたかったのは、心の目を開いて、相手の中に本当にイエスを見ること。いま目の前にいるイエスを実感することだったのだ。まずは、相手をじっと見ることからすべてが始まる。「この人は貧しい人だから、助けてあげなければ」といった考えを脇に置き、ひたすら無心に、相手を見つめるのだ。相手の苦しみや悲しみ、懸命に生きようとしている相手の命そのものを感じとるといってもいい。そのときわたしたちは、相手の中にイエスを見つける。どれほどぼろぼろに傷つき、やせ衰えても、それでも懸命に生きようとしているその人の命の中にイエスを見つけるのだ。生命の威厳の前に心を揺さぶられ、その人のために何かせずにいられなくなったなら、そのときわたしたちは相手の中にイエスを見つけ出したのだといってもよいかもしれない。相手の中にイエスを見つけ出すとき、わたしたちは、その大切な命のために何かせずにいられなくなる。イエスと出会うことによって、わたしたちの中に眠っていた神の愛が目を覚ますといってもよいだろう。相手の中にイエスを見つけ出すとき、わたしたちは、自分の心の奥底に宿っている愛に突き動かされ、相手のために何かせずにいられなくなるのだ。マザーにとって、隣人を愛するとはそういうことだった。「貧しい人の中にイエスを見なさい」というのは、つまり、相手を愛しなさいということなのだ。かわいそうな人だから、貧しい人だからという理由で憐れむのではない。その人がかけがえのない大切な命だから、イエス・キリストそのものだから、その人のために何かせずにいられなくなって奉仕する。それこそ、マザーがわたしたちボランティアに求めていたことだった。

それは、わたしたちが、貧しい人たちと出会うことによって、「神の子」としての本来の自分の姿を取り戻し、救われるということでもある。アッシジのフランシスコの「平和の祈り」の中の「自分を忘れることによって自分を見いだし」という一節を思い出したい。わたしたちは誰もが、生まれながらに神の愛を宿した、かけがえのない「神の子」だ。しかし、普段はそのことを忘れ、私利私欲のため、損得勘定をしながら生きていることが多い。そのようなわたしたちが、貧しい人たちと出会うことによって、「神の子」としての本来の自分の姿を取り戻す。この自分は、愛するために生まれてきた自分、愛することによってのみ幸せになれる自分であることを思い出すのだ。「自分の命を得ようとする者は、それを失い、わたしのために命を失う者は、かえってそれを得る」（マタ10・39）とイエスがいうのも、きっとそういうことだろう。神の愛に突き動かされ、神の愛のために自分を差し出すときにのみ、わたしたちは本来の自分を取り戻し、救われることができるのだ。わたしたちは、貧しい人たちによって救われる。貧しい人たちの中におられるイエスによって救われるといってもよいだろう。

自分の中にイエスを見つけ出すとき、自分がかけがえのない「神の子」であることに気づくとき、自分がどれほど神から愛されているかに気づくとき、わたしたちは自分を愛さずにいられなくなる。自分の中におられるイエスを愛さずにいられなくなるのだ。相手の中にイエスを見つけ出すとき、相手もかけがえのない「神の子」であることに気づくとき、神がどれほどその人を愛しているかに気づくとき、わたしたちは相手を愛さずにいられなくなる。相手の中におられるイエスを愛さずにいられなくなるのだ。「自分と同じように隣人を愛しなさい」ということと、自分を愛するということと、隣人を愛するということは、本質において一つのことなのかもしれない。イエスを愛する。それがわたしたちのすべてなのだ。

## すべての愛は、ゆるすことから始まります

「相手の中にイエスを見なさい」といわれても、自分を攻撃してくるような相手、ひどい悪口をいったり、嫌がらせをしたりしてくるような相手の中にイエスを見つけるのは難しい。それは確かにそうだろう。相手もわたしたちと同じように弱くて、不完全な人間で、間違いを犯すというのは、まぎれもない事実だ。そのため、隣人を愛するには、どんな場合でも、ゆるすことが必要になってくる。だが、どうしたらゆるすことができるのだろう。

マザーは自分が誰かから攻撃されたとき、よく「あの人たちは、自分が何をしているのか知らないのです」といっていた。この言葉は、十字架に付けられたイエスが、自分を十字架につけた人々のために神に捧げた祈り、「父よ、彼らをお赦しください。自分が何をしているのか知らないのです」（ルカ23・34）からの引用だといってよいだろう。イエスを十字架につけた人々は、イエスが社会をかき乱す犯罪者であると思い込み、自分は正しいことをしていると思ってイエスに手をかけた。これは、人間の限界といってよいだろう。イエスは、

そのような人間の限界をよく知っていた。やがて、彼らも自分が何をしたかを知って、後悔に暮れることがあるかもしれない。少なくとも、死が訪れて神の前に引き出されるとき、彼らはすべての事実を知り、自分がしたことの恐ろしさに苦しむことになるだろう。イエスは、そんな彼らのために祈らずにいられなかった。マザーもきっと、そのような気持ちで自分を攻撃する人たちを見ていたのだろう。弱くて限界のある人間同士が、互いを裁き、傷つけあうことの愚かさを悲しんでいたといってもよいかもしれない。

わたしたちが相手をゆるすべき最大の理由は、相手が自分のしていることをわかっていないこと。そして、自分自身、自分が何をしているのかよくわかっていないことにあるだろう。自分では正しいことをしているつもりでも、後から思えば、実は何もわかっていなかったというのもよくある話だ。わたしたちにできるのは、人間の限界を認めて、互いにゆるしあうことだけだといってよいだろう。

**見ているはずなのに、見えていないことがたくさんあります。心の目を開いて、しっかり見ましょう**

人間の目や耳は、すべての情報を平等に受け止めているわけではない。あらかじめ自分にとって必要な情報とそうでない情報を分類し、見るべきことだけを見、聞くべきことだけを聞いているのだ。圧倒的な情報量に押し流されないために、それは必要なことに違いないが、その過程で「思い込み」によって情報が歪曲される可能性は十分にある。「あの人は、このような人だ。どうせ今回も……」というような考え方によって、見えているものが見えなくなったり、聞いているものが聞こえなくなったりすることは十分にありうるのだ。

「あの人は、このような人だ」という思い込みがあると、その人の中に生きているイエスの姿が見えなくなる。「どうせこの人は……」という思い込みによって、その人の中でいま生きており、わたしたちに語りかけようとしておられるイエスの姿が見えなくなるのだ。そんなわたしたちに、「心の目を開いて、しっかり見ましょう」とマザーはいう。「心の目を開く」とは思い込みを取り去るということに他ならない。思い込みを捨て、こころをまっさらな状態にして相手と向かいあうときにだけ、わたしたちはその人の本当の姿、「神の子」としてのその人の姿を見つけ出すことができるのだ。

イエスは「山上の説教」の中で、「心の清い人々は、幸いである、その人たちは神を見る」（マタ5・8）といっている。偏見や悪意、思い込みのない清らかな心で相手を見れば、必ず相手の中に神を見つけ出すことができるという意味にとってもよいだろう。そればかりか、

「あれはこれにすぎない」というような思い込みを捨て、謙虚な心で世界と向かいあうなら、わたしたちはきっと、あらゆる被造物のうちに神の愛を見つけ出すに違いない。そして、それらの被造物を守りたいと思うに違いない。イエスの教えは、隣人愛だけでなく、環境保護の倫理にまでつながっていくものなのだ。

**わたしたちの使命は、苦しんでいる人がいれば世界中どこにでも行って、その人と一緒に苦しむことです**

修道会は、それぞれに教育や医療、福祉など、さまざま使命を持って活動している。その中にあってマザーは、自分たちの使命は、「苦しんでいる人たちと一緒に苦しむ」ことだという。なぜなら、それこそ、イエスが人類のためにしたことに他ならないからだ。イエスの救いの業について、マザーは、次のように語っている。

「わたしたちの人生、孤独、苦しみ、そして死さえ分かち合うことによって、イエスはわたしたちを救おうとされたのです。わたしたちといることによってのみ、イエスはわたしたちを救われたのです。わたしたちは、同じことをするのをゆるされています」

神が人となり、わたしたちの苦しみを一緒に担ってくださった。十字架の死にいたるまで、すべての苦しみを一緒に担ってくださった。それほどまでに、わたしたち人間を愛してくださった。マザーは、その事実に救いを見ていた。イエスを信じても、苦しみが取り去られることはないかもしれない。しかし、イエスが一緒に苦しんでくださるならば、その苦しみは、イエスとわたしたちを結びつける苦しみ、イエスとわたしたちを結ぶ愛の絆に変わる。耐えられないほどひどい苦しみでさえ、イエスが共に担ってくださるならば、なんとか耐えられる苦しみに変わる。マザーは、そこに救いを見ていた。

隣人をどれほど愛したとしても、わたしたちには、相手の苦しみを取り去るほどの力がないことが多い。しかし、どんな場合であっても、相手の心に寄り添い、相手の苦しみを自分自身の苦しみとして味わうこと、相手の苦しみを共に担うことはできる。マザーはよく、「痛みを感じるまで愛しなさい」ともいっていた。自分の身を差し出し、相手の痛みを共に担うほどの愛だけが、相手の救いにつながる愛だというのだ。それは確かにそうだろう。そのような愛こそ、人となり、十字架上の死に至るまで人類の苦しみを担ったイエスの愛に他ならないのだ。

## まとめ

二〇一六年九月に行われたマザー・テレサの列聖式で、教皇フランシスコは、「マザー・テレサが、わたしたちにとっての唯一の行動規範は無償の愛だということを、ますます理解させてくれますように」と語った。何をするにしても、何を語るにしても、わたしたちがまず考えるべきは愛だということ。相手が誰であったとしても、苦しんでいる人がいるなら放っておくべきではないということ。そういった、最も基本的なことを、マザーはわたしたちに思い出させてくれた。その意味で、現代のすべての人の模範になる聖人だというのである。

愛しあうために生まれてきた人間は、愛しあうことによってのみ自分の本来の姿である「神の子」としての姿を取り戻し、幸せになることができる。マザーが示してくれた、共に愛しあって生きるための道は、わたしたちが幸せに生きていくための道だといってもよいだろう。せっかく「神の子」として生まれながら、道を踏み外して不幸になってしまうことがないように、マザーの残してくれた知恵の言葉を、改めて心に深く刻みたい。

# モラル　美しく生きるため

ロバート・キエサ

二〇二一年の晩秋だったでしょうか、朝のミサからイエズス会の修道院に戻る車の中で、たまたま越前喜六神父と一緒になりました。『真福――ここに幸あり』という文集が出版されて間もない頃でした。「次の文集はどういうテーマになりますか」と私が尋ねると、越前神父から『モラル』という返事があり、「それは難しいですね。つまり、『美しく生きるため』ですね」と私が言ったら、「そうです。それについて書きなさい」とすぐ原稿を注文されました。

結局、元和の大殉教四〇〇周年記念として、二〇二二年のテーマは『聖性』となり、『モラル』は二〇二三年まで保留されました。原稿を書き上げるために一年間延びたおかげで、浮かんできた考えを少しずつまとめ、次のような文章を書くことができました。

## ご大切

二〇〇八年に、「GOTAISETSU」というNHKドラマが放映されました。このドラマは若い神父と子供の頃彼を置き去りにした母親との関係を描いた作品です。「ご大切」という題名はキリシタン時代に使われたあいさつの言葉であり、「お達者で」とか「神の恵みを！」という意味でいろいろな時に使われたそうです。

結論を先にすることになりますが、「モラル」の基本は、人や物を「大切にする」ことにあると言っていいのではないかと思います。各個人の人間の尊厳や人間同士の共通善を求め、それに地球そのものも丁寧に扱うということが徹底していれば、戦争も起こらないし、地球も破壊されなくなるという「ユートピア」に近づきそうです。

「ユートピア」は、楽園のような理想的な場所と一般に思われていますが、語源をたどってみると、ギリシア語の「ou ＋ topos」、すなわち「ない＋ところ」と言って、そんな楽園と思われる「ところはまったくない」ことになり、あまりにも理想的な夢ばかりの社会となります。しかし、トマス・モアを始め、さまざまなユートピアを描いた作者の真意は、自分が住んでいる社会の様子を批判しながら、少しでも改善への道を指し示したいと思って作ったと言えるでしょう。

さて、地球を大切にすること、つまり温暖化やゴミの問題などは別の機会に扱うテーマとしておいて、ここではまず「人を大切にする」ことを「美しく生きるため」の秘訣として扱ってみたいと思います。

## 先輩司祭の言葉

私が司祭に叙階されて数か月しか経ていなかったところ、ドミニコ会の教会で司牧体験をする機会に恵まれました。それから東京に滞在して新しい任地に移動するまでの三年間、ドミニコ会のもとで司牧活動を学ぶ素晴らしい機会に恵まれました。その時、ドミニコ会の先輩司祭からいただいたある言葉はまだ生き生きとして記憶に残っています。

それは、祈りについて語っていた時でした。「教会の長い伝統の中で、賛美の祈り、感謝の祈り、痛悔の祈り、回心の祈りなどさまざまな祈り方がありますが、簡単に言うと、『おめでとう、ありがとう、ごめん、よろしく』ですね」と。なるほど、人と人をつなぐこのあいさつの言葉が、神とのつながりの中でも用いることができる言葉だと知り、納得しました。ここでは、神とのつながりにも、人間同士のつながりにも用いることのできる、「美しく生きるため」の言葉として、「おめでとう、ありがとう、ごめん、よろしく」の意味を一つずつ考えてみたいと思います。

## 「おめでとう」

神をたたえて賛美する祈りとして、詩編一〇四・一―二が一例として挙げられます。「主よ、わたしの神よ、あなたは大いなる方。栄えと輝きをまとい、光を衣として身を被っておられる」。詩編八・一にも同じ賛美の言葉があります。「主よ、……天に輝くあなたの威光をたたえます。」日本語では、素晴らしいことを成し遂げた人をたたえて喜び合う時、「おめでとう」と言います。「あなたは素晴らしい」、「よくやった、万歳」などという言葉でその人とともに喜ぶ声を上げます。神の素晴らしさをたたえるには「おめでとう」という言い方は適当ではないかもしれませんが、「あなたは大いなる方」や「あなたの威光をたたえます」

という詩編の言葉が神の素晴らしさをたたえる叫びは、人間同士の「おめでとう」に当たると思われます。

少し深めて言うと、「おめでとう」と言えるためには、自分を忘れ、相手とともに喜ぶことは必要ですし、ただごとではありません。たとえば、同じテニスの大会に出場し、決勝戦で負けて準優勝になった人が優勝した人に心を込めて「おめでとう」と言うことは難しいでしょう。「喜ぶ人とともに喜ぶ」こと、つまり、自我を忘れ、人の素晴らしさを心から褒めることは、まさに「美しく生きる」具体例となります。

さらに深めて言うと、「苦しむ人とともに苦しむこと」も自我を超えて、相手の立場を理解し、その苦痛を助けようとすることもモラルの基本です。そういう意味で、イエスの「良きサマリヤ人」のたとえ話が「美しく生きる」例として浮かんできます。自分の都合を脇に置いて、困った人に助けの手を伸ばすことはモラルの実践と言えます。

## 「ありがとう」

もし尊敬する素晴らしい方が、言葉とか贈り物をもってこちらに恩恵を施すなら、こちらは受ける側として頭を下げて「ありがとうございます」と言って恐縮します。相手が偉いほど、感謝を言い表しきれない気持ちになります。詩篇一三九・一三―一四のように、神を賛美することも神に感謝を表すことも一緒になっています。「あなたは、母の胎内にわたしを組み立ててくださいました。わたしはあなたに感謝をささげる」。毎日の生活の中で、さまざまな小さな親切に対しても、何回も「ありがとう」と言うことがあると思います。

私の弟が生まれるまで、私は一三年間わがままな一人っ子でした。クリスマスや誕生日に人からプレゼントをもらうとき、「Thank you」が言えず、母に「Say thank you」と注意されるまでは言えなかったし、言っても、心が伴わなかったと思います。それは、相手のことを思わなかったためでした。相手が私のことを考えて、私が喜ぶだろうと思う何かを選び、きれいに包んで持ってくれたことの親切を感じるより、もらった物にのみ注目していたからでしょう。親も困るほど、私には基本的なモラルはまだ芽生えていませんでした。後期高齢者になった今でも、ときどき相手の心よりも、もらう物に目を向ける傾向があります。「どういうふうにこれを使えるか」、あるいは役に立たないと思う物なら「どうやって処分するか」などを考え、「美しくない」自分の狭さに呆れています。

「おめでとう」と言う時と同様、「ありがとう」と言う時も、自分を忘れ、相手のことを大切にすれば、そこから自分もどういうふうに人を喜ばすことができるかを学べます。神がこの地球を創造し、その中に私を位置づけて大切にしてこられたことを受けて、そのお返しとして、私もこの地球と、それを共通の家として同居している仲間を大切にすることは美しく生きるための基本です。

## 「ごめん」

これも子供の頃、私が言えなかったお詫びの言葉です。「I am sorry」が言えるためには、自分の過ちを認め、人に迷惑をかけたり、不快な気持ちを与えたりしたことを真心から言わないと空気中で消える無意味な言葉になります。私が子供なりに、親や先生方の期待が大きく寄せられていたと思っていたためか、自分には何も落ち度があってはならないと考えていました。そこで過ちがあってもそれを隠そうとして認めることができなかったのです。お詫びを言えなかったことは、もちろん、とても美しくない振る舞いでした。

「わたしの咎をことごとく洗い、罪から清めてください。……わたしの罪は常にわたしの前に置かれています」という詩編五一・四―五の痛悔の祈りが浮かんできます。「おめでとう」と「ありがとう」と同じように、心からの「ごめん」も、自分より相手のことを大切にしていることを表します。相手に悪かったことを、できるなら取り消したいという気持ちで「ごめんなさい」と言う場合、それはとても美しいことだと思います。自分の方から進んで過ちを認めてお詫びを言うと、傷ついた相手の心を大切に考え、癒しの息を吹き込む和解のしるしとなります。

しかし、「ごめんなさい」と言われた相手が、それを受けて「こちらこそ」とか「気にならないでください」という返事をしなければ、癒しも与えられません。ときどき「あの人をどうしても赦せない」という言葉を耳にします。裏切られたとか、告げ口されたなど、忘れがたい痛みを受けたことでなかなか赦せないことがあります。その場合、「わたしたちも人の罪を赦します」という主の祈りのくだりは言えなくなります。片方が赦さない場合、わだかまりが残り、癒しが得られなくなり、美しく生きるための妨げになります。広げて言えば、国同士がこの状態に陥ると戦争が勃発します。

# 「よろしく」

日本では、自己紹介をする最後に「どうぞよろしく」と言います。私が人の紹介文を英語に訳すように依頼されるとき、この最後の「よろしく」にいつも引っかかります。「Please be favorable to me」などと言ったらかなり妙な言い方になります。そこでたいてい省くか、あるいは「Thank you」のような結び方にします。

でも、「よろしく」はとても美しい言い方だと思います。たとえば、「よろしく」を「ごめん」の後に言うと、「これから気をつけますから、優しく見守ってください」という意味でとれます。また、「よろしく」を自己紹介の最後に言うと、「どうぞ、仲間の一人として受け入れてください」などという含みがあります。これも人間関係を美しくします。

祈りのレベルで「よろしく」を考えると、罪を赦されたので、改心の祈りとして、「これから罪を犯さないように約束するから、そのための恵みをお与えください」との意味を表します。詩編八六・六の言葉も「よろしく」の祈りです。「主よ、わたしの祈りをお聞きください。嘆き祈るわたしの声に耳を向けてください」。そして、自分のことだけでなく、さまざまな関係でつながっている人々のこと、また世界のニーズなどを考えながら「よろしく」

と言って祈れば、美しいとりなしの祈りになります。カトリック典礼の中では、「共同祈願」はまさにこの「よろしく」の祈りの実践です。また、聖母マリアをはじめ、聖人たちに「わたしたちのためにお祈りください」というのも、とりなしを願う「よろしく」の祈りだと言えます。

この四つのあいさつの言葉を私が自分のキリスト教講座やミサの説教のほか、結婚式の時にもはなむけの言葉の中で使ったことがあります。日常会話とつながる言葉ですから、覚えやすいし、実践できるようなチャレンジにもなります。はじめに言ったように、私はこの言葉を若い時に学びました。ところが、その後、生活のさまざまな場面で聖書を読み続けるうちに、この四つに含まれない他の祈りもあるのではないかと感じ始めました。それは「どうして」という嘆きの祈りと、「……」で表す何も言えない沈黙の祈りです。

## 「どうして」

「わが神、わが神、なぜわたしをお見捨てになったのですか」(マコ15・34)という十字架上のイエスの叫びを聞くと、驚くと同時に心を痛めます。イエス・キリストでさえ父なる神に対して「どうして」と祈れるなら、私たちも嘆いたり叫んだりすることも許される祈り方だと感じます。「どうして人間同士が殺し合う戦争などが止まないのか」、「どうして多くの人たちを死なせる大地震や気象現象が起こるのか」、「その中で、神がどこにおられるのか」という叫びも詩篇の中に多くあります（詩13・1―2、44・23―26、80・8―12）。
また、人間同士でなかなか納得できない状況が起こると、呪い合う代わりに、互いに「どうして」と丁寧に原因を尋ね求めれば、その理由を探し当て、いさかいの中でも仲直りの糸口をつかむことができるかもしれません。あくまでも相手を大切にすれば、「どうして」と問いかけても、美しい生き方を妨げることはないと思います。

「……」

長い「ヨブ記」の最後に、神から次々攻められたヨブは、「わたしは軽々しくものを申しました。どうしてあなたに反論などできましょう。わたしはこの口に手を置きます」（ヨブ40・4）。ここに挙げた「……」は沈黙を表し、場合によっては、人間関係を大切にするためにはただ黙って退くことしかありません。ヘロデの前で「イエスは何もお答えにならなかった」(ルカ23・9)ように、むやみにもあざ笑われたり侮辱されたりすると、同じような「美しくない」言葉を返すより、黙って耐えることの方が「美しくなる」ことがあります。しかも、普段の会話の場合でも、自分の主張を押し続けて美しくない口論になるよりも、上手に話題を変えるか、あるいは、アテネで人々が聖パウロに言ったように、「それについては、いずれまた聞かせてもらうことにしよう」(使17・32)と言って、平和を乱さないようにすることができれば、相互関係を大切にすることができます。そして、「時間が傷を癒す」と信じて、互いに何もなかったかのように振る舞うことも有意義でしょう。

この話の出発点は「美しく生きるため」でした。地球や人間を「大切にする」ことを「モラル」の基本だと提案しました。もし生活の中で、例として挙げた簡単なあいさつの言葉を交わしながら人を大切にすることを徹底すれば、必ず美しく生きることになるのではないでしょうか。

# 〈道徳の系譜〉の診断を経由しての、原宗教性への回帰

## ――道徳神の権化に対抗しての「共に住まうこと」のキリスト教的エートス

長町　裕司

### 序文ばかり

何とも奇妙なタイトルで、読者諸氏におかれては、「一体、何のことだ?」という訝しい思いを先ずは持たれることと想像する。筆者はそういった事態をよくよく考量に入れつつも、結局は本稿の表題としてこのような表現を選定せざるを得なかった。望むらくは、読者各位が時間的ゆとりを持って少々忍耐強く、そして筆者がどういった問題に肉迫しようとしているのか、或る程度の綿密さを維持しながら本文を詳らかに読破していってくださるならば、

一見して抱かれた怪訝な思いは次第に晴れて、このタイトルの〈謎〉も解きほぐされてゆくことができよう。しかし、それでは「順序が逆ではないか」と憤激されて覚束ない心境に留まられる方々もおられると懸念するところもあって、この僅かばかりの序文めいた叙述で多少なりとも解題に資するように努めておきたい。

繰り返しくどいようだが、〈奇妙〉と響くことは何も〈場違い〉で〈狂っている〉といった否定的なニュアンスだけで〈不適格〉とされてしまうのでも、ましてや〈劣悪〉なのでもなく、さらに言葉の意味が渾沌としていて無秩序であることとも区別されて然るべきである。関西弁で「けったいな」という言葉が昔はよく日常の会話でも使用されたが（『けったいな人々』というテレビドラマが昭和四十年代に放映されたことがあり、登場人物たちの赤裸々で豊かな人間性の奮闘模様は実に魅力的であった）、この「稀代（きたい）」とは第一義的に通俗的で一般常識化した物差しを基準とする限り、「そのように共有化された尺度に照らす限り合わない」という意味である。さらに市民的合理性と（或る一定のケースにおいては）科学的に客観化された知の準則からは極めて逸脱している、と銘打たれる現場も出現する。ところで、かつてあのニーチェ（Friedrich Nietzsche, 1844 - 1900）は、「ほかならぬあの道徳こそが危険のなかの危険であるとしたらどうであろう？」（Zur Genealogie der Moral, Leipzig 1887,

Vorrede 5, KGW 6-2 S. 265）という辛辣な問いを、当時の読者のみならず後代のわれわれに対して突きつけたのであった。何とならば、ニーチェにとってみれば、西欧の市民社会において支配的となった道徳機構ほど〈奇妙〉なからくりを有する代物は他に見いだせなかったからである。人類の歴史に君臨し、西洋では学的な洗練を経て（＝哲学的、神学的に、さらには近代では諸科学の趨勢と共に精微に理論化されて）組織体ともなって生を規制する道徳（モラル）の正体をその系譜から問い直すこと、そしてその成立構造を暴き出すことがニーチェの〈道徳の系譜学〉の課題であった。[1] 然るにさらに、道徳が「危険のなかの危険」とレッテルを貼られ得ることの根拠は一体どこに存するというのか？――差し当たっては（少々の回り道となるが）われわれのこの反問を究明してゆく迂回路を経て、本稿で読者諸氏と共に考えてみたいと筆者が企図している根本問題を展望できる地点への入り口に辿り着く。そこまでの叙述が本文の第一部となる。少々回りくどい話の運びとなるが、この第一部と続く第二部を忍耐強く読んでくだされば、倫理性はわれわれが生きる上で不可欠の重要性を持つと確信できるのに、こと道徳上の論説と言述は往々にしてなぜこんなにも退屈さを醸し出し、形式ばる教訓めいたことが多くて、人間性の魅力にも欠けることがあるのかについて、初めてある程度納得がゆかれることと期待する。

次にサブタイトル（副題）の冒頭部にある〈道徳神の権化〉とは、何を意味しているのか？　これも実はニーチェの思索圏域の発展継承からの問題関心による、二十世紀（第二次世界大戦以降）を通して今日まで決定的に問われるようになった《真に神的なる神》の新たな思索の道筋においての批判的意味脈絡で出現する呼称に他ならない。二〇二三年現在、未だ活躍を続ける往年のフランス人カトリック哲学者ジャン＝リュック・マリオン（Jean-Luc Marion, 1946－）は、ニーチェの〈神の死〉の告知を以下のように決定的に解釈している。

〈神の死〉がその威力を保つのは、〔…〕神でないものの虚しき偶像に基づいてでしかない。黄昏が取り返しがつかぬほど及ぶのは、偶像にだけである。(2)

〈道徳的な神〉のみが死ぬことができ、すでに死せるものとして発見されることもできるのである。なぜなら、この神のみが〈道徳的な神〉として価値の論理に属するからである。つまりこの神自身、反－自然としての諸価値の体系のうちでしか理解されず、作動しないのだ。かくしてこの神は、ニヒリズムとともに「最高の諸価値が信用を落とす」や否や、直ちに傷つけられるのである。(3)

ヨーロッパの思想史を通じてのキリスト教の伝統的神理解は、〈君主的に支配する〉道徳的秩序の内に人間の生を規制する超力へと偏向し、とりわけ近代の市民社会化した西欧キリスト教文化においては、神をヨーロッパ精神の諸価値を統制する最上位の〈至高価値〉と見なすメンタリティーが徹底的に普及した――これがニーチェの《道徳の系譜学》からの一つの核心的な診断の帰結である。ヨーロッパ伝来の価値秩序を成り立たしめてきた根本体制による価値定立の形態、つまりプラトンに由来する「感性に対する理性の優位」および「身体性を圧倒的に凌駕するイデア的‐精神的真実在の二元論構造」を示す形而上学的根本体制から、神は理性的‐精神的な秩序を維持する道徳的諸価値の根拠たる超感性的な〈道徳神〉の意味規定の刻印を受けるようになったのである。然るにニーチェのさらなる診断は、ヨーロッパ的な最高諸価値がその価値定立の源泉から乖離し、そもそも従来の西洋的価値秩序に基づく生の維持と培養を推進し得た一定の価値定立をも可能ならしめた原理を洞察できずにきたため、「最高の諸価値の没落」という事態、すなわち〈ヨーロッパのニヒリズムの諸兆候〉が到来的に明るみ化してくる歴史が始動しつつある、という運命の告知に存する。ヨーロッパの道徳的秩序の地盤となってきた価値秩序が色褪せ根こそぎとなる危機的状況に伴って、その価値秩序の最高位を占めた〈道徳神〉は偶像として糾弾されることになるのである。

ニーチェのこのような診断が今日の精神状況に（ヨーロッパの西洋文化の普及化の波を色濃く受けた東アジア的精神状況に関してでさえも）妥当するものであるのか、また西欧近代の（特にプロテスタンティズムの系譜における）道徳神学の影響作用に鑑みても、〈神の道徳的権化〉という事態がモラルの理解にとってどのような根本要因として作動したのかは、改めて問い直す必要があろう。しかし本稿では、このようなさらなる究明はさておき、われわれが生きる世界史的状況に巣食う根本問題の深刻な事態を一歩進んで明らかにし、そこから積極的に人間的生に開かれるエートス（真の意味での倫理性）に肉迫してゆく道を探って行く端緒を示せるようにしたい。エートス（*ἦθος*）とは、古代ギリシャ文化圏において元来は「身の持ち方／居場所」といった意味含蓄から「慣習・行動様式・人柄・気質」の意味領域における活用が見出せる。とりわけ「或る集団や民族社会を統べる心性」を意味する用例が多くなり、習俗・習慣として生の質を形づくってゆくものとして理解されている。習俗と（理性的に反省され規範化された）道徳の明示的区別と対置は、西洋近代の道徳哲学のモラル観によって先鋭化された図式に基づくものであり、古代ギリシャの思想圏に逆投影できるようなものではない。アリストテレスは、「エートスとは、人がそれによってどのような人と言われるものである」（『詩学』1450 a 5）と指摘しているが、〈エートスに関わる考察（ἠθικὴ θεωρία）〉である倫理学は、習慣から生まれる精神的質としての魂のアレテー（ἀρετή 器量・徳）を扱うものである規定している[4]（『ニコマコス倫理学』1103 a 10 f.）。

ところでかのマルティン・ハイデガー（1889 – 1976）は、第二次世界大戦後にパリのボーフレー（Jean Beaufret, 1907 – 1982）に宛てて書いた有名な『ヒューマニズムについての書簡』（一九四六年、一九四七年に初版公刊）の後半部の中で、古代ギリシャの前ソクラテス期の思索者ヘラクレイトス（ca. B. C. 540 – 480）の断片一一九「エートス アントローポイ ダイモーン」を独自に翻訳し直して、「エートスとは人間にとって神的な守護霊である」と捉え返すことにより、〈人間は神的なるものの近くに身を置く（＝住まう）〉という根本的指示を聴きとっている。ハイデガーは、その『存在と時間』公刊（一九二七年）後に後輩の友人から「あなたはいつ倫理学を書くのか」という質問を受けていたことを述懐しつつ、ボーフレーが提起している〈存在論と或る可能な倫理学との関係の究明〉に関して、「《存在の（真性）の根源的思索》こそが人間をしてその原初的境域へと立ち帰らせる本来の倫理学（＝エートスの開示）である」と銘打っている。その上で、アリストテレスが報告してる（前述の箴言の内容と共鳴し合う）ヘラクレイトスに纏わる以下の或る挿話を紹介している。

ヘラクレイトスは、異郷からの見知らぬ訪問客たちに対して、次のように語ったと云われている。その見知らぬ訪問客たちとは、ヘラクレイトスに会ってみたいと思っていた人たちであった。この人たちは彼に近づいてみると、ヘラクレイトスがパン焼き竈の傍らで身体を温めているのを見たので、立ちすくんでしまった。というのもヘラクレイトスはさらに、躊躇している彼らにもっと勇気を出すように語りかけ、その人たちに次のような言葉を述べながら近くに来るように促したからであった――「なぜなら、ここにも神々は居られるのだから」と。（アリストテレス『動物部分論』A巻 645 a 17）

この稀有なる挿話と先の断片的箴言を併せ考えるならば、人間のエートス（居場所／住まう場所）とは人間の本質現成へと関わってきて到来しながら人間の近さの内に留まるところのものを出来させるのであり、その出来はヘラクレイトスにとってはダイモーン、神的なものを意味していたと解釈できる。すなわち、「人間はそれ自らが人間である限り、神的なるものの近くに住まう」というエートスの原初的意義が示唆されている。ハイデガーはさらに、「人間にとって（親和的で好ましい）居場所／住まう場所は、神的なもの（das Göttliche）の現存のための開けた局面である」とヘラクレイトスの箴言を敷衍して思索している。本稿の第二の部分は、〈住まうこととしてのエートス〉を今日的に活性化する思索の道を本来の原初的宗教性からの倫理性へと向けて十全に展開したい。

さらに本稿では結びの部分で、最近つとに顕在化してきた倫理上の問題圏域として、一方的に先進化する科学技術が人間的生の尊厳（ヒューマニティー）を損ない傷つける可能性を内包したまま、今日の社会の趨勢が覆蔵（隠蔽し温存）する〈スマートな悪性〉なるものについて短く言及しておきたい。

## （一）今日のモラル状況の査定とそこからの新たな問い

筆者であるわたしが今年度で二十五年目となる教員活動で、上智大学文学部哲学科にて担当させていただいている多くの科目の中の一つに「西洋倫理思想史」という授業がある。毎年度春学期と秋学期に開講しているが、二年間で計四ゼメスターを履修すると、〈西洋古代・中世（古代ギリシャとキリスト教的ラテン中世）の倫理思想〉〈西洋近代（十六世紀から十九世紀半まで）の西欧の倫理思想〉〈西洋十九世紀後半から二十世紀の倫理思想〉〈われわれが生きる、二十世紀末から二十一世紀の倫理思想〉という思想史的流れを捉えることができ、この編成を組むことによってわたし自身の関心としても倫理のコンセプト形成における多元的な思考形態とその推移への視野が深められた、と言える。《倫理のコンセプト》と云うと、何か若い学生たちにとっては直ちには馴染みにくい問題意識を課しているかもしれないが、そのコンセプトがその変異と推移を伴って今日に至るまでどのような内実の歴史を有しているかに開眼できる意義は大きいと思う。例えば、正義（justice）のコンセプトに焦点化してみても、「普遍的な正義は可能か」という問いかけは、大学入試の際の哲学の論述問題のための一つの論題として採用されることもあるが、高校生たちでさえも入試での論述に際して「普遍的正義擁護か否か」の旗幟を明快にする叙述を表明することもある。けれども実は、西洋倫理思想史の内部においては全く対立する倫理の捉え方からのコンセプトの決定的相異が長い歴史を通して形成されてきたのである。「普遍的正義は可能である」という方向の主張は、民族や文化および社会機構上の相違からの闘争を乗り越えて人類に共通する根本規範としての正義の実現を志向する傾向がみられるのに対して、正義の普遍化に懐疑的な立場は、一定の歴史的伝統を背景とする多元的な精神性（特に宗教的土壌）こそが倫理を育くむ母体である限り、そのような多様な文化的－地域的差異を考慮に入れない形式的正義の考え方を批判するのである。正義論については、二十世紀後半からのルネッサンスとも云うべき議論の興隆が生じ、二十一世紀に入ってもしばらくはその素地となる倫理的理論上の対立論議が活況であったことは記憶に新しい。その倫理的理論上の対立の素地とは、やはり倫理のコンセプトの根本的相異で、それは西欧近代の自由主義的道徳の基盤に存する〈普遍主義（universalism）〉に自らを対置する〈共同体主義（communitarianism）〉の倫理コンセプトとの根本的相異であった。わかり易い理解のためには、先ず人間の人格についての考え方を見てみれば双方の対立の原点を洞察できる。自由主義（リベラリズム Liberalism）的道徳においては、人間の人格は理性的個人として、その理性的人格の尊厳に基づいてすべての人間は「権利の主体」として承認されるべきである、とされる。「権利の主体」として平等であることが自由主義的道徳における正義の基本である。対して共同体主義的な人格の理解では、個々の人格が土壌とする多様な文化的－歴史的－社会的構成要因が重視され、実質的倫理が成り立つための制約と考えられる。自由主義的な人格構想からは、現実的世界の諸脈絡において実質的な善の選択を行う主体の在り方は導き出せず、単に権利の主体として普遍化される人間は希薄な〈負荷なき個人的自我（unencumbered self）〉であって、「欲求的主体としての自らの存在について反省を為す可能性を有し得ない」、と共同体主義の陣営は批判する。(5)

来日経験もあり「ハーバード白熱教室　さあ、正義の話をしよう」でも著名なマイケル・サンデル（Michael Joseph Sandel, 1953－）は特に、「位置を有する自己（situated self）」という対抗概念を示して、ジョン・ロールズ（John Bordley Rowls, 1921－2002）に代表される自由主義的‐普遍主義的な正義論と道徳の理論構築に対峙する。(6) ここで双方の倫理コンセプトを巡っての論争は、今日の政治哲学的に重要な問題脈絡へと進展してゆくのだが、ドイツ往年の実践哲学の大御所的存在であるオトーフリート・ヘッフェ（Otfried Höffe, 1943－）はこのような政治哲学的論議の「一歩背後に遡って」、そもそも法秩序・国家秩序の下での人間の共同的生をアナーキズムに対して正当化する上で、倫理的な正義のパースペクティヴは不可欠であることとの基礎づけの論究を提起している。(7) アウグスティヌスの『神国論（De civitate Dei）』第四巻第四章にある有名な言葉「正義を欠いた国家、それは大盗賊団でなくしていったい何であろうか」を引照しつつ、法体制と国家体制にとってそれが法秩序から逸脱した〈ならず者国家〉に陥らないためには基底的な「法・国家‐定義的正義」に則ることが不可避であり、その上で倫理的に正当もしくは不正を峻別する「法・国家‐規範的正義」の理念が超実定的な批判原理として討論され正当化されねばならないのである、とする。(8) ヘッフェと同じく自らをカトリック倫理思想家として自負するサンデルも、『リベラリズムと正義の限界』の原著第二版の序においては、共同体主義が一定の伝統内で共有される限りでの善の下で倫理的価値の秩序を構想するのならば誤りに陥ることを指摘し、人類全体にとっての共通善を目的論的統制とする修正共同体主義の方向を積極的に提起している。

さて、もう一つ他の側面からのモラルの今日的状況の診断について簡潔に述べておきたい。スコットランド出身で、これも二十世紀アメリカ合衆国のカトリック系の倫理思想家マッキンタイア（Alasdair MacIntyre, 1929－）は、その啓発的な著書『美徳なき時代』（原著 After Virtue : A Study in Moral Theory, University of Notre Dame Press, 1981 ─ 邦訳：篠崎栄、みすず書房 一九九三年／二〇二一年）において、現代のモラルを巡っての議論の混乱は、二十世紀以降の情緒主義（Emotivism）の台頭とその蔓延によって、道徳議論のための基底的な基盤が大きく揺すぶられた事情に端を発する、と観て取っている。その結果として、道徳上の問題領域と主題に関しての合理的論証にとって概念使用においても共約不可能な歴史的諸前提が露呈し、それぞれの道徳理論上の立言が単に競合するだけでなく、「終着点を見出せぬ果てしない」論争的不一致に陥っている、と診断される（『美徳なき時代』〈2. 今日の道徳的不一致の本性と情緒主義の主張〉、邦訳七頁以下）。情緒主義 ── その代表的論者として、イギリスのA・エイヤー（Alfred J. Ayer, 1910－89）とアメリカのL・スティーブンソン（C. L. Stevenson, 1908 - 79）等が挙げられる――の依拠する主張は、確かに「客観的道徳のために合理的正当化を供給するあらゆる試みが、過去・現在を問わず事実上失敗に帰した」という確信から発しているのだが、すべての評価的言明と同様に道徳的判断の言明も当人の「好み（preference）の表現、すなわち態度（atitude）や感情（feeling）の表現に他ならない」とする教説である（同、一四頁）。この情緒主義の流れも、二十世紀英米系の言語分析哲学を準拠枠としている限り、道徳言語の意味機能と用法についての理論的立場であることに間違いない。但しマッキンタイアは、情緒主義の理論的主張とは言語分析的な思考傾向の内部での道徳的言語に対する一定の説明的応答であったのであり、「歴史的にみて特定の状況化で唱えられた一つの学説」（同、一七頁）と査定する。なるほど情緒主義は、現代のモラル論議の混濁化の導火線となったが、その主張自体の理論的視界はそれ自らが自負するような普遍性を有するものではない。[9] マッキンタイアは、情緒主義を生み出した西欧の歴史文化的かつ社会的脈絡をその思想的連関とともに遡って解体的に明らかにしてゆく（『美徳なき時代』3.－8.章、邦訳二九－一三三頁）。その手法は見事で、極めて含蓄に富んだ示唆を提供するが、ここでは追究する余地はない。当稿の著者が注目するのは、『美徳なき時代』の後半に差しかかるところでの結節点となる章である〈9. ニーチェかアリストテレスか ?〉

（邦訳、一三四―一四七頁）にて、西欧近代以降のあまりにも多様化した実践上の主義主張に何らかの道徳的な仮面が付されるようになったと診断するマッキンタイアの問題地平の射程に関して、である。正にこの点で、一般的に利用可能（available）な合理性の面持ちとして通俗的なものとなった道徳、つまり「道徳の民主化」に対するニーチェの激しい嫌悪は、彼の独創的な洞察に基づいているとするが（邦訳、一三六頁）、マッキンタイアは他方、「ニーチェが自分の時代の道徳判断の状況を不法な仕方で一般化して、道徳それ自体の本性としたことは事実」（邦訳、一三九―一四〇頁）として、改めてその問題の立て方の再批判を開始する。確かにニーチェは、「客観性への訴えであると称するものが実際には主観的意志の表現であるという事態だけでなく、この事態が道徳哲学に対してもたらした諸問題の本性」（邦訳、一三九頁）を鋭く哲学的に見て取っており、その限りで「一八世紀の〈合理的でかつ合理的に正当化された自律的な道徳主体〉は虚構である」（邦訳、一四〇頁）とする彼の言明には説得力がある。後期思索圏に入って行く時期の『悦ばしき学問（Die fröhlische Wissenschaft, 別訳 華やぐ知恵）』（一八八二年、第五書を加えての増補版は一八八七年）第四書三三五節では、ヨーロッパ近代の合理主義道徳の中心的概念として活用されるようになった〈良心〉や〈義務〉といった言葉をやり玉に挙げて、「かつて如何にして道徳的判断なるものが成立したのかということを見抜いたら、これらの大仰な言葉に嫌気が差すことだろう」（村井則夫訳、河出書房 二〇一二年、三四四頁）とアイロニカルに糾弾している。然るにマッキンタイアは、果たしてニーチェの道徳批判はアリストテレスの倫理学と真に対抗（対決）し得ているかと再批判的に問い直し、それも「それぞれが演じる歴史的役割のゆえにである」（前掲書、邦訳一四四頁）と付言する。そしてこの『美徳なき時代』という書物における最も重要な核心的表明が以下のように続く――「道徳の新しい合理的・非宗教的（世俗的）な基礎を見出す啓蒙主義の企てが着手されねばならなかったのは、一五世紀から一七世紀への移行期に、アリストテレスの思考が知的な核であった一つの道徳的伝統が否認されたからだ。そして、ニーチェと、その後継者であるすべての実存主義者と情緒主義者たちが、以前の哲学すべてについて見かけ上は成功している批判を提示することができたのは、かの企て【＝一八世紀を中心とする啓蒙主義に端を発する道徳の合理的基礎づけ】が失敗したからなのである。（中略）。それゆえ、ニーチェ的立場が防衛できるかどうかは、〈アリストテレスを拒絶したことはそもそも正しかったのか〉という問いへの答えに結局は懸かることになる」（邦訳、同頁）。以降マッキンタイアは、アリストテレスの組織的な倫理構想の中核に位置する〈徳（ἀρετή）〉の概念の形成と影響作用史をその広汎な西洋の伝統に布置して検討し直す（10―）とともに、諸徳の本性を新たに解明し、今日的な実践的生にとって（個人的にも社会的にも）内的な諸善を達成する上での徳性が不可欠で最重要な要因であることを論及してゆく。特に〈諸徳、人生の統一性、伝統の概念〉と題された第十五章は重要で、近年の解釈学哲学からの物語論を援用しつつ、道徳的自己の同一性の問題を「人生における徳の統一性」から捉え直す考究（邦訳、二五〇頁以下）を提示しているのには刮目されるが、ここではそのさらなる内容を紹介することは差し控えたい。

いや、簡潔な叙述を目ざすとお断りしながら、かなり深部に立ち入ったため、筆が止まらぬはめに陥ってしまった。しかし、本稿での決定的な問題圏域にとって蛇足となる内容は何一つ無駄に提起されてはいない。自らをアリストレス－トマス主義的な現代の倫理思想家と自負するマッキンタイアは、モラルなるものの思索の原点回帰から、〈美徳なき時代〉の今日においても堅固な倫理上の徳性を新たに開拓しようとしていると査定できるが、その熟考を経た倫理性の追究の姿勢は高く評価されて然るべきであろう（但し、マッキンタイアは自らが共同体主義者とのレッテルを貼られることには拒否反応を示す）。その上で、ではあるが、われわれはさらに〈倫理なるもの〉が成り立ち蘇生する究極的土壌へと思索の道を遡源させて進めることができると確信する。アリストテレスによって開墾されその伝統が築かれた倫理のコンセプトは、確かにマッキンタイアが的確に洞察するように西欧近代の啓蒙主義に色濃く刻印された合理主義的道徳とは本質的に異なってはいたが、人間の自然本性からの十全な自己実現を理法（ロゴス）に従って陶冶・彫琢する知性主義的倫理構想であることに変わりはなかった。ここで新たな問いが持ち上がって来る――果たして人間の本性を（従来の西洋的伝統に依拠して）ロゴスを有する理性的‐知性的特性から捉える傾向からの倫理で事足りるのか？〈エートス〉の根源的意味地盤である〈人間の身の置き方、如何に住まうのか〉の思索から倫理なるものが考え直されねばならない《時》に人類は直面しているのではなかろうか？

## （二）天の下、大地の上に、神的なるもの（*das Göttliche*）を前にして、死を能くする者たち（*die Sterblichen*）として〈住まう〉ことのエートス

二十世紀ドイツのフランクフルト学派の社会哲学を形成した中心的哲学者の一人であるアドルノ（Theodor. W. Adorn, 1903 - 1969）は、その『最小限の道徳的事柄――傷ついた生

活裡の省察』（Minima Moralia, 1951）の中の或る一節（第一部第一八節〈難民たちのための避難所〉）で次のように述べる。

私的生活というものが今日どのような状態にあるかは、その舞台現場が告知している。本来に人はもはや、住むということができない。われわれがそこで成長し大きくなった伝統的な住居は、何か耐え難いものを帯びてしまっている。〔…〕。典型的な、然るにあちこちから買い集めた様式的住居へ逃げ込む者は、生ける身体の許で死体の防腐処理をしている（＝ミイラ化を営んでいる）。ホテルか家具の備え付けられたマンション内の一室に移る際に、それでもって住むことに対する責任から逃れることを欲するならば、いわば亡命地で強制的に押し付けられた諸条件から世故にたけた規範を「代わりに」作ってしまっているのである。最も厭わしい状況にあるのは、至る所にそうであるように選択する余地のない人々である。彼らは、スラム街にでないとしたら、明日にはすでに仮小屋、トレーラー、自動車もしくはキャンプの野営地、自由な天空の下に留まることになるかもしれないバンガロー式の高級住宅に住むのである。家（Haus）というものは過ぎ去ってしまった（Theodor W. Adorno, Minima Moralia. Reflexionen aus dem beschädigten Leben, 18. Asyl für Obdachlose, Gesammelte Schriften 4, Frankfurt a.M. 1997, S. 42)。

このような記述は、――たとえそれが西欧社会の今日的精神環境全般における一断面を見事にえぐり出しているにせよ――個々の生および（文化的・社会史的差異を含む）地域的集合体の状況にそのまま適合するものではないであろう。さらにその批判的暴露が示唆するところは、記述上の精確さであるとか普遍的な視界における妥当性とかいったことに照準が置かれているのでもなかろう。しかしながらアドルノが正当に見て取っているのは、住まうという人間存在の基本的体制に巣食い始めた未曾有の事態であり、自己性の成立かつ発展にとっての根源的営みの全体性が単なる私的領域へと押しやられ、その結果としての今日の総体的傾向と見做される「喪失の文化」[10]と言える趨勢の忍び寄りなのではなかろうか。それはまた、忘却されていること（Vergessenheit）そのものの隠蔽に基づく「自らに固有な生の在り方への責任の回避」という事態を暴きだしている。アドルノの同じ文脈内での「今日の人間は、動物のように地面に近く眠ることを望む」（ebd.）という言明が正に、伝統的な〈家〉を生活世界における住まう場所とする人間存在の在り方にほとんど修復できないほどの亀裂が入り、それに伴って〈住まう〉という根本動性自体に深部からの歪みと狂いが生じていることを暗示している。

他方、わたしたちに身近な日本社会の現実で、例えばアサダワタル氏（大阪生まれの日常編集家）が提唱した「住み開き」運動の様々な試みが展開していることにも、留意しておいてよいであろう。「住み開き」とは、自宅もしくは住宅の一部を他者に開放して地域コミュニティーを育成・活性化する場としたり、グループ・スコーレと称し様々な教養講座をシニアコミュニティーの潤滑油として参加メンバーの住居の一室で開催するような実践を指す。このような実践の中には、大きな古い民家に移り住んで自宅のライブラリーを「少女マンガ館」として定期的に一般公開したり（東京都あきる野市、網代）、川沿いの空き倉庫を借り家としてその一階で音楽イベントや展覧会を催す芸術家夫婦の「住み開き」の試み（大阪市西区、九条）も見られる（アサダワタル『住み開き —— 家から始めるコミュニティー』筑摩書房二〇一二年一月を参照）。

けれども、たとえこのような実践知における工夫・開発がわれわれの社会的‐文化的状況に即応した生の様式ための新たな模索と視界を開くものであっても、人間の住まうことの本源へと改めて浸潤し直し、そこからの生のエートスが開かれる精神的境域を明るみにもたらし得るのは、ただ真に根元的な思惟によってのみであろう。それゆえ以下では、ハイデガーと共に〈住まうことの本質成就〉が思索の事柄となる覚醒の道を先ずは踏破してみたい。

事象に即して思索された存在の本質現成に基づいてこそ、むしろわれわれは他日、〈家〉とか〈住む〉ということが何であるか思惟することができるであろう（M. Heidegger, Brief über den Humanismus, in : GA 9 : Wegmarken, 1976, S. 354）。

**後期ハイデガーの〈住まうこと〉の思惟より開かれるもの**

われわれの生きている世紀に近い時代の思索者で、マルティン・ハイデガー（Martin Heidegger, 1889 - 1976）ほど、その多年に亘る思索境涯が幾重にも変遷を遂げながらも、根源的な唯一の問いを問い抜く思惟の道を貫徹し得た例は、他にほとんど見いだせないであろう。そのハイデガーも、冒頭部で引用したアドルノの問題意識と同様に、今日の人間存在を見舞っている危機的状況を〈住まうこと〉との本質関連で、例えば次のような文章であからさまに指摘している。

われわれの住まうことは、住宅難（住まいの窮境）に悩まされ、圧迫されている。仮にそれが他様であるとしても、今日のわれわれの住まうことは、仕事によって追い立てられており、利得と成功の追求によって不安定なまま安住しないものであり、娯楽と保養興行に魅惑されてしまっている（M. Heidegger, …. DICHTERISCH WOHNET DER MENSCH …., in : Vorträge und Aufsätze, Stuttgart 1954, S. 181）。

但しこの文章は、ハイデガーにしてみれば、単にわれわれの生が身を置いている平均的日常性を形づくっている歴史的に限定された解釈学的状況の呈示に過ぎない。この呈示は、事実的生が有する頽落傾向の最中で、住まうことが「自らに固有な実存的可能性に対する責任の回避」が進行してゆく存在忘却の事態にあることを暴露するものである。後期ハイデガーの〈住まうことの思惟〉からの本質動向をより根源的‐包括的に示す文章は、スイス生まれのドイツの詩人・教育者であったヨハン・ペーター・ヘーベル（一七六〇―一八二六年）に寄せて書かれた『ヘーベル ― 家の友』（一九五七年）の中で凝縮された形で典型的に見いだせる。

〈住まう〉というこの動詞をわたしたちが充分に広くかつ本質的に思惟するならば、それは人間が地の上・天の下で、誕生から死に至るまでのさすらいを遂行するその仕方を告げている。このさすらいは、多様な形態をとり、変化に富んでいる。しかしどんな場合にも、さすらうことは住まうことの基本的特徴をとどめている。すなわち、大地と天の間に、誕生と死の間に、喜びと悲しみの間に、行為と言葉の間に人間が滞在するという意味での、住まうことの基本的特徴をとどめているのである。〔…〕わたしたちが、この多くの襞をもつ間を世界と名づけるならば、その時に世界は死を能くする者たちが住まう家である（M. Heidegger, Hebel – der Hausfreund, in : Aus der Erfahrung des Denkens 1910 – 1976, Gesamtausgabe 13, hrsg. von Hermann Heidegger, Frankfurt a. M. 1983, S. 138 – 139）。

従来の伝統的哲学が「存在するもの全般の実体論的基礎」から人間に特有な精神的規定を概念化する路線を開設した思想上の影響作用史に鑑みて、この思想的伝統から離反する今日的な思惟の動向に一たび開眼するならば、人間存在はもはや、叡智的存在領域へと超出し得る宇宙論的地位の確保によっても、（西欧近代に特有な）自己意識的主観性としての特権化によっても、その固有な存在体制に於ける自覚を深める拠り所を見いだし得ないであろう。このような形而上学的な構造図式や――トマス・アクィナスやマイスター・エックハルト、ニコラウス・クザーヌスなどに開花した卓越せるキリスト教思想や幾人かの真に創造的な哲学的思惟は例外として――人間の存在現実の静態学化は、今日の思惟にとっては概念的偶像を生み出すものと映るのである。住まうことの本質動性から人間の本来の在り処を問う思惟は、西洋において伝統的な〈理性的動物（animal rationale）〉という人間の（多様な存在者の中で占める位置としての）種別的規定が等閑にしてしまい、隠匿したままに見過ごしてしまうより根源的な土壌を開墾し直す。のみならず、今日の科学技術による合理化と情報化時代が孕む根底的次元での危機を、「住まうことを学び直す可能性」が打ち開ける深源を基けることによって克服しようとする。ハイデガーは、西欧近代の精神性による「存在に対する主観性の支配」が帰結した故郷喪失を克服する〈最も近いものの近さへの帰郷〉を「人間らしい人間の人間性に初めてその尊厳を与え返す」思惟の本質課題としている（Brief über den Humanismus, in : GA 9 Wegmarken, 1976, S. 337 ff.）。その際、今日の人間をその最内奥において脅かしている土着性喪失（ebd., S. 339 f.）とは、（多数の難民も含め）先祖伝来の故郷から追われ駆逐された人々、大工業都市へと入植しその荒涼とした機構の中で古い故郷から疎遠となった人々の下だけではなく、地理的には正に故郷に留まり続けている人々においても非－土着・非－郷土的に生起している歴史的命運である（Gelassenheit, in: GA 53, S. 143 ff; cf. S. 155.）。そこで、「非－土着的（非－故郷的）なるものにおいて土着的（故郷的）となること」によって思惟の隠蔽されているエレメント（境域）へと回帰する追想及び先駆的思索が開拓されねばならない。

講演『建てること ― 住まうこと ― 思惟すること』（一九五一年八月五日、Darmstadt にて）においてハイデガーは、ドイツ語の「住まう」が語源学上は古ザクセン語やゴート語〈または、中世の古英語の〉が有した〈滞在すること〉〈保護・囲いへともたらされてその内に留まること〉すなわち〈被害や危険から守られてあること〉の意義へと遡源する連関から、「大切にする・思いやる・慎重に扱う」を意味することを導き出す（M. Heidegger, Bauen Wohnen Denken, in: Vorträge und Aufsätze, Stuttgart 1954, S. 143 ; cf. ders., Einführung in die Metaphysik（1935）4. Auflage, Tübingen 1976, S. 55.）。

大切にする・思いやることは、われわれが配慮されたものに何も危害や苦痛などを加えないということのみにその本質が存するのではない。本来的な思いやること・大切にすることは何か積極的なるものであり、われわれが何かのものをあらかじめ先立ってその本質においてそのままにしておく時、そしてことさらにその本質の内に返し匿う時に生起するのである〔…〕。匿われることへともたらされてあることとして、〈住まう〉が意味するのは――どのようなものをもその本質へと大切に配慮する自由な開けへと囲い込まれて留まることである」(ebd.)。

従って、単に或る特定の関心に導かれての保護や価値評価に媒介されての気遣いは、諸活動の下での反応または比較考量・選択を通して事実的な生(日平均的日常性における現存在)から発現する諸存在者との一定の継続的な交渉ではあっても、そこでは保護し気遣う者自身へと回帰する「害を及ぼさないこと・傷つけないこと・手出しをしないこと・煩わさないようにすること」の目的合理性を抜けきることのできない消極面が支配的である。それらは未だ、住まうことそのものの全体的な本質化動向としての、「大切にされるものを大切にして思いやる営みそのもの」において、そのものをそれ自身で在らしめるという純粋に積極的活性化なのではない。住まうことが真に主動的‐他動詞的な〈大切にする・思いやる・慎重に扱う〉へと集約化され、(a)大地の上に(b)天空の下で(c)神的なるものを前にして

（d）死を能くする者たちと共に生を営む人間の原初からのエートスであるならば、「慎重かつ思いやりをもって大切に配慮すること」は、（a）大地を救護する（無事に保つ）（b）天空を天空として受けとめる（授かる）、すなわち昼夜を逆転させることなく、また昼間を追い立てられた落ち着きのないものともしない（c）神的なるものを神的なるものとして待望する（待ちうける）、すなわち自ら自在に処理できず意のままにならないものへの未定で開かれた関与において、己れの我有化された神々を作ることなく（偶像回避）、救うものの到来を希望をもって待ちうける（d）死を死として能くし得る（死を得る、死に能う）、すなわち自己の固有な本質現成を、生命を終える死のみならず、死へと向かって成熟することへの態勢づけにおいて能くし得る、という四重の内立的で内的に緊迫した住まうことの根本動性を展開させる、と思索されるのである。

「死を死として能くし得る」へと成就する住まうことの根本動向は、上述された様相におけるそれ自体完結され得ない〈学びのプロセス〉であることになる。すなわち、この〈住まうことに習熟する〉プロセスが、倫理の原義とも言うべきエートスを今日においても活性化する道であり、〈死を能くし得る者たちの連帯的共同性〉として宗教的共生の圏域を培うことにもなると言えよう。

## 〈共に住まうこと〉の重層性へ向けて ―― ウーテ・グッツォーニ『住まうことととさすらうこと』からさらに学び習熟する

ウーテ・グッツォーニ（Ute Guzzoni, 1934－）女史は、最後期のハイデガーに深く師事し（さらにE. FinkとW. Marxの下で研鑽を積む）、その決定的影響を受けて西洋形而上学の伝統と対決する思惟を展開したが（定年後も最近までフライブルク大学で活動）、その一つの著書が『住まうこととさすらうこと』（Wohnen und Wandern, Düsseldorf 1999：邦訳 ― 米田美智子訳、晃洋書房、二〇〇二年）である〔以下の引用箇所の頁数は、（　）内に当翻訳書より記す〕。彼女はこの著書で、ハイデガーの後期思索を継承発展せしめつつも、「互いに入れ子状に入り組む」（四頁）住まうこととさすらいの本質連関を広汎な具体相を包含しつつ展開してゆく。その豊かな思考展開の基点となる洞察と準拠枠を示す文章を、先ず引用しておきたい。

人間が住みさすらう領域は、空間的、時間的、質的に多様な間（Zwischen）の領域である。人間は住まうことで、大地と天のあいだ、誕生と死のあいだ、行為と言葉のあいだに滞在している、とハイデガーは述べている。私はさらに次のように付け加えよう、昼と夜のあいだ、女性的なものと男性的なもののあいだ、子供であることと大人であることのあいだ、健康と病気のあいだ、孤独と共存のあいだに滞在していると。住まう世界は一つの間であり、住まうことは、一つの空間のなかで、しかもその両極またはその両規定契機のあいだで実現されていくのだが、そのことによって、住まうことがこの地の上に滞在するさすらいとなり、住まうことが住まうことそれ自身において途上に留まることになる。住まうことがさすらうことであるとは、住まうことが定まった原理や規範に従い屋内でじっとしていること、または何か固定したものの反復ではなくて、住まうことには独自の開放性、未完結性、何か新しい可能性がつねに現れてくることである（一四頁）。

〈住まうこと〉が冒険や未踏の契機を失って単なる惰性的な安住となってしまうと、それは停滞に他ならず、他方住まうことなき〈さすらい〉はただ慌ただしい放浪に過ぎない。世界-内-存在としての存在体制を生きることは、この〈住まうこと〉と〈さすらうこと〉の二重の規定によって、途上にある存在の住処が道へと開かれていることを意味する（一一〇―一一二頁 参照）。芭蕉がいみじくも語っているように、旅することそのものが人間の住処となり得る（「月日は百代の過客にして、行きかふ年もまた旅人なり。舟の上に生涯を浮かべ、馬の口をとらへて老いを迎ふる者は、日々旅にして、旅を栖とす。古人も多く旅に死せるあり」〔『奥の細道』より〕）。グッツォーニは、「一方では親密な関係の多様性、他方では他者性、隔たり、未知性の経験、この両者が住まうことに含まれる二つの相補的契機である」（一三頁）と述べ、慣れ親しまれた信頼の可能性と共に異他的な不確実性、つまり住まうことがその拠り所そのものへの実存的可能性において〈未だ住んでいない〉無的特質を帯びている、と思惟する。然るに、正に世界‐内‐存在のこの無的性格が生の深淵を成しているがゆえに、〈住まうこと〉はその真実相においては〈さすらうこと〉と本質的に関連しているのである。

さてグッツォーニの本書は、上述のように先ずもってその基礎事態が透察された〈住まう〉という人間存在の根源現象を、そのダイナミックな動態の奥行きと共に密接する問題諸領域を開陳してゆく。けれども、この含蓄深く意義深い叙述の全体を捉え直すのは別の機会に譲るとして、ここでは彼女の《共生の思索》に焦点化してみたい。〈住まうこと〉の哲学的自己了解は、今日の具体的な歴史的状況に連結したものとしてその真価を発揮するのであって、正にわれわれを取り巻く――本稿（二）の冒頭の部分で既に示唆したように――〈住まうことの危機〉という窮境において緊迫化しているのである。但しグッツォーニは、次のように付言する。

同様に、地上全体における故郷喪失、追放、亡命運動の増加は、私たちが互いに共に（miteinander）歩む道、互いに向き合って（zueinander）歩む道、互いに別離してゆく（voneinander weg）道など、多様な道に注目させるようになるであろう。さらに私たちが互いに空間を与え合い、互いに共同の地を分かち合うために、どうしたら互いにそのつど独自の道を許し合うことができるのか、その仕方にも注目させるようになるだろう（一八頁）。

人間という存在者がこの地上でどのように共に住まうのかと問うならば、文化人類学的な視点からは、時代や歴史風土的な地域差によっても極めて多様な形態が見いだされるであろう。けれども、その都度の世界‐内‐存在を生きる人間にとって、その住まうことの共同性は、決して単に「互いに相並んで（Nebeneinander）」を意味することはない。むしろ人間存在の本質的な動態が常に一定の「互いに共に（Miteinander）」の諸層に属していることによって開示され、この帰属性から個の自覚も成立・深化してくる（四二－四三頁 参照）。してみれば、この「互いに共に（Miteinander）」が群居動物性（symbiosis）や集団主義的全体性を意味し得ない限り、住まうこととの共生を思索するとは「互いに共に」をどのような根源的深淵性と重層化する厚みに於けるものとして自得できているかに依るのである。その際〈共生〉とはよもや、今日のグーバル化する社会情勢に単に即応する公民的営為（civil conduct）といった限りでの規範的意識に裏打ちされた「リベラルな社交体」を維持・発展・拡大せしめる作法に尽きるものとは考えられないであろう（東京大学で長く法哲学を講じられた井上達夫氏の'conviviality'の規定は、正にこのような作法とされているのだが）。

**《不住の住》よりの宗教性――上田閑照先生の宗教的思索に触れる**

最後に、上田閑照氏（一九二六－二〇一九）の宗教哲学的思索に接触する機会を得ておきたい。われわれは確かに、（多様な意味連関を含み込んだ）空間的開けにおける世界に住んでいるのであるが、このような周空間としての世界の開けがそこに於いて在る「空なる無窮の開け」へと突き抜けている事態が〈住まう〉の真実相である。人間が住まう様々な〈周空間〉を包括する全体的な意味空間は、たとえ世界としての意味地平をもう一つ超え包む開けとしての宇宙という二重性において考えられても、常に家モデルの拡大において理解され（＝宇宙大の家）、住む場所は最終的に入れ子型に閉じられていることになってしまう。包括的な意味空間がそこに於いて存立し得る「空なる無窮の開け」への直接的関与が人間存在の本来の原態を成しているとすれば、それは「住む」ではなく、むしろ「不住」と言わなければならない。幾つものレベルでの家としての意味空間においての「住まう」は、本来「不住にして住む」ということであり、「不住の住」（主体に即して述べれば、「自己ならざる自己」）ということである。上田氏は、住まうことのこの本源的境地を以下のように表明しておられる。

真の住は「不住の住」であり、真の不住はまた「不住の住」であると言わねばならない。住は不住を、不住は住を、すなわちそれぞれいずれも自らの異質を含んで真になり、しかも真なる時は住も不住も共に真になっているのである。それだけに、真の住も真の不住も或る意味では人間にとって非常に困難なことである。それはしかし、人間にとって真に人間であることが困難であるということに他ならない[11]（『場所　二重世界内存在』弘文堂思想選書　一九九二年、一二八頁）。

## (三) 締結部 今日の科学技術至上主義(Technocratism)の支配と倫理
### ――〈スマートな悪〉の問題に寄せて

モラルを巡っての本稿の考察的叙述を締め括る上で、最後に今日の社会情勢、特に日本社会に身を置く中で、敏感になる度合いが如実に高まりつつある倫理上の問題について少しでも言及しておきたい。それは、最近つとに〈スマート〉という語が様々な脈絡で多用されてきている、という事態に関してである(スマートウオッチやスマートフォンなど電子器具の形容詞としてはもちろん、スマートペンにスマート書記、学校・保育現場で必要なモノを翌日配送するデリバリーサービスを手掛けるスマートスクール、スマート農業といった言葉までも)。この語のポピュラーな使用傾向には、何か不可思議な用法で故意に注意を引こうとする実例も見られる(先日、筆者が日頃より授業を行っている上智大学内の或る教室で、「スマートにコンピューターを利用して、お互いに気持ちよく過ごしましょう。お静かにお願いします［情報システム室］」といった張り紙掲示を眼にした)。まるで、〈スマート〉が無条件に推奨される価値であるかのごとくである。倫理に関する本の中で、昨年以来に筆者が最も感銘を受けて考えさせられたものとして、戸谷 洋志『スマートな悪 技術と暴力について』（講談社 二〇二二年三月）がある。戸谷氏は、スマートという語が（至上価値ではないにしても）今日の時代状況において無造作に優先される価値用語として活用されていることに危機的問題を見て取っており、「スマートさがそれ自体で望ましいものである」といったように無批判に内在価値化する傾向が生じている、と査定する（前掲書 八―九頁）。スマート（smart）という語は、今日では①身体や物の外形が細くすらりとして格好の良い様②身なりや動作などが洗練されていて粋な様、といった意味活用が一般的だが、同時に二〇〇〇年代以降では日本では「賢い」という意味での使用も浸透している。戸谷氏はさらに、語源学的にゲルマン共通基語から中期英語では「痛み」を意味した事実に遡り、痛みが主体の感覚を占拠し、痛みに支配されて他の如何なるものへの配慮も消失され、自分自身との関わりだけに終始するようになる心的・精神的態度へと意味振幅が展開した、と考究している（前掲書、三一―三八頁）。ここから、スマートさの本質が一切の余計な事柄からの解放、自らにとって異他なるものとの関係の遮断を敢行できる「賢さ」ということになる。余分なものを感じたり考えたりする必要からの脱却としての〈洗練度〉の推進が、今日かなりの程度で蔓延している優先的な価値追求の実態と言ってよい。

さて本書で問い正されている〈スマートな悪〉とは、余分なものを排除してゆくという或る特殊な〈賢さ〉が様々な次元での諸価値の豊かさの重層性を人間の生の営みに遮断し、能動的かつ創発的な決断と選択を委縮せしめる帰結を生む事態を指す。スマートさの画一的な合理性追求が〈最適化〉というモットーの下に正当化される（前掲書、四三―四四頁）。ここで《最適化》とは、効率化を基準とすることに傾いた、近代技術の〈工作機構（Machenschaft）〉の体制に則ることを意味し、よもや生の重層的で高揚化を推進できるようなアリストテレス的実践理性からの〈賢慮（φρόνησις）〉に基づく《中庸》との関連は全く見い出すことなどできないのである。

今日の時代趨勢とともに社会の動向を診断するに、その一面おいては〈超スマート社会なるもの〉を未来の社会の在り方として共有し、そのために〈科学技術イノベーション政策〉の重要性が策定・位置づけられる事態が顕著に際立ちを見せている。「Society 5.0」とは、第五期（二〇一六―二〇二〇年）科学技術基本計画のことであるが、第三期が工業社会、第四期が情報社会に相当するものと定義され、第五期は来るべき将来社会として未だ特定し難いが、①「持続的成長と地域社会の自律的な発展」②「国および国民の安全・安心の確保と豊かで質の高い実現」③「地球規模課題への対応と世界の発展への貢献」④「知の資産の持続的創出が日本の目ざすべき国の形として挙示され、これらを推進する主要手段として〈科学技術イノベーション政策〉が称揚されている（前掲書、一五一一六頁）。そして、以下の文章が続いて、その方針を確定している。

ICTの進化やネットワーク化といった大きな時代の潮流を取り込んだ「超スマート社会」を未来社会の姿として共有し、こうした社会において新しい価値やサービスが次々と創出され、人々に豊かさをもたらすための仕組み作りを強化する（内閣府『第5期科学技術基本計画』二〇一六年、https://www8.cao.go.jp/cstp/kihonkeikaku/5honbun.pdf, 一一頁）。

本論稿の筆者は、むしろ以下の諸点において戸谷氏と批判的視点および危惧を全面的に共有する。（a）「Society 5.0」のような社会像は、人類社会の歴史的経過を直線的かつ累積的に進化するものと捉えることを前提としているが、このような一面化した進歩史観に問題がないであろうか（b）人類の社会の方向性と将来を、それを構成する上での一つの要因にすぎずそれ以上の意味を有さない〈科学技術〉によって専横的に代表させることは、その社会の中に生きてゆく人間の在り方の多様性と（真に奥行きのある）創造的形成の在り方を覆い隠し偏向する帰結を生まないだろうか、そして（c）〈最適化〉の名の下でテクノロジーを最大限に活用する目的合理性による画一化、つまりスマートな賢さは、その最適化の基準からしては不必要なもの一切を人間的生の脈絡形成から排除し、人生を〈単純化〉〈受動化〉するという、憂慮すべき動向なのではなかろうか。

戸谷氏は、かのハイデガーがかつて「近代技術の本質」を鋭くえぐり出す哲学的省察を提起していたことを踏まえ、新規な諸観点から科学技術偏重の推進から出現する〈スマートな悪〉の暴力性を倫理的に問題化してゆく。この締結部の簡潔な叙述では、もはやその思考路線を追究する余地はないが、今日の生成 AI および Chat GPT といった先端的な問題脈絡を含め、倫理は時代精神のこれらの産物に潜むスマートな悪性と本格的に対決してゆかねばならぬであろう。ニーチェは、かつて未だ三十歳手前の若年期に処女作『音楽の精神からの悲劇の誕生』（一八七二年）に次いで公にした『反時代的考察（unzeitgemäße Betrachtungen）』（一八七三―七六年）の第二書「生に対する歴史の利害」（一八七三年）の緒言の結びにおいて確言している――「なぜならば、時代の中で反時代的に――それが意味するのは、時代に抗して、そしてそうすることによって時代へと向けて、望むらくは来るべき時代のためになるように —— 活動するという意味をもし持たぬならば、わたしは古典文献学がわれわれの時代においてそのために持つ意味を知ることがないであろうからである」(KGW 3 -1, S. 243)。古典文献学の営みにおいてのみならず、凡そ時代の只中にあって思索する者の根本的な精神境涯に他ならないと確信する次第である。

注

(1)〈仮面を剥ぐ解釈学〉の典型に位置づけられもする(参照 — ポール・リクール『フロイトを読む 解釈学試論』1965/1982)ニーチェの道徳診断は、モラルの発生・成立史を従来(近代イギリスの心理学的解明など)よりもラディカルに文献学的‐哲学的手法に則った方法意識の下に構想された〈系譜学(Genealogie)〉とされるが、この系譜学自体はいわば〈道徳の自然史〉を暴き出すものであり、道徳批判を主要モチーフとしながらもその前段階を成す作業であり、ましてや道徳の基礎づけのためのプロジェクトに与するようなものではない。Cf. Ottfried

Höffe, *Einführung in Nietzsches Genealogie der Moral*, in : ders.（Hrsg.）, *Friedrich Nietzsche Zur Genealogie der Moral*（Klassiker Auslegen 29）, Berlin 2004, S. 2 - 4.

（2）Jean = Luc Marion, *L'idole et la distance*, Cinq etudes, Grasset 1977（Livre de poche 1991）, p. 51.

（3）Jean = Luc Marion, *Dieu sans l'être*, Fayard 1982（PUF - Quadrige 1991）, p. 46 ― 邦訳『存在なき神』（永井晋／中島盛夫 訳　叢書ウニヴェルシタス944、法政大学出版局、二〇一〇年八月）四三頁。

（4）二十世紀後半から今日まで英米圏でつとに盛んになった徳倫理学の系譜の中で、新アリストテレス主義の論者たち（ロザリンド・ハーストハウス、フリッパ・フット、ジュリア・アナス、等）の徳理解の展開には、古典ギリシャのアレテー（*ἀρετή*）の語用法を背景とするアリストテレス自身の徳概念からの乖離が見出せる。アリストテレスの下で「徳」とは、第一義的に習慣づけ・陶冶を通して〈人間の精神的自然本性〉の潜在的可能性から培養・洗練される〈生の質〉を意味した。邦語で読める、アリストテレス徳倫理学のわかり易い入門書として、J・O・アームソン『アリストテレス倫理学入門』（岩波現代文庫）二〇〇四年。

（5）共同体主義からの自由主義批判については、C・ウルフ／J・ヒッティンガー 編　菊池理夫訳『岐路に立つ自由主義 ―― 現代自由主義理論とその批判』（ナカニシヤ出版、一九九九年）が明快な叙述を提供する格好の参考書である。

（6）Michael Sandel, *Liberalism and the Limits of Justice*, Cambridge University Press, 1982, 2nd ed. 1998 ― 菊池 理夫 訳『リベラリズムと正義の限界』（勁草書房、二〇〇九年）二〇五頁以下。また同著者の『これから正義の話をしよう――いまを生き延びるための哲学』（鬼澤忍訳 早川書房、二〇一〇年）の第九章を参照。

（7）Otfried Höffe, *Politische Gerechtigkeit. Grundlegung einer kritischen Philosophie von Recht und Staat*, Frankhurt a. M. 1987, 1989, S. 29 - 30.

（8）Ebd., S. 128.

（9）言語分析的なメタ倫理学の二十世紀における潮流において、とりわけリチャード・ヘア（Richard M. Hare, 1919 - 2002）は、指令言語（prescriptive language）に属するものとする評価言明（価値判断）と命令文の分析から、情緒主義の非認知説の修正の必要性を明示した。むしろ指令言語の道徳的文脈における普遍化可能性の指摘は、彼の主著と言える『道徳の言語』（邦訳 一九八二年）における「べし」や「正しい」に関する道徳的用法の詳細な批判的検討から合理的に帰結される卓越した成果と言える。

（10）前々教皇ヨハネ・パウロ二世 回勅『いのちの福音』（邦訳 新世社）一四頁参照。

（11）さらに、上田閑照『経験と場所』（哲学コレクションⅡ）岩波現代文庫、二〇〇七年一一月、一八〇頁以下を参照。

# キリスト教――ゆるしの宗教

ホアン・アイダル

## はじめに

本書の冒頭に、まずは個人的なエピソードを話したいと思います。私は一九九一年に来日しました。二年間日本語を学んだ後、司祭に叙階されるために必要な神学等の勉強を始めました。日本における私の初めての福音宣教の体験は、新約聖書の勉強会でした。上石神井にあるイエズス会神学院の中で、週に一度、勉強会が行われていました。参加者のほとんどは、キリスト教や聖書に触れたことのない近隣の住民の方々でした。合計で四つのグループがありましたが、その中で私が経験したことは、何よりもまず私の神学的な知識不足や、特に言葉の限界があったにもかかわらず、福音の教えというものは人々にとってそれほど難しいものではなかったということでした。例えば、飢えている人に食べ物を与えなさいとか、地上に宝を蓄えずに天に宝を蓄えなさいとか、人に褒められるために善を行ってはならない、などです。これらの教えは、もともと仏教や神道を信じていた方々にとっても、理解しやすく、受け入れやすいものでした。なるほどこれらの教えは、何らかの形で、彼らが持っていた宗教的伝統の中に既に存在していた教えだったと言えるでしょう。しかし、一つだけ例外がありました。その例外とは、イエスの罪のゆるしに関する教えでした。新約聖書の勉強会を開催するなら、放蕩息子のたとえ話を避けては通れないわけです。しかし、私はこのたとえ話を説明するたびに、どんなに経験を積んでも、どんなによりよく考えて企画しても、どんなに懸命に準備して説明しても、人々を納得させることはできず、むしろたいていは、果てしない質疑応答と議論が展開され、結局のところ、誰もが不満を抱くことになってしまうという印象を持っていました。「やはり、悪いことをして帰って来た人間をもてなして、まるで王室の貴賓のように迎えることに何の意味があるというのですか」、あるいは、「このたとえ話はあまりに幼稚で理想的なものにすぎないのではないか、そもそも自分の子供が悪いことをしたときにこのように接することが望ましいのだというのですか、もっとも、このたとえ話の父親が不公平だと非難した兄がむしろ正しいのではないでしょうか」。

## ゆるしの教え

当然ながら、たとえ話をうまく説明できなかったこの「失敗」は、私の神学や日本語の知識不足が少なからず関係していたことは間違いないように思います。しかしながら、三〇年経った今でも、生徒たちが放蕩息子のたとえ話を前にして感じていた難解さには、もっと深い原因があったのではないかと確信しています。結局のところ、ゆるしの教えこそ、福音の核心であって、福音の最も革新的な側面でもあるのです。放蕩息子のたとえ話を理解することは、福音を理解することを意味します。来日当初のこのような体験からも、私は今日でも、イエスのゆるしに関する教えを受け入れて、これを信じることができた人なら、洗礼の受洗資格があるものと考えています。放蕩息子のたとえ話を、いや、ゆるしについてのイエスの教えを受け入れることは、おそらく、イエスに対して、そしてイエスの福音に対する、その人の信仰を証明する最良の基準でしょう。

だからこそ、イエスの教えはすべて、ゆるしの教えにその中心、その「楔石（キーストーン)」があると言っても過言ではないように確信しています。イエスの道徳的な教えもまた同様だと思います。

ゆるしの意味に焦点を当てる前に、イエスの道徳的な教えについて一言だけ述べさせてください。福音書に道徳的な教えが少ないことは、少なからぬ著者が指摘している通りです。どうもイエスは、人々に「どのように行動すべきか」ということを説くよりも、「神が誰であるのか」ということをむしろ理解させることに、もっぱら関心があるようです。そして、これらの著者らが指摘するように、イエスにとって、人の善行は、その人がいかに神を「知る」のか、その結果にほかならないと確信しているのです。神が愛であることを本当の意味で知っている人には、人を愛することを教える必要はないわけです。したがって、以下のみことばこそ、イエスの道徳的な教えを最もよく表しているものと言えます。「あなたがたの天の父が完全であるように、あなたがたも完全な者となりなさい」(マタ5・48)。イエスにとって、「完全な者となりなさい」とは、「憐れみ深い者となりなさい」と同じ意味です。

あなたがたの父が憐れみ深いように、あなたがたも憐れみ深い者となりなさい。人を裁くな。そうすれば、あなたがたも裁かれることがない。人を罪人だと決めるな。そうす

れば、あなたがたも罪人だと決められることがない。赦しなさい。そうすれば、あなたがたも赦される。（ルカ6・36―37）

イエスの教えにおいて、神の「完全性」は、神の憐れみ深さと同一視されるものです。ですから、福音の道徳、すなわち人間が目指すべき「完全性」を理解するためには、神の憐れみ深さがどのようなものであるかを理解する必要があるのです。そして、理解するためには、先ほど引用した福音が示しているように、それを最もよく表す行為である「ゆるし」にこそ注目すること以上に、最適な方法はないでしょう。

## 「ゆるしでないもの」とは

司祭として働く中で、私はしばしば「ゆるすことができない」と悩む人々に出会うことがあります。誰にとっても心苦しい状態ではありますが、それがキリスト者なら、すなわちゆるしこそキリスト教の真髄をなすことを知っている人ならば、このような状態は苦悩に満ちた問題となるのです。これらの方々はキリスト教を誠実に生きたいと強く願っているにもかかわらず、その最も重要な教えを実践することができずにいるのです。

ゆるすことは簡単ではありません。イエスが私たちに残してくださった最も困難な課題の一つだと言えます。しかし、「ゆるせない」と悩む人々の中で、実はゆるしというものを勘違いしている多くの人がいるのではないかと私は思います。放蕩息子のたとえ話（ルカ15・11―32）を使って、これを説明してみたいと思います。

「ゆるすということは、忘れることだ」と考える人がいます。このような人は、ゆるすという課題に直面すると、相手が自分にしたことを、どんなに懸命に頑張っても記憶から消し去ることができないことを痛感して、悩むものです。そして、忘れることができないことを、「自分はゆるすことができないのだ」と捉えてしまうのです。しかし、放蕩息子のたとえ話の教えの一つは、まさに忘れることとゆるすことは別物であるということを教えているのです。このたとえ話に出てくる父親が、下の息子がしたことを忘れることは考えられません。

我々が受けた害悪を忘れることとは、確かにもしかすれば、ゆるすことによって、時間の経過とともに将来的にもたらされる結果かもしれませんが、ゆるすための条件でもなければ、ゆるすことそのものでもないのです。たとえ忘れていなくても、ゆるすことは可能なのだということを、このたとえ話の父親は教えてくれているのです。

一方、受けた罪の痛みが消えないのは、自分がゆるせずにいるからだと考える人がいます。傷は癒えず、受けた害悪の記憶は痛みと怒りを引き起こしている以上、自分にゆるしが不可能だと多くの人が捉えるのです。放蕩息子のたとえ話では、父親が息子の行動によって受けた痛みについてはあまり語られてはいませんが、息子の行動が長きにわたる痛みの原因であって、息子が家に戻った後もその痛みが続いたと考えることもできるでしょう。いずれにせよ、忘れることと同様に、これらの感情は我々が意識的にどうにかできるものではなく、道徳というよりは各人の心理に関わる問題であるため、イエスが言われた「ゆるしなさい」という命令の対象にはなり得ないものだと言わなければなりません。

自分がゆるすことができずにいるのは、どんなに懸命に頑張っても、起こったことを無視したり、些細なことだとどうしても思うことができないからだと考える人がいます。このような人たちにとって、ある行為を見逃すことは、その行為を受けた側にも、その行為をした側にも、何一つ良いことはない、と考えるのは至極当然のことでしょう。これは、罪のゆるしに関する最も一般的な誤解の一つであると私は考えています。すなわち、ゆるすことと「水に流す」ことを混同してしまうことです。この点については後に再び触れる機会があるとは思いますが、ここではまず、放蕩息子のたとえ話に現れる父にはそのような態度が見られないと言うべきでしょう。実にその父親が、起こったことを深刻なことではないとか、簡単に無視できるようなことだと考えているような印象は、まったくないというべきでしょう。実際、イエスのゆるしに関するたとえ話は、むしろ犯した行為があまりにも重大で、取り返しのつかないものであるときにこそ、ゆるしが与えられるものとして強調されることが多いです。

このことを最もよく表しているのが、いわゆる「仲間をゆるさない家来」のたとえ話（マタ18・21―35）でしょう。このたとえ話では、ある王が自分の家来に一万タラントンの借金をゆるしたという話です。その後、その家来は、自分に対してははるかに少ない借金のある仲間に出会いますが、その借金をゆるしません。このたとえ話では、家来の借金が返済不可能だということを強調していることは明らかです。それは、一万タラントンという金額は、数千年分の給料に相当する金額だからだけでなく、王に対する家来の借金であることからも、そのように考えることができます。つまり、どう考えても、ありえないほど重い借金だったのです。王が家来に与えたゆるしは、この出来事を些細なこと、あまり深刻に考えないこととはまったく関係のないものと思われます。実際、王が借金のある家来に対して最初に示した態度は、王がことの重大性を十分に認識していたことを示しており、最終的に家来をゆるしたとしても、それは罪の重大性に対する自分の考えを改めたからではないと言えます。

しかし、返済できなかったので、主君はこの家来に、自分も妻も子も、また持ち物も全部売って返済するように命じた。家来はひれ伏し、「どうか待ってください。きっと全部お返しします」としきりに願った。その家来の主君は憐れに思って、彼を赦し、その借金を帳消しにしてやった。(マタ18・25―27)

最後に、ゆるしに関するもう一つの誤解を指摘しましょう。それは、ゆるしとは、自分を傷つけた相手の行為を「説明」するための何らかの理由を見つけることだと考えるという誤解です。例えば、起こったことを振り返って、実は相手は私たちに害を与えているとは知らずにやったことだと気づくとか、あるいは、それは自分への攻撃というより誤解だったとか、あるいは、「しかたがなく」状況に押されてやってしまったことだと気づくこと、などなどです。これらの「理由」のどれにもいくらか本当である可能性は十分にありますし、怒りに流されることなく、客観的に物事を見ようと努力をするそのような態度は賞賛に値します。

しかしながら、実は、ゆるしとはむしろ、起こったことを説明できるような言い訳が皆無であるときにこそ起こるものです。もし、起こったことが説明できるようなものであったならば、もはやゆるす必要はないでしょう。それは意図しない過ちであって、罪ではないのですから。放蕩息子のたとえ話も、この誤解を解くのに役立つでしょう。その父親は言い訳など一つも言いません。例えば、「息子はまだ若く、自分のしていることがわからないのだ」とか、「友達から悪い影響を受けたからだ」とか、「もっと良い父親でなかった私のせいだ」など、父親は言い訳をしないのです。言い訳のしようがないからこそ、彼は息子をゆるすのです。

## 「ゆるし」とは

ゆるしとは何かを理解するためには、私たちはまず区別すべきことがあります。すなわち、罪人に対するゆるしと罪のゆるしとは区別されるべきものです。

### (a) 罪人に対するゆるし

イエスにとって、ゆるしとは、何よりも罪人をゆるすことを意味します。これは、しばしば忘れがちなことです。なるほど、私たちのゆるしに対する誤解の多くは、これを忘れてしまうことに根ざしていると、私は思うのです。なお、福音書を注意深く読むと、ゆるしに関するイエスの最も美しい教え、そしてキリスト教におけるゆるしの意味をおそらく最もよく表現しているものは、まさに罪人に対するゆるしに言及したものであることに気づかされることでしょう。

これをはじめから簡単に言いましょう。罪人をゆるすということは、その人を信じ続け、新しいチャンスを与えるということです。さらに正確に言えば、ゆるすということは、すべての人間の心に宿り働く神を信頼することであって、その信頼によって、相手に新たなチャンスを与えることができるようになることです。ゆるすということは、相手に対して、「あなたがしたことに関わらず、私はあなたを信じています。あなたが罪を犯す前と同じように、あなたを愛しています」ということです。放蕩息子のたとえは、このことをよく表しています。父親が「放蕩息子」に与えるゆるしは、息子を再び息子として扱うこと、息子への信頼を新たにすること、息子の善良さは悪意よりも深く、その善良さは信頼するに足るものであるという確信を持つことです。たとえ話の中で、父親が息子のしたことに正義と公正を求め、例えば浪費したお金を弁償するよう求めたかどうかはわかりませんが、父親が息子をゆるしたことは確かです。

聖アウグスティヌスが「ゆるすことのできない人は信仰を欠いている」と言ったのは、まさにこのためです。すなわち、神への信仰の欠如です。その人がどんな人間であろうと、その人の中に神が宿り、働いておられるということを信じる信仰の欠如です。神はどんな人をも変えるだけの力をお持ちだということを信じる信仰の欠如です。

しかし、アウグスティヌスはさらに、これに一つのことを付け加えます。それは、人間は神によって、神のために、つまり善によって、善のために創られたものであるから、善と悪は同じ「重さ」を持たず、善と悪は「同じレベル」ではない、と彼は説くのです。言ってみれば、善は悪よりも現実的であり、より深いものであり、より真実性があって本物です。人間は、あらゆる罪を犯しても、常に善き父の子であり続けるのです。だからこそ、ある人があらゆる具体的な悪を犯したとしても、その人の中の善が完全に消えてしまったと考えることはできないのです。ナチズムと共産主義の両方を経験した聖ヨハネ・パウロ二世は、「私たちは、いかなる人に対しても絶望する権利はない」と述べている通りです。

イエスが「ゆるす」の代わりに何度も使用する言葉で、おそらくさらに理解しやすい表現がもう一つあります。それは、イエスが弟子たちに繰り返して言われる「罪に定めてはならない」という命令です。「ゆるすこと」と「罪に定めないこと」は、イエスにとって同じ意味を持っています。罪人を「罪に定める」こと、すなわち「裁く」ことは、イエスの教えでは、その人をゆるすこととの反対です。罪に定めるということは、その人に対してもはや取り消し不能な判決を下すことです。罪に定めて裁くということはつまり、「この人はこのような行動をとったのだから、この人はそのような人であって、決して変わることはない」と断言することです。「この人は盗んだ、だから彼は泥棒である。この人は嘘をついた、だからこの人は嘘つきである」と断言することです。罪人と、彼が犯した罪を同一視することは、私たちがゆるすことができない究極の原因なのです。ゆるすということは、逆に言えば、「罪」と「罪人」を切り離すことができるようになるということです。

罪人をゆるすということは、イエスによれば、常に行わなければならないことなのです。たとえ、自分に加えられた被害に対して正義を求めるような場合であっても、罪人をゆるすことは義務であり続けるのです。

そのとき、ペトロがイエスのところに来て言った。「主よ、兄弟がわたしに対して罪を犯したなら、何回赦すべきでしょうか。七回までですか。」イエスは言われた。「あなたに言っておく。七回どころか七の七十倍までも赦しなさい。」（マタ18・21―22）

イエスから罪人に与えられるゆるしのもう一つの特徴とは、それが罪人の回心に先立つものであって、ひいてはゆるしを求める前に与えられることである。もちろん、加害者が悔い改めなければ、ゆるしは決して完全なものにならないことは明らかです。もし息子が家に戻って、父にゆるしを求めなければ、父のゆるしは行き場を失うことになったでしょう。悔い改めの問題と、悔い改めとゆるしとの関係性については、ここでは論じることはできませんが、ゆるしに関するイエスのすべてのたとえ話において明確なことがあるとすれば、それはやはり、ゆるしは罪人の態度によって左右されるものではないということでしょう。しかも、これをはっきりさせるために、ゆるしが悔い改めに先立つことをイエスが教えてくださるのです。放蕩息子のたとえはこれを見事に私たちに教えています。「まだ遠く離れていたのに、父親は息子を見つけて、憐れに思い……」（ルカ15・20）。なるほど、「まだ遠く離れていたのに」ということの表現は、明らかに息子と父親との物理的な距離だけを指しているのではありません。ルカ福音書で放蕩息子のたとえ話の前に出てくる他のたとえ話、すなわち「見失った羊のたとえ」や「無くした銀貨のたとえ」でも同様に、相手の帰りを待つだけでなく、探しに行く人の姿を現しているのです。

どうも、悪の下に埋もれていた善が再び現れるように、私たちは何度も相手に善い人になる機会を与えるだけで十分だとイエスは信じているようです。「医者を必要とするのは、丈夫な人ではなく病人である」（マタ9・12）。福音書の中で語られるゆるしの物語は、すべて同じ構造を持っています。すなわち、まずイエスのゆるしがあり、次に罪人の回心があるのです。

## ゆるしの体験

ゆるしとは何か、ゆるしがどれほど人の回心を促すかを体験した個人的な経験をお話ししましょう。来日する前、私はアルゼンチンの小・中・高等学校で二年間教えていました。最初の年、私は日本の制度でいう小学校六年生の担任でした。生徒たちの中にかなりの問題児が一人いました。彼は、その素行の悪さから、先生の間でも生徒の間でもかなり有名でした。学校側は彼の悪行を何度も罰しましたが、彼は一向に改善することはありませんでした。年度末が近づいた頃、この少年の父親から、「息子に対してどういう態度をとればいいのかわからない」という相談を受けました。そのお父さんによれば、うちの学校はとても良い学校だから、この学校で素行が改善されなかったなら、他の学校でも改善されないだろうと悩んでいたようです。その時、私はひらめいて、父親に転校を勧めました。そのとき、私はこの父親に以下のようなことを言ったのを覚えています。「お父さんの言うように、ここは良い学校なのかもしれません。しかし、この学校では、誰もが息子さんが悪い生徒だと思っていて、さらに最悪なことに、息子さん自身もそう思っているのです。息子さんが何か悪いことをして、学校から罰を受けるたびに、学校のみんなも、そして息子さんも、やはり悪い生徒なのだと、ますます確信するようになっているのです。もし、誰とも面識のない新しい学校に連れて行けば、もしかしたら、お子様はゼロからやり直して、改善するチャンスがあるのかもしれません」。そして何と、素晴らしいことに、まさにその通りになったのです。二年後、私が学校を退職する少し前に、その父親は再び私のところに挨拶に来て、息子が別人のように変わったと教えてくれました。その子はもう問題児ではなく、勉強もかなりできるようになったとのことでした。

確かにこの話は、福音書のたとえ話のような深みはないのかもしれませんが、ゆるしの意味と、ゆるしが持つ人を変える力を理解するのに役立つ良い例だと私は思っています。なるほどイエスに最も忠実で、最も感謝の心を持っていた弟子が、実は主によってゆるされた罪人であったということは、決して驚くようなことではないでしょう。人をゆるすということは、その人に新たに生まれる機会、新しい人生の機会を与えるようなものです。

## (b) 罪のゆるし

罪のゆるしは、罪人のゆるしを前提とするものであって、罪人のゆるしから切り離すことはできません。実際、罪のゆるしは罪と罪人を切り離し、自分に害悪を与えた相手に対して、再び希望が持てる結果に外ならないとも言えると思います。

その家来の主君は憐れに思って、彼を赦し、その借金を帳消しにしてやった。(マタ18・27)

イエス自身が使った表現を使えば、罪をゆるすことは「借金を帳消しにする」ことです。それは、感情よりも意志に関係する行為です。罪をゆるすということは、外面的には、借金を帳消しにして支払いを要求しないことを決意して、内面的にも、自分の心も支払いを要求しないように努めることを意味するものです。復讐や恨みの感情とは、私たちの心が負債に関して決心した以上のような決意を完全に受け入れていないことの証拠であり、我々はこれらの感情を心から取り除くように努めなければなりません。それはすなわち、天の父がそうであったように(マタ18・27参照)、寛大で憐れみ深い者になることを決意することです。

もっとも、罪のゆるしに関するイエスの教えの意味を説明するためには、ゆるしと正義の関係についても一言述べる必要があるように私は考えています。そして、先ほど引用した「仲間をゆるさない家来」のたとえは、良い手助けになると思います。このたとえ話において、王は神の姿であり、「非情な家来」は、自分が神から無限にゆるされていることを忘れて、隣人に対して正義を求める人間の姿であることは明らかでしょう。

いうまでもなく、イエスは正義に反対しているわけではありません。正義はユダヤ文化で非常に重要視される概念であり、イエスは負い目のある債務者らに対する神の寛大さを常に思い起こさせながらも、正義の排除を決して主張するわけではありません。しかしながら、罪のゆるしに関する彼の教えにおいては、我々の正義が「必要悪」以上のなにものでもないということを思い起こさせます。我々が正義を貫くのは、もし過ちが罰せられずに残ったなら、もっとひどいことになるからです。正義の欠如は、おおよそ大半の場合、誰にとっても良い結果をもたらすものではありません。しかし、法律がどうであれ、我々人間は権利なしに正義を要求してしまうものだということも忘れてはなりません。自分にその権利があると信じて正義を求める者は、常に、どんな場合にも偽善者でしかないのです。少なくともその人は霊的に盲人であり、詩編の編集者が詩編の第一三〇編で思い起こしてくれるように、「もしも神が私たちの罪を心に留められるなら、誰も救われることができない」ということを、その人は理解できない人です。思うに、私たちが正義を求めるときには、常にこの「仲間をゆるさない家来のたとえ」を思い起こすべきだとつくづく思います。あるいは、当時の法律に従って「正当に」姦通の女に石を投げようとした人々に対して、イエスが言い放った、より短く、そしてより直接的な言葉こそ思い浮かべるべきでしょう。「あなたたちの中で罪を犯したことのない者が、まず、この女に石を投げなさい」(ヨハ8・7)。誰かに対して石を投げることができる権利を有する人なんて、誰一人存在しないはずです。そうではなく、むしろ、神が多くの、そして取り返しのつかない自分の数えきれない過ちを許してくださっているにもかかわらず、自分は社会のために、そして過ちを犯した相手自身のためにも、時には不本意ながら(自分の意に反して)、しかたなく「石を投げなければならない」人がいるにすぎないはずです。

ところで、「自分が正しいと信じて」正義を主張することと、「自分が罪人だと知って」正義を主張することには違いがない、と反論する人がいるかもしれません。私は大きな違いがあると思います。思うに、不本意ながら（意に反して、しかたなく）主張されるこのような正義なら、正される者を救い得るものだと私は信じています。なぜならば、自分がやってしまったことにも関わらず、自分はまだ愛されるに値する人間なのだ、と思わせることができるからです。愛情をもって「不本意ながら（意に反して、しかたなく）」子供を正す親と、相手がいかに悪い人間かを痛感させるために子供を正す人とは、まったく違うものです。私自身は、今の世の中には、「まるで自分が正しい人であるかのように」猛烈な勢いで正義を求める人が多すぎると思っています。このような形で行使される正義は、あまりにも復讐に近いものであって、より良い世界を築くためにはほとんど役に立たないものだと言わなければなりません。

しかし、罪をゆるすということは、「不本意ながら（自分の意に反して、しかたなく）」正義を主張すること、すなわち、自分自身が罪人であることを自覚しながらも正義を求めることだけを意味するのではありません。罪のゆるしに関する聖書のこれらのたとえ話は、私たちが生きているこの世界では、完全な正義を実現することは不可能であることをも思い出させてくれるのです。私たちの正義にゆるしが加わらない限り、人間同士の間の一致は決して実現不可能なものになります。先にも述べたように、ゆるしについて語るとき、イエスはしばしば、返済することが不可能な借金（一万タラントンや、遺産や、王に対する借金や、またはすべてを与えてくれた父親に対する借金など）を例に挙げるものです。イエスの意図は、まさに「罪、特に重い罪であるなら、これを正当に償うことのできる罪なんて一つもない」ということを説くことにあると思います。ゆるしだけが、正義を、そして最も重要な人間同士の和解を可能にするものです。ゆるすことを知らない人は、生涯、正義を求めながら、加害者との和解を不可能にします（たとえ加害者が自らの過ちを償うためにどんなに善意を示して頑張ったとしても）。

最後に、福音書のたとえ話は、私たちがこれまでに指摘した罪のゆるしの二つの特徴（すなわち、私たちが罪人であることを知った上で正義を主張すること、そして、正義にゆるしを加えること）に加えて、我々はさらに、可能な限り、神の寛大さを真似て、それに倣って、私たちも自分に支払われるべきものがあると主張するのではなく、むしろ単にこれをゆるすべきであることを、これらのたとえ話がはっきりと思い出させてくれるのです。「あなたがたも聞いているとおり、『目には目を、歯には歯を』と命じられている。しかし、わたしはあなたがたに言っておく……」（マタ5・38―39）。無限の愛に満ちた扱いを受けてきた人にとって、正義が乗り越えられない限界となるはずがありません。そして、借金を帳消しにするということは、決して「あなたのしたことは重大ではなく、些細なことだから、忘れてもいい」ということではないことを、今一度思い出していただきたい。借金を帳消しにするということは、起こったことの重大性を完全に認識した上で、「天の父が憐れみ深いように、憐れみ深いものとなる」ことをあえて選択することなのです。

それゆえ、私たちは、私たちが正したいと思う過失を認めるわけではなく、また、私たちがそうしたいからといって、犯された悪が罰せられないことを望むのでもありません。私たちは人を憐れみ、人の罪や思慮不足を憎む。悪を憎めば憎むほど、悪人が罰せられずに済むことを望まない。悪人であるがゆえに悪人を憎むのは簡単なことであり、自然な傾向でありますが、人であるがゆえに彼らを愛するのは稀にして極めて敬虔な態度であると言うべきである。したがって、同じその人に対して、彼の罪を非難しながらも、その自然（本性）を肯定することになり、それゆえに、あなたは罪を憎むのだが、それは、あなたが愛するその自然（本性）を汚すからこそ、その罪を憎むのである。（『アウグスティヌスの書簡集』第一五三通「悪」、マリアーノ・クレスポ著『許し』にて引用）

## 結論——ゆるしとモラル

本書の中心的なテーマはキリスト教のモラルであるため、本書の最後には、ゆるしとモラルの関係について一言述べておきたいと思います。

福音のモラルはゆるしを前提にしています。キリスト教では、神のゆるしを受け、隣人をゆるすことができる者だけが、愛することができる人です。キリストの教えでは、ゆるしと使命は常に一緒にあるものです。

三度目にイエスは言われた。「ヨハネの子シモン、わたしを愛しているか。」ペトロは、イエスが三度目も、「わたしを愛しているか」と言われたので、悲しくなった。そして言った。「主よ、あなたは何もかもご存じです。わたしがあなたを愛していることを、あなたはよく知っておられます。」イエスは言われた。「わたしの羊を飼いなさい。」（ヨハ21・17）

なぜ、ゆるしそして「人に奉仕する」という使命は、常に一緒にあるものでしょうか。まず、イエスの教えにおける、隣人との関係を導くべき基準、つまりキリスト教のモラルの基準とは何であるかを、今一度思い出すことから始めましょう。

あなたがたの父が憐れみ深いように、あなたがたも憐れみ深い者となりなさい。（ルカ6・36）

あなたがたの天の父が完全であられるように、あなたがたも完全な者となりなさい。（マタ5・48）

もし、これらの福音書が思い起こさせるように、隣人愛の尺度とは私たち一人ひとりに対する神の愛であるとするならば、神のゆるしが私たちに予めあたえられる場合にのみ、私たちがその任務を果たすことができるように促されるのです。私たちはこのことを、何度も体験しました。もしも、ゆるしの必要性を感じない者がいるならば、その人は自分自身を知らないか、あるいは神が自分に託した使命を知らない者なのでしょう。

哲学者のセーレン・キェルケゴールは、福音の教えを真剣に守ろうとする人間のこのような状況を、以下のように見事に美しく表現しています。

「宗教的な人間はこのように話さなければなりません。人間的な観点から言えば、この七〇年間、ひどい骨折りと犠牲で満たされてきたと。ごめんなさい、ごめんなさい、私の愛を表そうとして……。私たちは、一年中誕生日の贈り物を準備して働いている一人の子どものケースを想像しましょう。その子どもは愛情を込めて贈り物を持って（たとえば、お母さんの所に）やってきます。けれども、一瞬で贈り物を一つの冗談に変える用意ができています。そして言います、『これはただの冗談でした。ごめんなさい……[1]』」

神と隣人のための私たちの働きは、不完全な供え物（一種の冗談、あまり真剣に考えないほうがいいもの）なのです。それはつまり、天の父がそれを寛大に受け入れてくださる憐れみ深い御方だと知っているからこそ、私たちがあえてそれを差し出すことができるのです。ゆるされなくても自分は善いことができると考えている人は、そもそも「善いことをする」ということがどういうことなのかを知らない可能性が高いでしょう。

教皇フランシスコは、自らの教皇職のモットーとして選んだ言葉「Miserando atque eligendo」も、これと同様の教えを私たちに思い起こさせるのです。この言葉は、聖ベーダ・ヴェネラビリス[2]（六七二－七三五年）のホミリアの中から取られた言葉で、聖マタイの召命の福音書のエピソードに言及する言葉です。イエスはマタイをゆるし、彼を弟子としてお選びになります。彼をゆるしながら、天の御国のために働くようにと、彼に求めるのです。これは、私たち一人ひとりと神との関係をとても美しく表した表現だと思います。私たちはやはり、ゆるされた罪人であって、人のために自分にできる最大のことをするようにと召されているのです。

そして、キリストの教えが常にそうであるように、神が私たちをどのように扱うかは、私たちが他の人をどのように扱うかの規範となるのです。私たちもまた、「ゆるすことによって愛する」ように求められているのです。正義の領域でのみ動こうとする人は、常に他人を助けない理由を見つけることでしょう。やはり、この世に完璧な人間なんていないのですから、ゆるすことができない人間は、愛することもできない人間なのです。

あなたがたの天の父の子となるためである。父は悪人にも善人にも太陽を昇らせ、正しい者にも正しくない者にも雨を降らせてくださるからである。自分を愛してくれる人を愛したところで、あなたがたにどんな報いがあろうか。徴税人でも、同じことをしているではないか。自分の兄弟にだけ挨拶したところで、どんな優れたことをしたことになろうか。異邦人でさえ、同じことをしているではないか。だから、あなたがたの天の父が完全であられるように、あなたがたも完全な者となりなさい。（マタ5・45―48）

注

（1）セーレン・キェルケゴール著『日記と論文』（X, A 76, s.f., 一八四九年）
（2）『聖ベーダ・ヴェネラビリスの説教』（21; CCL 122, pp.149–151）

# 企業のモラル

武立　廣

## 一　二〇世紀までの企業のモラル

### はじめに

モラルは人間が行動する際の判断基準となり、善悪や正義といった観点から行動を選択するための指針となるものである。無論モラルには個人や文化によって異なる解釈や重視する価値観が存在することもあるが、一般的にはモラルの発露は、自己の利益だけでなく利他的な社会的行動に反映されることになる。そして何よりも、社会的存在の人間にとって他者や社会に悪影響を与えないような行動をとることが基本である。

これから述べる「企業のモラル」に関していえば、元々企業が「経済的側面」と「公共的側面」という、ある意味で二律背反的な関係にある二つの側面を持っていることをベースにして話は進む。そして企業のモラルは、企業が人間同様に社会的存在であることから、その存在責任を果たす目的で活動する企業の社会的責任（CSR：Corporate Social Responsibility）活動と、その根底にある「経営倫理」（ビジネス・エシックス）に一番反映されているといえよう。したがって本章では、CSR活動を中心に据えて主に二〇世紀までの企業経営の在り方を述べる。その際重要なことは、企業のモラルも個人のモラルも内に仕舞い込まれることなく、外に向かって具体的な行動に移されて初めて社会全体にいい影響を与え続けられることである。モラルの理屈を述べても社会は変わらない、企業経営に即して具体的に実践して社会は初めて変わる。

### （1―1）企業のモラルと個人のモラルの違い

それでは企業のモラルの実践が、個人のモラルと大いに違って社会に働きかけることから話を始めよう。主に左記の五点があげられよう。

1　持続性

残念ながら個人のモラルの実践はその人一代限りである。一方企業のモラルは、「法人格」という法律上の権利と義務の主体となる資格（権利能力）があって、企業が存続する限り時代を超えて国境を越えてその影響を持続的に与え続けることができる。

2　責任範囲

個人のモラルは、その人自身や身近な人々に対しての責任に焦点を当てることが多いのに対して、企業のモラルは多くのステークホルダー（利害関係者：株主・従業員・顧客・取引先・債権者・金融機関・行政機関、等）に対して責任を果たすことを考慮する必要がある。

3　目的と目標

個人のモラルは、人間の成長、幸福、個人的な価値観に基づくが、企業のモラルは経済的な成功と同時に社会的存在としての責任を果たすことが求められる。したがって企業のモラルは、法的遵守や社会からの期待に基づいて、経済的側面の収益性と、公的側面の社会的価値創造の両立を目指すことが重要である。

## 4　情報アクセスと影響力

個人は、自身の知識や情報に基づいてモラルを形成し行動するが、企業は、広範な情報へのアクセスと経済的なリソースを持ち、他の組織や個人に対して影響力を持つことができる。このことから企業のモラルは、情報アクセスと影響力を適切に利用することも考慮する必要が出てくる。

## 5　利益と価値のバランス

個人のモラルは、自身の利益と他者の利益のバランスを考えることが多いが、企業のモラルは、利益追求と社会的な価値創造のバランスを考える必要がある。企業は経済的な利益を追求する一方で、社会的な存在責任を持続的に果たさなければならない。

要するに、個人のモラルと企業のモラルは、異なる規模や影響範囲を持ちながらも、相互に関連している。なぜなら企業は個人の集合体であり、個人のモラルが企業のモラルを形成する要素の一つだからである。企業は、個々人のモラルを尊重しながらも、企業の目的や関

「経営経済性」と「経営公共性」の関係図　Ⓐ図

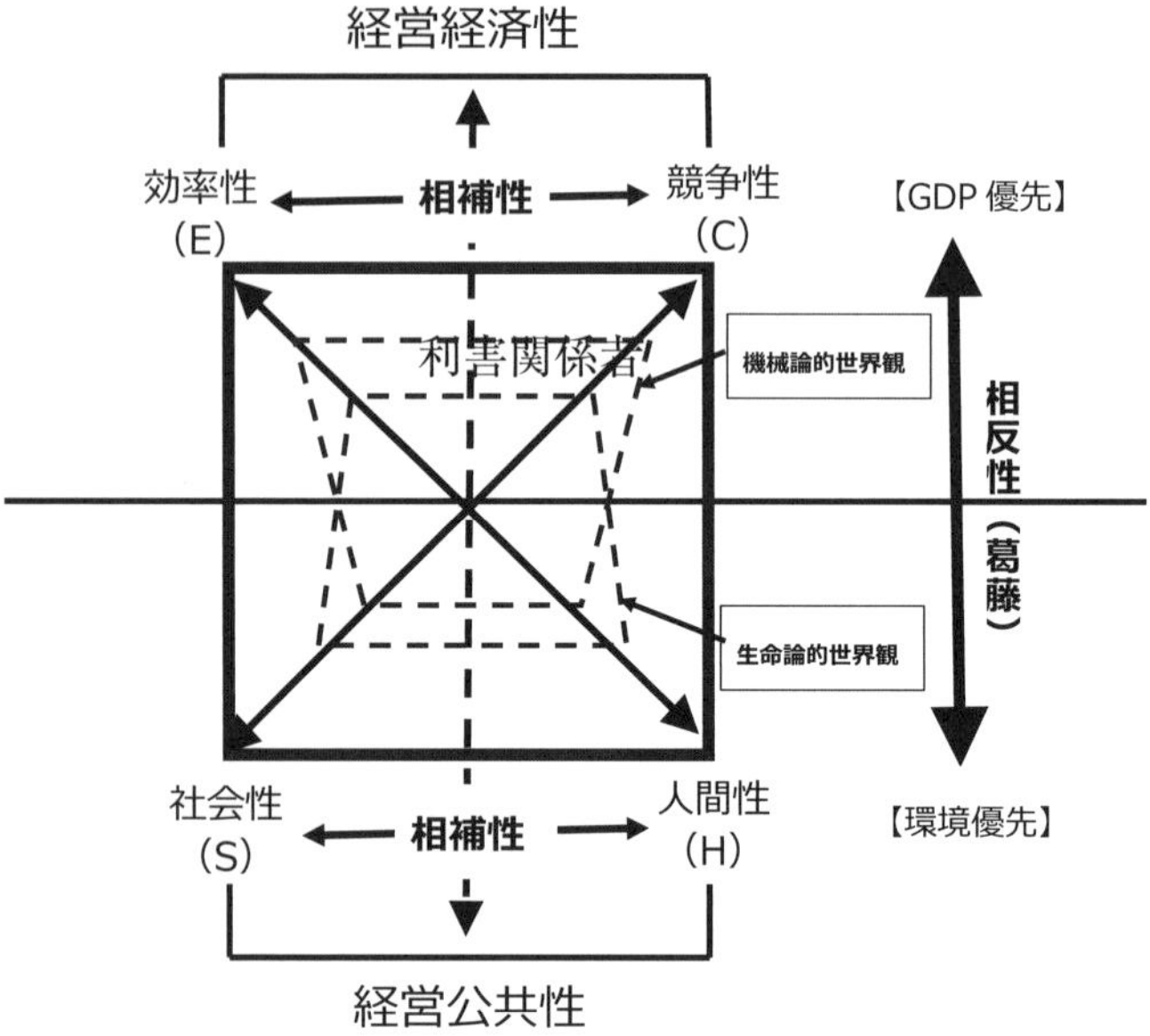


出典：水谷雅一著「経営倫理学の実践と課題」、「図6　経営経済性と経営公共性の関係図』（P.52）を著者が一部編集

係者の利益に幅広く責任を持つことが大変重要である。

## （1―2）「経営の経済性と公共性」について

　ところで法人格の企業が、持続可能性がある経営活動をしていくうえで、その経営価値があると認められるポイントとして四点をあげることができる。この四点で作る正方形を用いて企業のビジネス活動の在り方を大変上手く説明している図があるので最初にご紹介したい。本稿を展開していくうえでこのⒶ図をこれから幾度も引用する。

その四点とは、「経済的側面の効率性（E）と競争性（C）」および「公的側面の人間性（H）と社会性（S）」である。これらの四点でつくる正方形を「経営価値四原理」として説明することができる。四角形の上半分が「経済的側面」を、下半分が「公共的側面」を表す。このE・C・H・Sの各四点を外方向に拡大して企業全体の経営価値を拡大しようとするのが経営の本質である。なおこの本が出版された一九九五年当時は、四点が外に向かうベクトルとして、（E）⇕（H）・（C）⇕（S）の関係を〝相反性〟として反対方向に伸びるベクトルとして位置づけられている。

ところが二一世紀に入って世界は大きく変わった。つまり両者の関係に関していえば、社会全体が、「相反性から相補性」へと変化することを期待する動きに大きく変わり始めたのである。著者の元の図に、二一世紀の企業のモラルの在り方として筆者の説明や提言を少々書き加えさせて頂いたので、以降詳しい説明を加えていく。

このⒶ図は『経営倫理学の実践と課題――経営価値四原理システムの導入と展開』（水谷雅一著、白桃書房、五二頁）に掲載された図である。今から二八年前の二〇世紀末、一九九五年に著者が「日本経営倫理学会会長」の要職にあった時に刊行されたものでCEO（最高経営責任者）や取締役会、リスク管理部門の責任者等々を中心に大きな反響を呼んだ。多くの日本企業が〝経営倫理〟の重要性や経営価値原理に注目するようになった名著である。

法人企業が上半分の「経営の経済的側面（効率性・競争性）」を拡大するためには、下半分の「経営の公共的側面（人間性・社会性）」が相反関係に置かれるばかりでなく、相補や相乗の効果を発揮させることが重要だと説いている。そしてこの図の下半分が企業のモラルの発露である社会的責任（ＣＳＲ）活動の領域である。先述したように経営は、「効率性・競争性⇕社会性・人間性」の間で、個人同様に元々葛藤するものだが、この自利的欲望と利他的倫理観の関係を、相反から相補の関係になるように積極的に行動することが次第に重要になってきた。一九九五年に記された本では、両者の関係を未だ〝相反性（葛藤）〟と記されているが、筆者が書き加えたように、公共的側面をより重視する底辺が広い〝台形〟（＝生命論的世界観）が二一世紀型だといえよう。逆に底辺が狭い〝逆台形〟（＝機械論的世界観）の企業は、今後下半分のＣＳＲ活動への入力を増して社会的責任を積極的に果たすことで二一世紀型の企業として社会により受け入れられることとなろう（なお機械論的世界観と生命論的世界観は、第二章で詳説する）。

Ⓐ図で主張していることは、「経営経済性に重点を置くことで、企業が存続するための利

益が得られる、一方経営公共性に重点を置くことで、ステークホルダーはじめ社会全般的な利益を考えた経営を行うことができる。「経営の価値は経済性（業績獲得）と公共性（ＣＳＲ活動）が相俟ってより拡大していく」とまとめることができよう。

その経済的側面の活動とは、社内的には経営の〝効率化〟を図って安価で品質の良い製品やサービス等を消費者に提供すると同時に、社外的には他社との激しい市場獲得競争を勝ち抜くことである。ところが自利的な経済的側面としての効率性や競争性をあまりに重視し過ぎると、自らが公共的側面を持つ社会的存在であることを軽視あるいは無視する傾向が多い。その時起きるのが、いわゆる「企業不祥事」である。よって経済性（自利的欲望）の達成と、社会的責任性（利他的倫理性）の履行との間で〝葛藤〟が生まれるのは当然だといえる。その際重要なことは、葛藤といえども両者の関係が相反するものばかりではなく、むしろ相補関係にあることにも注目して経営活動を行うことが二一世紀の新しい経営の在り方だといえよう。経営活動は経営環境の変化を敏感にキャッチすると同時に、ＣＳＲ活動も柔軟に変化、充実させることが経済的獲得を拡げるためにも必要なのである。筆者は、古くから言い古された「衣食（収益）足りて礼節（モラル）を知る」という言葉が、ある意味で企業のモラルの在り方の一面を言い得ているように思う。

そして経営者の醍醐味は、企業の自利的な経済的側面（業績獲得の権利や欲望）と利他的な公共的側面（社会的責任の倫理的遂行義務）をバランスよく拡大していくことにあるといえる。つまり元々相反的に作用する両者を、相補的に作用させながら経営価値を高めていくことである。総じて、業績のいい会社は同時に社会的責任も果たしているものである。会社としての格（社格）は、業績とモラルをバランスよく拡大していく姿に感じるものではないだろうか。「人に人格があるように、会社には社格、さらには国には国格」があるものである。国際法に違反して隣国に武力侵攻するような国に、国格の欠片もない。

### （1－3）ＣＳＲ（企業の社会的責任）とＳＤＧｓ（持続可能な開発目標）

ところで我々が長い歴史を経た立派な巨樹（業績）に感動するのは、地中に深く張った根っ子がしっかり支え続けているからである。樹木の根っこに相当するのが、企業では先に述べたＣＳＲ活動である。財務数字などで表すことができる業績と異なって普段は目につきにくいが、この根っこが腐れば地上の樹木は枯れてしまう。「本当に大切なものは目に見えない」は真言である。樹木の根っこに相当するＣＳＲ活動が特に人間性と自然環境保護を重視するようになったのには、歴史的な背景や社会的流れが影響しているので以下説明しよう。

元々CSR自体は、第二次世界大戦後の戦後復興を目指した二〇世紀の後半から徐々に注目されるようになった。当初Ⓐ図上半分の経済性の部分は、マーケティング学が担当したが、その後企業が利益追求と社会的責任をバランス良くとることで、社会的信頼を得るための取り組みとしての経営倫理学（ビジネス・エシックス）が後を追うように広まった。ところが一九八〇年代から一九九〇年代にかけて各国がGDP成長を競うようになる時期と同じくして、東南アジアや南米での人権侵害や環境汚染、子供労働などの問題が明るみになり、企業の評判や社会的信頼が大きく損なわれることが多くなった。そこに企業が社会的責任を持つことの意義が、売り上げ同様に重要視されるようになった理由がある。つまり社会的存在としての責任を果たす具体的行動であるCSRの考え方が広まるようになった。企業のモラルが、これらのCSR活動の意思決定上の基盤（モラル）となることをまず指摘しておく。

CSR活動のポイントが「人間性と自然環境への配慮」を二本柱として特に重視するようになった背景には、先に述べた企業の反社会的な不祥事が明らかになると同時に、社会の価値観に変化が現れてきたことが大きな要因とされている。つまり二一世紀になり、環境問題や人権問題、健康問題などが、グローバリズムやSNSの浸透によって現実的な世界的課題としてクローズアップされるようになった。つまり企業が社会的責任を果たすことが、一国に留まらないで地球全体で重要視されるようになったのである。

最初の柱である人間性に配慮するＣＳＲの具体的な活動としては、社員の給与、福利厚生や、健康を支援する社会貢献活動、教育支援活動、多様性・包摂を推進する人材育成などへ積極的に取り組むことがあげられる。また二本目の柱である自然環境保護に関する具体的な活動としては、温室効果ガスの削減、エコ商品の開発、省エネルギー推進、廃棄物のリサイクル……などがあげられる。つまり企業の経営環境によって実にさまざまなＣＳＲの展開が考えられる。特に自然界に働きかけて利益を取得する第一次産業にとっては、環境破壊から蒙る被害たるや未曾有のものとなっている。このことはまさに地球人の命に関わる大問題で、食糧自給率が世界でも最下位クラスの日本にとっては喫緊の課題だといえよう。

同時に筆者は、日本独自の繊細な数々の伝統文化を生んだのは、この美しい日本の自然に支えられてきたことを二〇二三年のこの時期にもう一度喚起したい思いが強い。日本人のモラルを形作ってきたのは日本の四季折々の自然環境に在ると言っても過言ではないだろう。他国の例を見ても人間の精神的な幸福感とＧＤＰ成長とは逆比例関係にあるように思えてならない。

これら社会から企業へＣＳＲを求める機運が盛り上がったのと前後する形で、二〇一五年に先に触れたＳＤＧｓ（持続可能な開発目標）一七項目を向こう一五年間の目標として国連（ＵＮ）が示した。当然ＳＤＧｓでも人間性や自然環境への配慮がとりわけ重視され、企業のＣＳＲ活動のみならず、地球人全体の問題として取り扱われている。ＳＤＧｓは、世界を変革し、持続可能で公正な未来社会を実現するための具体的目標を提示している。企業がモラルの在り方を検討してＳＤＧｓに向けた取り組みを積極的に行うには、ＣＳＲ活動で具現化していくことが何よりも大切なことである。

本稿ではそのＳＤＧｓがゴール目標の設定を「経済・社会・環境」の大きな三点の枠組みにしていることに注目して話を進めることにする。本能的に自利的に動く人間の脳活動は、自分に都合が悪い事実（自然環境破壊）を看過し、無視するのがむしろ普通であろう。ところが見て見ぬふりをしてきた結果としての自然環境破壊が進んだことに関しては、その限界点（シンギュラリティー）を超えて地球自体が悲鳴を上げ始めているのである。つまり我々は、利便性に優れて、快適に都市化された環境に住み慣れて、人間の意志が関与していない、あるいはできない「自然世界」に接する機会さえすっかりなくしてしまっている。この現状が大問題で、そこから波及するマイナスの効果が計り知れない。

そして、これらの利便的、効率的、機能的な一律的変化を、人類は自らの〝進歩〟として自己称賛してきた。しかし人間は機械と違って血も涙もある〝生きもの〟である。言葉や論理（ロゴス）で説明できない不可思議な多様性を孕んで〝進化〟をしてきた生き物である。進化というのは、効率より過程を好み、均一より多様性を持った質的変化を指すのである。機械は進歩を果たすが、人間はもっと長い時間を掛けて進化をして今日に至る。

後節で詳しく述べるが、自然界に対しても、持続可能性のある新しいモラルに抑制された適正な距離を保ち続けることが二一世紀の人類に求められると確信している。コロナ対応で話題になった〝ソーシャル・ディスタンス〟（社会的距離感）であるが、本来は人類が自然に対して地球規模で保つべき距離感のことではないだろうか。自業自得的に、土足で自然界に入り込んだ人類に対する（コロナウイルスが棲む）自然界からの応答が、全世界で六九〇万の死者を招いた。それがコロナ禍である。

ＣＳＲ活動のポイントが「人間性と自然環境保護」を二本柱として特に重視するようになった背景には、先に述べた企業の反社会的な不祥事が明らかになると同時に、社会の価値観に変化が現れてきたことが大きな要因とされている。つまり二一世紀になり、環境問題や人権問題、健康問題などが、グローバリズムやＳＮＳの浸透によって現実的な世界的課題となり、企業が社会的責任を果たすことが、一国に留まらないで地球全体で重要視されるようになったのである。ＣＳＲ活動は持続可能な経済と社会の発展に寄与し、長期的な成功を実現する道を開くものだといえる。

## （１―４）ＣＳＲの立ち位置の分岐点となった事件

ところで企業のモラルが反映されるＣＳＲ活動は、不況時の時こそその真価が問われるということを筆者の体験を交えてご紹介したい。

それは、二一世紀に入った最初の一〇年間に米国エネルギー関連企業のエンロン（二〇〇一年）と住宅金融関連企業のリーマン（二〇〇八年）の二つの大きな経営破綻が立て続けに起きた時のことである。アメリカのエネルギー企業であるエンロンは、不正会計や社員による内部告発の不正隠蔽など、多数の不正行為が発覚し、同年二〇〇一年には破綻した。この事件は、企業倫理の欠如がもたらす結果の企業ぐるみ不祥事事件である。これらの経済ショックによって社会全体が大恐慌に陥っている時の企業のＣＳＲ対応が大きく二手に分かれたという話である。

二手とは、「ＣＳＲコスト主義とリスク管理重視主義」である。通常利益獲得を優先する企業が内向きに考える経営方針は、ＣＳＲコストはじめ社内全体の経費やコスト削減に努めて不況時における利益の減少を少しでも食い止めようとする考え方をとるだろう。この動きをここでは、〝CSRコスト主義〟と呼ぶことにする。エンロン不況時の大方の日本企業は、実はこのCSRコスト主義に舵を切ったグループに属した。もう一方のグループは、企業は元々社会的存在であるとして外向きに社会全体に与えるマイナス影響のことを考えた。つまりこのような不況時こそ、何か世間の助けになることができないか、あるいは自らが不祥事を起こして社会に迷惑を掛けることが今後決して無いように社内体制を整えることを考えたのである。後者のグループは、自らが社会的存在であることを普段から認識し、不況時こそ利己的な動きよりも利他的動きを優先的に取ろうとしたのである。これが欧米企業に多く見られた〝リスク管理重視主義〟と呼ぶものである。結局二〇一〇年代にはこのグループの方が、〝CSRコスト主義〟グループより競争優位性を発揮して勝ち残ったのである。積極的に社会とのつながりを見つける外向けのCSR活動によって不況から脱出しようというわけだ。当然社会の企業に対する期待も、CSRコスト主義の会社より、リスク管理優先主義の企業に集まった。

つまり不況時こそ持続的に社会貢献を果たそうとする企業のスタンスやモラルには、〝ノブレス・オブリージュ〟(高い社会的地位には義務が伴うという意)を感じるのは筆者ばかりではあるまい。苦しい不況時とて、利益を多少減らすことを覚悟して、社会貢献的な義務を果たすことを忘れない会社である。もし「社格」なる言葉があるとすれば、このような会社こそ、ノブレス・オブリージュに通じる「社格が高い会社」と呼べるのではないだろうか。まとめると、Ⓐ図の上半分（経済的側面）と下半分（公的側面）は決して〝相反性〟を持つものばかりではなく、むしろ不況時こそ〝相補性〟を持つことがわかったのである。大樹の地上部分と地下の根っこの部分の関係に似ているではないか。先に示したⒶ図でいえば、底辺の広い破線で結んだ台形のごとく、社会的責任を果たすことを優先的に位置づける企業は、かえって大きな正方形すなわち「社格の高い優良企業」として実を結ぶものである。次節でその社格の高い優良企業として存続し続けるための必要なポイントとして二点を指摘する。

### （1－5）「社格が高い優良企業」に必要な要件

#### （1－5－1）リスク管理が徹底された企業

社格が高い優良企業に備わっている第一のポイントは、「リスク管理」が徹底された会社である。似た言葉に「危機管理」という言葉があるが両者は似て非なるものである。そもそも危機管理とリスク管理は、対応すべき不祥事は同じでも、対応するプロセスとその結果において大きく異なる。すなわち不況時こそ安易にＣＳＲコスト主義に走ることなく、不況の全体を俯瞰して、その原因、対応を適切に取りながら、いずれ起こり得る次の不況に備えるのが「リスク管理主義」だ。ＣＳＲコスト主義はある意味で局面的な危機の管理を優先した考え方に基づくものである。ここでは、「部分対応の危機管理、全体対応のリスク管理」として話を進めるが、もし経済不況だけを危機と捉えれば、そこから脱出するのは中々困難だろう。そして同じ過ちを何度も犯すだろう。不祥事の原因分析はじめ、企業統治力（次節参照）を発揮していろいろな分野からの情報収集を経て、最終的には自らが不祥事を絶対に起こさないようにマネジメントするのが、「リスク管理」であることを指摘しておく。環境への配慮という観点でも、現在問題が発生していなくても持続的な社会においては常に潜在しているリスクと考えることが重要で、地球が悲鳴を上げるまで無視し続けてきた人間サイドに、ブーメランのごとくツケが回ってきているのが二一世紀の環境問題だと言えそうだ。

企業のモラルとて、将来起こり得る不祥事を起こさぬように、リスク管理感覚でいろいろなアンテナを張り巡らして、自社の経営倫理やＣＳＲ活動の参考にできる能力を備えていることがポイントである。要するに物事は今の水際だけを見ないで、俯瞰的、未来志向的にサーベイして、コストをかけてでも具体的な対応を今とるのが真のリスク管理なのだ（コロナ渦中の真の危機は感染者数の増減よりも死亡者数の増加にあるのと同じである。コロナ対応こそ危機管理ではなく俯瞰的思考のリスク管理が取られるべきである）。

私はリーマンショックの時期にたまたま外資系製薬会社に籍を置いていたが、将来を予測したリスク管理を徹底する姿勢を具に見ることができた。それも命を守るという高い倫理観に包まれた製薬会社の社会的責任の果たし方の一つがリスク管理にあることを現地で学ぶことができたことは自分の人生にとって大変ありがたいことであった。

### （1－5－2）企業統治（コーポレートガバナンス）が充実している企業

筆者の古い体験であるが、なぜ世界的経済不況からの脱出が内資系企業より外資系企業が相対的に速かったかをお話しさせていただいた。日本企業のモラルの発露であるCSR活動や経営倫理体制（Ⓐ図の下半分）を考える際に、欧米企業と比較してもう一点重要な経営環境の違い、というよりも、むしろ劣っていることがある。それは、「企業統治」（コーポレートガバナンス：株主や消費者などが企業の経営に関わってチェック機能を果たすこと）の充実度合いの違いである。持続的に経営を続けて企業価値を高める上でも重要なことなので本節でこの企業統治の説明をさせていただく。

日本企業の企業統治が不十分な一例としては、女性の関わり方が質・量ともに大変限られていることがあげられる。欧米企業との歴史的、文化的な違いと言ってもいいだろうが、女性の役員や管理職者への登用は日本企業ではほとんど見られなかった。その結果日本企業の企業統治に限界があることを、二一世紀に入ってからの国際競争社会でも随分指摘されたものである。二〇二一年東京オリンピック開催時の組織委員会の在り方においても、ガバナンスの不十分さが多方面で露わになったことは記憶に新しい。

そもそも企業統治には左記のような意義がある。普段から我々はあまり関心が向かないかもしれないが、企業が社会的存在として多くの利害関係者と関わりを持って活動していることと考えあわせれば、ガバナンスの意義をよく認識して我々が企業を監視することがますます必要となってくるのではないだろうか。そうすることで、ガバナンスの不十分さに起因する企業不祥事を少しでも防ぐことに繋がるのである。

（企業統治の意義と必要性）

・株主価値の最大化

企業統治は、株主価値の最大化を追求するための仕組みを提供する。つまり株主は企業の所有者であり、彼らの投資を最大限に活用することが期待されるので、経営陣が株主の利益を考慮し、企業の長期的な成長と持続可能性を追求することを保証する意義と必要性がある。

・透明性と情報開示

企業統治は、透明性と情報開示の重要性を強調する。情報の公平な開示は、株主や他の利害関係者が適切な意思決定を行うために不可欠なもので、企業は株主総会ばかりではなく、平時から財務情報、経営者の報酬、重要な意思決定に関する情報などを公開することが、利害関係者に対して責任を果たすことに繋がるのである。

・取締役会の独立性と責任

取締役会は企業の最高経営層であり、経営方針の決定や監督を行う。つまり企業統治は、取締役会の独立性と責任を確保するためのフレームワークを提供し、独立した取締役会は、利益相反の回避や経営陣の監督、企業の長期的な目標の実現を確保する役割を担う。

・利害関係者の利益の調整

企業は、株主だけでなく、（男女の区別なき）従業員、顧客、サプライヤー、地域社会など、さまざまな利害関係者の利益を考慮する必要がある。企業統治は、これらの利害関係者の利益を調整し、企業の社会的責任を果たすための枠組みを提供するものなので、持続可能な経営や倫理的な行動に幅広く焦点を当てることが、大変重要になってくる。

・リスク管理とコントロール

企業統治は、前節で述べたリスク管理とマネジメントの重要性も強調している。したがって企業は、競争環境の変化や外部の不確実性に直面することになった時にも、経営陣はリスクを適切に評価し、それに対処するための適切なコントロール策を平時から実施することで、単なる局面的な危機管理にはない、全体的に俯瞰する役割を果たすことができる。つまりコーポレートガバナンスを整備することで、組織内のリスク管理プロセスを確立し、内部統制の監督を通じて経営陣の責任を確保することができるようになる。

・長期的な持続可能性とイノベーション

企業統治は、長期的な持続可能性とイノベーションの重要性を強調する。企業のモラルが時空を超えて社会に反映させることができる所以である。企業は単に短期の利益追求に囚われるのではなく、長期的な成長と価値創造を追求する必要があるので、企業統治が経営陣に対して持続可能な経営戦略の策定やイノベーションへの投資を奨励し、企業の長期的な競争力を向上させるという意義がある。

これら六点の要素を通じて、企業統治は企業の透明性、責任、持続可能性、そして利害関係者の利益の調和を確保する役割を果たしている。このことがまさに企業文化やモラルの醸成に必要であることを理解することができよう。また適切な企業統治の実施は、企業の信頼性と社会的な評価を高め、経済の健全な発展に貢献するものである。投資などにおいて企業を総合評価するのに、財務諸表の数字よりも企業統治具合を観れば一番よくわかるといえよう。筆者は、企業統治が整っていれば、虚偽申告や不祥事の発生は少なくなると確信している。本節の企業統治と前節のリスク管理の充実度合いを観ればその企業の将来が見えてくると言っても決して過言ではないだろう。

### (1－6) CSR活動に与える影響が大きい現代社会環境の変化

このようにリスク管理の徹底と企業統治の充実を図ることが、企業の社会的責任を果たすことに通じるのである。CSR活動を、単に費用が増える活動と位置づけるのではなく、むしろ売り上げを伸ばす費用対効果がある活動として位置づける新しい考え方が二一世紀に入ってから広まっていることを紹介した。そして不祥事による経済不況時ほど、今際の危機管理的な対応ではなく、全体を俯瞰して経営するリスク管理優先主義と結びつけることや、企業統治の在り方を考え直すことで、Ⓐ図の四点で作る四角形の企業の価値がより大きく拡大していくことお話しした。

本節では企業のモラルの発露する場としてのＣＳＲ活動が、社会全体から広く求められるようになった社会環境の大きな変化として次に述べる三点を確認したうえで、次章の「二一世紀における企業のモラル」に進みたい。

その大きな動きの第一点目は、「インターネットとソーシャルメディアの台頭」である。つまり企業不祥事などの情報の伝達と共有が瞬時に世界同時性を持って拡散されるようになったことである。このことは、情報の透明性が向上して個人や団体は、企業の活動や行動に関する情報を容易に入手できるようになったことを意味する。報道機関や市民ジャーナリストも情報を探求し、不正や不祥事を知る手段を容易に持つようになったという点で大きな社会環境の変化である。ただロシアのウクライナ侵略時でもみられたように、フェイクニュースが散乱して何が本質を突いた報道なのか中々わからないのが現実である。本質を見極めるにはかなりの「情報リテラシー」（世の中に洪水のようにあふれるさまざまな情報を適切に活用できる能力）が一般国民サイドに求められるようになった。残念なことだが、インターネット詐欺、闇バイトなどは、フェイク・モラルの類であることをしっかり見極めることである。倫理観を高める上で、インターネットやＳＮＳの発展はプラスマイナス両面あることに留意しなければならない。つまり我々は「人間の脳活動（意識活動）」の結果得られた利便性や効率性に優れた〝物質文明の進歩〟を一律的に享受しているが、その一方で精神的には実に複雑な多様性を持って〝進化している生きもの〟であることを忘れてはならない。

第二点目としてあげられるのは、「グローバリズムの進展」である。企業サイドの経営倫理への関心を高める大きな要因となった。なぜならば、グローバリズムは基本的に世界各地の国々や企業が相互に結びつく経済的なつながりを強化して世界規模の市場や競争環境を生み出そうとする動きだからである。企業不祥事も世界規模で拡がる。このようなグローバルな環境下では、当然の帰結として企業が世界的な規模で社会的な影響を持つ機会が増える。消費者や投資家、ＮＧＯなどが企業の経営活動に関心を持ち、企業の社会的責任（ＣＳＲ）や倫理的な取り組みを国際的に求める傾向が出てきたことに繋がるのである。なおグローバリズムには、異民族間の伝統的な文明や文化の交流を促進する意義もある。これからは、モノだけではなく文化を交流するという社会貢献的なビジネスが、ますます拡大していく予感がする。

第三点目としては右記二点の変化から当然のことと言えるが、「国際的な規制やガイドライン」が厳しく決められていることである。国際社会は企業に対して高い倫理基準を遵守することを求めるようになったのも当然のことである。企業はこのような国際的ガイドラインに対する関心を自律的に高めざるを得ない。特に環境保護問題は、国同士が話し合う〝COP会議〟や、国連が世界に向けて発信している〝SDGs〟の流れに企業はアンテナをめぐらしてCSR活動の具体的中身に反映させなければならない。環境保護、労働基準の改善、人権の尊重、透明性の確保などに関して倫理的な行動を取る必要があるのは当然だが、取り分け「環境保護問題」は二一世紀に生きる我々にとって最重要課題として位置づけられるものである。

最後に留意しなければならないことは、すべての企業が同じように経営倫理に関心を持つわけではないことである。企業の倫理的な取り組みは、企業の経営理念やモラル、文化、リーダーシップの姿勢によって異なり、グローバリズムが経営倫理への関心を高める傾向をもたらす一方で、企業が倫理的な行動をとるかどうかは、先に述べように企業のリスク管理の在り方や企業統治（ガバナンス）の質が高いことが必要不可欠な条件である。その企業統治が、日本企業では歴史的な要因も加わって、不十分な体制から未だ抜け切れていないように筆者は感じている。国際競争力への負の影響も避けられない。

## 二　「二一世紀からのモラル」（環境モラルのすすめ）

### はじめに

我々は二〇世紀に大きな世界大戦を二度も経験した。敗戦国の日本とドイツは主に〝技術立国〟を掲げて、ＧＤＰ世界三位と四位を占める経済大国となった。一方、広大な土地と世界人口の最大二二％を擁した中国は、一九七〇年頃から豊富な労働力を提供する〝世界の工場化政策〟を掲げて、「ＧＤＰ最優先主義」を貫いた。その結果が米国に次ぐ世界第二位の位置づけを、僅か半世紀足らずで獲得することができたことに繋がる。特に一九八〇年代から二〇〇〇年代にかけては、一〇％を超える経済成長率を記録する年もあった。ただ欧米の自由主義諸国が、中国経済の急成長に懸念を示すのには理由がある。つまり覇権国家を目指す政府主導によるＧＤＰ拡大の成果が、政府方針である軍事力増強のために多くが使われていることである。軍事力が強くなれば、当然のことながら、周辺国家の緊張を高め、何よりも東アジアにおいて戦争勃発の可能性が高まる。つまりグローバリズムが完全にいきわたっている二一世紀では、一国の行動が世界にそのまま影響を与えることも当然のことわりと言える。

ここでもう一点グローバリズムに依らずとも、各国の経済活動がそのまま地続き、空間続きの地球に大きな影響を与えていることがある。それが本稿のテーマである〝地球環境問題〟である。二一世紀は、覇権国家の影響も環境問題も一国の問題では済まされないのである。ただ軍事力増強にGDPが配分され戦争を起こしている現状は、国連の安保理の議決システムからしても、他国が止めようがないと言わざるを得ない。しかし、地球環境問題に関しては、地球人全体が自分の問題として力を合わせれば解決の方向に必ず向かうものと考える。

人間の脳は、自分に都合が悪いことから目を外したり、無視するようにできているものだが、GDP拡大の裏では、工業化や都市化の進展と同時に、大気汚染、水質汚染、土壌汚染などの環境問題が表面化している現実から逃げないことである。解決の方向は、現実直視から始まって、そこから行動に移すことである。幸いなことに、環境問題は一人一人が、自分の身体性や感覚を持って実体験しているので、目の背けようもないはずだ。

冒頭からGDPを急激に拡大した中国を一つの例に挙げてしまったが、程度の差はあれ各国も、経済成長と環境問題への対応に苦慮していることは否めない。そしてその中国政府も、近年、環境問題への取り組みを強化しており、持続可能な発展へのシフトを漸く取り始めていることが理解できる。つまり環境法規制の強化、再生可能エネルギーの投資増加、環境技術の開発などが含まれ、さらに国際的な合意や取り組み（COP会議に基づく二〇一五年のパリ協定）に積極的に参加して、気候変動対策や環境保護に貢献しようと努力している。ただし、これは世界第二位の経済大国としての国際的責任を果たすという点では至極当然のことだといえよう。

それにつけても「二一世紀の企業のモラル」を考える場合に、中国の工場化政策に限らず各国の経済活動の主役を担う企業においても、経済的側面（前半Ⓐ図の上半分）での成果を追求するあまり、公共的側面（同、下半分）の一つである自然環境保護への配慮が疎かにされたことが原因の一つとなって、地球の温暖化や異常気象が頻発している事実を見逃せない。地球環境問題に取り組むべく、パリ協定と同じ二〇一五年にSDGs（持続可能性のある開発目標）を、二五年計画として世界各国に提案した国連が、折り返し点の二〇二三年の今夏を「地球沸騰化」と表現して、温暖化を通り越して地球上に拡がる異常気象現象に警告を鳴らしている。人類全体で何か行動を起こさなければ、近未来に我々地球人の生命自体の持続可能性がまさしく問われ始めている二〇二三年の酷暑である。NASAによれば、記録ずくめの異常気候は年々過酷化していくという。ウクライナ問題をはじめとして、各国は軍事力を競いあって自国の安全保障問題に現を抜かしているが、環境問題はもはや、地球とそこに住む人類の命の〝安全保障問題〟でもあり、二一世紀のモラルの在り方の基軸に、「自然環境に対する人類の立ち位置」から抜本的に変えなければならないことを最初に強調したい。

そもそも二一世紀の急激な温暖化傾向は、化石燃料（石炭や石油）の乱開発が自然環境を破壊し異常気象や地球温暖化を招いたというのは現代科学の合意に基づいている。つまり大量の二酸化炭素（$CO^2$）が大気中に放出され、温室効果ガスとして働いて地球の気温上昇を引き起こしている可能性が極めて高いという。さすれば、異常気象は人類の自業自得的な〝人災〟ともいえる。犯した罪を償うのは当然のことである。

中国ばかりではない。経済的側面の成果を重視してきた世界各国の経済活動を、少しスパンを拡げて辿ってみれば明らかである。つまり一八世紀に始まった産業革命のエネルギー源は蒸気機関エンジンを動かす石炭であり、その後世界大戦を経た後の二〇世紀後半のＧＤＰ優先主義の経済活動のエネルギー源としては石油がその主役を担っている。ＧＤＰ優先の経済活動や人類の都市化に伴うエネルギー使用の拡大に対応できるだけの化石燃料がこの地球に無尽蔵にあるわけでないことを考えれば、モラルに基づく企業行動の一定の抑制を働かすことができたはずである。ところがＧＤＰ拡大主義を貫く各国は、不足するエネルギーの供給元を中東地域に求めた。その結果各国のオイル争奪戦が中東地域で今なお繰り広げられている。中東戦争は、イスラム教宗派間の勢力争いに表面上は見えるが、戦争の裏で糸を引いているのは、各国の経済優先主義によるオイル争奪戦がその実態である。ここにも、経済活動に起因する環境問題や戦争勃発という人間の業が明らかである。$CO_2$最大排出行為は、人類が引き起こす戦争であることを改めて指摘しておく。人が起こした禍は、人の行動を改めることで止められる。つまり二一世紀の人類のモラル（＝行動に結びつく倫理観）は、あくなき経済的欲望を満たそうとする中で、人類の思うようにならない自然環境と真摯に向き合うことを基軸にして生まれてくるものだといえよう。

そのうえで二一世紀の企業行動の判断基準となり、善悪や正義といった観点から行動を選択する指針となる〝二一世紀のモラル〟を読者と一緒に考えるのが第二章である。

第二章で二一世紀の企業のモラルの在り方を考える上でまず大切なことは、人類が産業革命以来四〇〇年間どのような世界観に基づいて諸々の経済活動の拡大を得てきたかを理解することではないだろうか。なぜならば、そのような世界観に基づく諸々の科学技術の〝進歩〟をベースにして効率的且つ利便性に満ちた〝都市化社会〟に暮らしてきたからである。

次に、その一方で、無意識ながらも自然環境を破壊する行為を繰り返してきたことを冷静に振り返って、経済的拡大と自然環境保護という両者のバランスを取るべく新しい世界観を取り入れることが、人類の真の〝進化〟であることも忘れてはならない。そして新しい世界観が台頭したところに、「二一世紀のモラル」が、漸次ながらも身に付いていくことを筆者は信じて疑わない。モラルは頭に付いているものではなく、しっかり身に付けてそして行動に移すものである。「人類と自然の関わり方」を中心課題として、個人・企業・行政、すべてのレベルで二一世紀のモラルが今問われている。第二章は以下の順で進む。

（1）機械論的世界観（ロゴスの世界）
（2）生命論的世界観（生命のルネッサンス）
（3）新しい世界観の台頭と二一世紀のモラル
（4）二一世紀のモラルに必要な要件と一つの提言
まとめ（自然と都市　Ⓑ表）

**（1）「機械論的世界観」（ロゴスの世界）**

まずロゴスとは、広辞苑によると人間の脳活動が生み出した言葉や論理、概念、思想、実体化されて世界を支配する理法、云々とある（対義語的に使われる〝ピュシス〟はギリシャ語で〝自然〟を意味する。ラテン語のネイチャーと同じで自然のほか、宇宙・本性・性質などをも意味する）。機械論的世界観は、人間のロゴスが支配する世界だといえる。

さて産業革命の原動力となった一七世紀の機械論的世界観は、物理的な現象や過程を機械的な反応や因果関係の結果として説明しようとする視点なので、生命体は単なる複雑な機械であり、その行動や意識は物理的なプロセスによって完全に説明可能であるとまで考えた。所謂〝ロゴス〟に組み立てられた世界が、機械論的世界観である。

一七世紀にあの偉大なる天文学者のガリレイが「自然は数学で書かれた書物」と言ったことは有名であるが、哲学者のデカルトも「機械論的非人間化（動物機械論）」として動物も機械のような仕組みによって動いており、生命活動も機械的な運動によって説明できると主張した。また物理学者のニュートンは、万有引力の法則や運動の法則を発表し、物体の運動を数学的に表現して、自然界の運動も予測可能な法則に従って進行するという機械論的な世界観を強調した。これらは自然界と人間の行動を一体化して、機械のような仕組みによって理解しようとした結果として生まれた世界観である。

このような一七世紀の「機械論的世界観」は、翌一八世紀の産業革命の基本的な考え方となって、近代的な工業生産システムや効率化に繋がっていくのに大いに貢献し、人類も科学技術の進歩と経済的拡大を大いに享受したのは事実である。この世界観は、さらに一九世紀の大英帝国（ビクトリア王朝）の繁栄を生む原動力となり、さらに先に述べた二〇世紀後半の中国がＧＤＰを世界第二位に押し上げて米国に迫る覇権主義国家となったことにも繋がる。これら一七世紀から二〇世紀の四〇〇年間の世界の経済の動きに常に横たわっていたのが、「機械論的世界観」（経済優先主義）である。

このような機械論的世界観に基づく経済発展が人類に多くの利益をもたらしたことは先に述べたように大いに評価しなければならない。第一章の図では、逆台形（経済性が公共性を上回る）形に描かれる。しかしながら縷々述べた通り、これらの経済発展には、地球環境保護問題や人権問題が伴って生じたことも事実である。つまり機械論的世界観に基づく産業化に伴って、労働条件の悪化、労働者の過労や劣悪な労働環境、児童労働や労働者の搾取などが顕在化したのである。そして機械の導入による雇用の減少や都市化、産業の移転などが社会的な不均衡や不平等をもたらすことにも繋がったのである。要するに人間を機械として扱う世界観には人類にとって功罪相半ばするものを内包していた。マルクスが、「資本論」で一九世紀の急速な資本主義の発展と労働者の苦境を背景に、資本主義社会の批判と共産主義への提唱を行った背景にも、「機械論的世界観」が影のように横たわっていたのである。効率的な生産で経済は量的に拡大した一方で、自然資源の過剰な消費や環境への負荷が増大し、大気汚染、水質汚染、森林伐採、生物多様性の減少、そして冒頭述べた異常気象などの環境問題が顕在化したのである。これは私論であるが、人類の自然界への土足侵入行為が一因となって、自然界に潜むように棲んでいたコロナウイルスの人間への感染が始まり、四年足らずで、(死因の特定は極めて難しいが)約六五〇〇万人以上の死亡者数をもたらしたことも否めない事実である。

ただこれらの問題は、経済発展と環境・社会の持続可能性との間に生じるジレンマであって、現代では、持続可能性の観点から、はじめに述べたように経済成長と環境保護・社会的な正義の両立が求められている。そこで次節で詳しく述べる「生命論的世界観」が二一世紀になって急激に刮目され始めたことも容易に理解できよう。生命論的な視点では、経済成長や利益追求だけでなく、生態系の維持や社会的な公正、人間の幸福や質の向上も考慮する考え方だからである。何よりも、人類自らが〝自然の中の一部の生きもの〟と考えるのが、次節に述べる「生命論的世界観」である。

## （2）「生命論的世界観」（生命のルネッサンス）

「生命論的世界観」の元では、企業の経営価値の拡大は、経済性よりも公共性を強調する底辺が広い台形としてⒶ図に描かれている。

まず人間の生命を中心に据えた視点で世界を捉える思想的枠組みである「生命論的世界観」が社会に与えるプラスの影響から具体的に指摘したい。ここでは、人間は命ある生命体という捉え方で考えを進めるが、中村桂子氏（ＪＴ生命誌研究館名誉館長）の講演や生命誌を参考にさせていただいた。二一世紀の人間と企業のモラルを自然環境との関係で考える上で大変参考になる世界観だといえる。

生命論的世界観から得られることが期待できるプラスの影響としては、大きくは以下の三点にまとめることができよう。いずれも、「人間は機械ではない、命ある自然の中の一部である」という単純明快な考え方が基調にある。

・人間の尊厳と自由の主張

人間が自己意識を持つ存在として、思考や感情、道徳的判断を行う能力を持っていることを前提にするので、個々の存在としての人間は尊重されるべきであり、権利と自由を享受する価値があるものと考える。

・社会的な共生

人間は社会的な存在であり、他者との関係や協力を通じて幸福や意味を見出すことができると考えるので、個人の幸福だけでなく、社会全体の幸福や公共の善を追求することを重要視する。つまり社会的な共存や公平、正義の実現が「生命論的世界観」では重要とする。

・環境への責任

人間が自然環境との関係を持つことを特に意識する。機械論的世界観のように、「自然を支配する」という考え方は採らない。人間は自然環境に依存し、その環境の保全や持続可能な利用が重要であると考え、人間の行動が環境に与える影響や責任を考えることが求められる。まさにＳＤＧｓやＣＳＲ活動の主旨に合致するものだといえよう。

このように、生命論的世界観から得られることが期待できるプラスの影響は、企業の公共的側面（Ⓐ図下半分）の重要性に通じるものばかりである。つまり生命論的世界観では、人間の生命を中心に据え、自然環境や生命の尊さ、社会的な公正や共感、持続可能性といった要素を重視するので、ＳＤＧｓで謳われているように、持続可能な社会や共同体の形成をめざすことに自ずと通じるものとなっている。生命論的世界観は、経済的成長としての効率性や量的拡大（ＧＤＰ優先主義）を一律的に指向することよりも、人間の幸福や個々の尊厳、そして地球全体の健全な状態を多様的に質の変化を追求するもので、ＣＳＲの観点においても生命論的な視点を取り入れることで、地球環境の保護や社会的な公正を追求し、持続可能な社会へ貢献する具体的な行動としての今後の展開が大いに期待される世界観だといえる。従って、生命論的世界観を重視する経営活動が、Ⓐ図では底辺が広い台形が象徴している。

### （３）新しい世界観の台頭と二一世紀のモラル

二一世紀のモラルを考える上で重要な「新しい世界観の台頭」についてもう少し詳しく考えてみたい。そもそも〝世界観〟とは一体何だろう。中村桂子氏が生命論的世界観を論じる際に引用していた大森荘蔵著「知の構造とその呪縛」にある世界観の定義をここでも引用させていただく。

「元来世界観というものは単なる学問的知識ではない。学問的認識を含んでの全生活的なものである。自然をどう見るかにとどまらず、人間生活をどう見るか、そしてどう生活し行動するかを含んでワンセットになっているものである。そこには宗教、道徳、政治、商売、性、教育、司法、儀式、習俗、スポーツ、と人間生活のあらゆる面が含まれている」とある。

つまり、自然をどう見るかにとどまらず、人間生活をどう見るか、そしてどう生活し行動するかを含んでワンセットになっているのが〝世界観〟なのである。さらば、この世界観こそが、人間や企業のモラルの在り方の基準となるものと理解して大きくは間違ってなさそうだ。世界観は急変しないが、人間の心に抱くモラルは新しい世界観の台頭に相応しいものに〝柔軟な変節〟を辿るべきものである。

ところで先に述べたように二一世紀に入って「生命論的世界観」が刮目されるようになった一番の理由は、「人間は機械ではない、生きもの即ち自然の中の一部である」という、誰もが認める正統的（オーソドックス）な人間本来の定義に戻ろうとするからである。さらに遺伝子解析や生命科学と技術の進展により、生命の本質や進化、生態系の複雑さなどについて新たな洞察が得られるようになったこともあげられよう。そこでは生命体の構造や機能、進化のメカニズムなどが詳細に解明され、生命現象が従来の機械論的なアプローチだけでは説明しきれないことが次々と明らかになってきた。つまり生命現象が個々の部品の合計以上のものであり、相互に複雑な相互作用によって成り立っていることが強調されるようになってきたのである。ただ、このような現代科学技術を駆使した新しい観点でも、生命は生命体だけでなく、環境や相互作用と密接に結びついており、単なる機械的な運行だけでは説明しきれない複雑なダイナミクスが存在するとされているのである。

そして両者の関係で重要なポイントは、機械論と生命論という二つの世界観は対立するものではなく、むしろ補完しあうものであるという点である。これは、Ⓐ図において、企業の経済的側面が機械論に、公共的側面が生命論に相応していると指摘したのと同じことがいえる。ただし、生命論が次第に台頭して機械論が後退しなければならないほど「自然環境」が疎かにされていたことは真実である。そして疎かにされた結果の一つの現れが〝異常気象〟だといえよう。

機械論的世界観が自然界のメカニズムや法則を強調する一方で、生命論的世界観は複雑性や相互作用を重視し、生命の多様性や進化の力学を理解しようとする視点であることは確かなようである。二一世紀になってこれまでの機械論的世界観を土台にして、生命論的世界観が台頭してきたことが十分に頷けることである。

一言でいえば、「ロゴスではピュシスをコントロールできない」ということである。生物学者の福岡伸一氏の、「一番身近な自然はわれわれの身体である」という言葉が私には印象深い[1]。人間が地球の頂点に立つのは人間であるかの如く考えたがるのは脳の仕業であって、その実態といえば、人間が自然の摂理を変えることができるという自惚や傲慢さ（ビッグヘッド：頭でっかち）に他ならない。人間は自らがそうであるように、自然界に対してもっと謙虚にならなければ、自然の思わぬブーメラン攻撃に遭うことになる。

繰り返すが、「人間は機械ではない、生きもの即ち自然の中の一部である」というオーソドックス且つ謙虚な姿勢が、二一世紀の人類に求められることを強調しておく。

ただ二一世紀になって漸く生命論的世界観が刮目されるようになったのは、機械論的世界観で得られた物質的、効率的、利便的な都市生活の快適さに、我々があまりに飼い慣らされていたのも一つの要因かもしれない。つまり人間の四〇〇〇年間にわたる深い眠りから漸く目覚めはじめたのが、生命論的世界観の台頭だということだ。筆者は物質的満足を享受しながら、無作為にも自然環境破壊を繰り返した人類の歩みを、「快適過ぎる落とし穴」と評して、その眠りを目覚めさせてくれた環境の変化の一つが、ウイルス由来の感染症や、〝地球の温暖化ならぬ沸騰化〟だと受け止めている。ここ四〇〇〇年程の技術の進歩で効率的且つ快適な都市化社会をつくり上げてきた人類が、今ブーメランのごとく人類を襲ってきているのが環境問題だと言っても過言ではないだろう。一刻も早く、快適過ぎる落とし穴から脱出して、新しく台頭してきた「生命論的世界観」に相応しいモラルを持って行動に移せれば、持続可能な地球を、次の世代に引き継ぐことは可能なはずだ。異常気象現象に満ちた二〇二三年の酷暑が「快適過ぎる落とし穴」に陥った人類に目覚ましベルを鳴らし続けている。

本節最後に、生命論的世界観の視点で、ビッグヘッドにならないように気を付けて、少し冷静に見つめ直してみたい。人間の存在や経験は単なる物理的な反応の結果だけでなく、意味や目的を持つものであることが自ずと見えてくる。つまり、人間の生命の限り〝生きる〟ことの大切さをより深く理解して、人間は他の生命体との関係や倫理的な価値観に基づいて行動し、喜びや苦しみ、愛や希望などの感情を経験しながら、このまったき命を終えるのである。自分が謙虚になって、自然の一部の生きものであることを自覚すれば、何と感動的な人生を送れるのであろうか、ある種の感動さえ湧いてくる。この生命論的世界観の台頭によって、人間の生命は尊重されるべきものとして位置づけられ、人間の生命を守り、尊重し、発展させるために倫理的な責任を果たすことが重要であることが分かる。この新しく台頭してきた世界観こそが二一世紀のモラルの在り方にも大きな影響を与えることになる。生命論的な世界観は、人間の生命の大切さをベースにしているため、人間や他の生命体の尊厳や権利を尊重する社会や倫理的な枠組みを築くことに貢献する。この視点から生まれる倫理や価値観は、社会の発展や幸福の追求において当然重要な指針となり得るのである。筆者が、新しい生命論的世界観の台頭を「生命のルネッサンス」とたたえる大きな理由がここにある。

## （4）二一世紀のモラルに必要な要件と一つの提言

前節で世界観がモラルの基準となり得ることがわかったので、機械論的世界観に加えて新しい生命論的世界観が台頭することによって、人間や他の生命体の尊厳と倫理的な責任をより重視する二一世紀のモラルの在り方も見えてきた。そのうえで、新しく台頭しつつある「生命論的世界観」に基づく二一世紀のモラルに必要な要件として考えられることとして以下の四点を挙げることにする。いずれも人類と自然の立ち位置に関するものばかりである。

①相互依存の認識（生態系の維持）

生命論的な視点では、すべての生命体が相互に関連し合い、依存しあって存在していると考えるので、人間は単独で存在する孤立した存在ではなく、他の生命体や環境とのつながりを認識し、相互依存の関係を尊重するモラルが求められることになる。

②共感と思いやりの重視（利他的行動）

生命論的な世界観では、人間も含む他の生命体の経験や感情に共感し、思いやりをもって接することが重要になる。人間は自己の幸福だけでなく、他の生命体の幸福や苦しみにも配慮し、行動することが求められ、同時に求めようとする存在なのである。共感と思いやりに基づくモラルは、他者への配慮や善行の実践を促し、社会的な結束を深める助けとなるものである。

③持続可能性の視点（環境保護問題）

生命論的な世界観では、地球上の生命体の生存と繁栄を長期的に確保することが重要視される。この観点から、資源の適切な利用、環境保護、持続可能な開発などが求められる。個人や社会のモラルは、将来の世代や他の生命体への責任を考慮に入れた持続可能な行動を示すことが重要となるだろう。

④公正と平等の追求（生命の尊厳と公平の扱い）

生命論的な世界観では、生命の尊厳と公平な扱いが重視される。個人や社会のモラルは、人種、性別、障害、社会的地位などの差別を排除し、公正な社会秩序を追求することが求められる。つまり平等な機会や資源の配分、人権の尊重などが重要な価値とされる。

これらは、新しい生命論的世界観を受け入れることによって、企業や個人レベルの、二一世紀の倫理的価値観すなわちモラルの在り方にも大きな影響をもたらすものと考えられる。そして、「人間は生きもの、自然の一部」と強調する生命論的世界観を支えるモラルの在り方も、自ずと「自然と人間の強いつながりを強調するモラル」となることが明らかである。

さらに企業に限らず個人の行動の変容だけでなく、国としての法律や社会制度の変革にも繋がっていく可能性がある。

最後に、二一世紀のモラルの在り方の諸要件を包含する提言を敢えて一言でいうならば『自然に対して感謝と畏敬の念を持つこと』をモラルの基軸に据えることを提言したい。自然は私たちの生命、健康、幸福に不可欠な役割を果たしている。清新な空気、澄んだ水、多様な生態系は私たちの生存と繁栄の基盤となる。しかし、産業の進化や都市の拡大に伴い、環境への負荷が増大していることも事実で、気候変動、生態系の崩壊、資源の枯渇などの問題が顕在化していることを縷々述べたが、こうした課題に真摯に向き合い、解決に取り組むためには、自然に感謝し、その尊さを具体的に体現していくことが今こそ求められているのではないだろうか。「感謝と畏敬」について少々説明を加える。

・感謝の念

毎日の暮らしで享受している食物、清潔な水、豊かな景色は、自然が提供している贈り物であり、これらの贈り物を当然のものとして受け取るのではなく、そのありがたさを感じることが大切だ。感謝の心を持つことで、私たちは自然に対する信頼的な深いつながりを感じることができる。例えば、誰でも朝日や星空を見上げるとき、自然の美しさに感動し、その美しさを守りたいという道徳律的な思いが生まれてくるものだ。

例えば、産業革命が華やかなりし一八世紀のドイツの大哲学者であるイマヌエル・カントは、「天上の星の輝きと我が心の内なる道徳律」という言葉を残しているが、三〇〇年経った現代ならずとも未来永劫、この地球から美しい夜空を眺める人間がいる限り、人それぞれがいろいろな道徳律を心に抱いて明日に期する思いを抱くであろう。

・畏敬の念

畏敬とは、自然の偉大さとロゴスの限界を認識する感情を示している言葉である。人間は科学や技術を駆使して多くの進歩を遂げてきたが、先述したように自然の複雑さや神秘性はまだまだ解き明かされていない部分が多くある。時に自然の暴力や、逆に思いもよらない平和的なバランス力に畏敬の念を抱くことで、我々は謙虚さを保ち、環境への影響を考慮した行動を取ることができる。畏敬の念があれば、自然の一部として調和して生きることの大切さを理解し、持続可能な未来を築くための努力を惜しまなくなる。さらに畏敬の念を持つことは、大自然の中では、〝自分がちっぽけな存在である〟ことを認知することに通じる。そして現代脳科学的では、この〝ちっぽけな存在認知〟を「Awe（オウ：畏敬）体験[2]」と言うそうだが、その際、脳活動が活発化して、「未来社会や人のために利他的な行動を引き出す」

ことが科学的に実証されているそうである。先に述べたカントの言葉も、自然への感謝と同時に畏敬の念が大いにあったのではないだろうか。まさに二一世紀の環境問題に取り組むうえで、自然に畏敬の念を払うことから、モラルの在り方に通じるものであるのことがわかる。

このように、自然に対して感謝と畏敬の念を持つことは、単なる言葉や感情だけでなく、実際の行動にも表れるべきである。環境への配慮を持ち、エネルギーや資源の効率的な利用を心がけることは、自然への感謝の気持ちから発する。環境保護活動や持続可能なライフスタイルの選択をする際にも、畏敬の念を持つことで、ロゴスの力の限界を知ると同時に、ピュシスに従う覚悟も生まれてくるのである。

また、自然に感謝し、畏敬の念を抱くことは、個人の心の在り方だけでなく、社会全体の文化や価値観をも形成する。教育を通じて次世代に自然の大切さを伝え、環境への配慮を育むことは、地球全体の未来にとって絶対必要な事だといえる。また戦争行為こそがこの世で一番、（自分も含む）自然を破壊する行為であることを肝に銘じるべきである。この「自然に対する感謝と畏敬の念」が拡がり、私たちの行動が環境への負担を減少させ、地球の持続可能性を確保する手助けとなることを筆者は切に願う。

## まとめ（モラルを発露する場としての自然と都市の特徴）

二一世紀のモラルを考える第二章の最後に「モラルを発露する場としての自然と都市の特性Ⓑ表」を提示する。第一章で用いたⒶ図（経営の公共性と経済性）と関連性が深いので、本稿「企業のモラル」全体のまとめとさせていただく。

筆者は第二章で、二一世紀のモラルとして「自然への感謝と畏敬の念」を持つことを提案したが、この提案は人間と自然との関係をベースにしたモラルの在り方を考えるべきだという主張に基づいている。つまり経済成長（主にGDPの増加）に重点を置くあまり、自然環境に配慮することが軽視されてきたことが否めない中、現実の問題として$CO_2$排出による地球温暖化を始めとする実証データが科学的に示され続けている。つまり気候や生態系等の異変に関わる環境問題が地球上で群発しているのである。例えばパリ協定の具体的実施にあたり、南北問題（経済格差）と環境保護の問題が大きく障害となって、その解決の途は複雑を極め一向に解決に結びつく様子が見えてこない。

企業が経済的な成功を収めるために欠かせなかったのが「都市化」であり、その過程において疎かにされてきたのが「自然」である。この両者の特徴を比較対照したⒷ表をみている

モラルを発露する場としての「自然」と「都市」の特性Ⓑ表

| | 自然 | 都市 |
|---|---|---|
| 重要性の認識時期 | 21世紀～ | 17世紀～「都市化傾向」 |
| 根底にある世界観 | 生命論的世界観 | 機械論的世界観 |
| 得られる満足感 | 精神的満足感 | 主に即物的満足感 |
| 適用される思考方法 | アナログ的思考 | デジタル的思考 |
| 本質 | 平和・包容的 | 排他・競争的 |
| 優先される価値観 | 体験する価値 | 効率性・利便性の価値 |
| 環境との距離 | 環境密着 | 自然疎遠 |
| 意識／欲望の関与 | 意識が及ばない世界 | 欲望が関与支配する世界 |
| 原理原則 | 自然の摂理（ピュシス） | 理屈・言葉（ロゴス） |
| 経済活動の指向 | 脱GDP指向 | GDP優先指向 |
| エネルギー費消 | 減エネ | 増エネ |
| 産業の基地として | 第一次産業基地 | 二次・三次産業基地 |
| 予測性 | 経験による偶有性 | 統計確率によるIT予測 |

と、我々人類が都市の特性に慣らされ続けている一方で、自然が本来的に持っている特性や価値に関して極めて無頓着で暮らして来たことがわかる。

モラルを発露（心の中の事柄が表にあらわれ出ること）させる場としての自然に対しては、それこそ人類が地球に誕生した時代に遡って、もう一度真摯な姿勢を取り戻すべきだと考える。筆者が二一世紀を「生命のルネッサンス世紀」と称する所以もここにある。

Ⓑ表を用いて、自然と都市のどちらが正しいかという議論するものではない。両者が相互に補完しあって人類の進化に貢献してきた事実を冷静に見直すことによって、二一世紀のモラルの在り方を改めて考え直してはいか

がだろうという提案である。なぜならば人間とは、先に述べたように自然から遊離して効率性や利便性、あるいは目に見える価値を優先した都市化傾向に安易に便乗してきた生き物だからである。自らの存在自体が、自然の恩恵に浴すと同時に自然の一部であることをすっかり忘れてしまっているのが現代人の特徴でもある。機械論的世界観が物語るように、もし都市化することで自然さえもコントロールできると勘違いしているビッグ・ヘッド（自惚れ）な生き物が人間ならば、持続可能な開発目標（ＳＤＧｓ）の遂行が極めて危ういものに感じるのは筆者だけではあるまい。

ここで、Ⓐ図とⒷ表の関連性を簡単に纏めると左記のごとくなる。

・Ⓐ図の上半分＝企業の経済的側面＝ＧＤＰ優先＝機械論的世界観⇕Ⓑ表の「都市」

・Ⓐ図の下半分＝企業の公共的側面＝環境優先＝生命論的世界観⇕Ⓑ表の「自然」

要約すると「経済活動を象徴する都市化、公共性を象徴する自然」ということになり、二一世紀のモラルには、人間と自然の立ち位置関係を問い直す姿勢が自ずと求められることがわかる。人類のモラルを発露する場としては、都市だけでなく自然に対してますます求められていることを痛感する。つまりⒶ図の下半分の企業の公的側面と、Ⓑ表の「自然」には、計量化できない目に見えない、樹木の根っこの部分に相当するような共通した価値があるということである。目に見え、耳に聞こえてくることしか信用できなくなったのは、ある意味で利便性を優先するSNS時代に生活する現代人類の不幸だともいえよう。「本当に大切なもの、価値あるものは目に見え難い」とは時代を超えた哲学的真言ではないだろうか。

一七世紀の産業革命以来、都市化という利便性や効率性に満ちた生活に依存し過ぎた人類は、自然の恩恵や環境に対する意識が低下して、所謂「自然疎遠化状態」に陥ってしまったのである。そして、そのツケがブーメランの如く「自然環境問題」として我々に今巡り廻ってきた。環境問題に何も手を打つことなくこのまま進んでいけば、地球や生命の持続可能性を次の世代にバトンタッチすることさえ困難な状態になってしまったのである。

さてⒷ表に今少しの説明を加える。この表はモラルを発露する場としての自然と都市それぞれの特性や特徴を、左列の一三の視点から客観的且つ短い語句で比較対照したものである。二一世紀のモラルの在り方を考えるにあたり、個人、企業、自治体、国家……それぞれの立場で、人類と自然の立ち位置関係や関わり方を問い直すことで、地球に暮らす我々に今何ができるかを考えるきっかけになったら幸甚である。要はそれぞれの生活の場で、「自然と都市」の特徴を生かしたバランスの取れた、〝中庸の道〟を歩むことに尽きる。そして、第一章で述べた通り、企業の経済的発展も必要不可欠であり、同時にCSR活動による自然環境保護活動も必須であることを見直していただきたい。

前にも述べたが、モラルは頭の中だけで構築して終わるものではない。モラルをきちんと身に付けて具体的な行動に結びついて初めてモラルのモラルたる所以がある。

そして最後に、『人間も含む自然の破壊行為の最大悪（＝反モラル行為）は戦争』であることを明記して本稿を閉じさせていただくことにする。

注

（※1）「生命の必然、ロゴスでは抵抗できない。最も身近な自然は自分の身体」福岡伸一氏寄稿（二〇二〇年六月一七日朝日新聞朝刊）。

（※2）「Awe（オウ：畏敬）体験」に関しては、人間が自然に対して畏敬の念を感じると、脳の中の「島皮質」という部位を鍛え、脳全体をバランスよく協調的に働かせることが、最近の脳科学に基づく諸研究からわかってきているという（岩崎一郎著『脳磨き』サンマーク出版）。

# 今日のメディアモラル——優しさと愛で真実を伝える

アルン・プラカシュ・デソーザ

## はじめに

マス・メディアの現状をどうとらえ、どのように接するべきかというのは、昨今のチャレンジ的な問いである。一九九〇年代のＩＴの急速な進展に伴い、社会の情報化が加速するなかで、メディアの果たす役割はますます重要になっている。日本を含め、変化の激しい日常にさらされているメディアとメディア従事者は、建設的に報道しなければならないという課題が課せられている。

先進国にせよ、途上国にせよ、マス・メディアには社会を変える、そして、崩壊させる力があるとされる。たとえば、宗教性の強い国々では、多様な宗教的背景を持つ現状のなかで、しばしば信仰上の相違のために対立が起こり、うわさが広まったり、暴動が起こったり、社会的に不安定な状態が続くことがある。そのような時こそ、事実を正確に伝える報道活動が重要な役割を担うとされる。つまり、メディアは、社会において人々を結びつけ、相互に理解させる力を持っているともいえる。それゆえ、正確な報道をし、社会を繋ぐようなメディアが必要であり、そのために、良心的に正しいことを考え、倫理的に正しく情報伝達するメディア従事者が欠かせないのである。

現代における急速な科学技術の発展は、コミュニケーションの技術を進化させ、社会の情報化を加速している。そのようななかで、マス・メディアは、情報・文化の促進・教育のための重要な役割を担っている。また、マス・メディアは、真理を広め、そして、真理がもたらす平和を促進することについて責任を負っている。マス・メディアの社会へ与える影響が大きくなっているなかで、メディアが果たす役割はますます重要になっており、メディアとメディアの従事者は、建設的な報道をすることが求められている。

## メディアの役割

民主主義社会において、マス・メディアには少なくとも主に二つの役割がある。第一に、人々が意思決定を行うために必要な情報を提供する役割がある。マス・メディアが、国内の時事問題・政治情勢について人々に伝えることがなければ、人々は社会や政治で何が起こっているのか知る術がなくなる。そのため、人々に正確な情報を届けることは、マス・メディアの役割であり、責任である。

第二に、「ウォッチドッグ＝番犬」としての役割である。これは、政治家や権力者が不当な行いをしていないかを主権者である市民に代わって監視することを意味し、不正行為が発生したときには、マス・メディアは関係者に問い糺すことが求められている。この権力の監視は、民主主義社会におけるマス・メディアの最大の役割であり、責任である。しかし近年、日本を含め、多くの民主主義において正規メディアの機能が制限され、本来の番犬としての役割を果たせていない事例も数多くある。

また、現代の民主主義社会において、マス・メディアは「公共への奉仕」といった内在されている社会的役割と経営者・権力者との狭間に置かれている。このようななかで、メディアには正確な事実の伝達と社会を繋ぐための公共的な空間の担保が求められており、そのためには良心的、誠実さに導かれた情報を発信する従事者のリテラシーを育成することが重要な課題である。

第一次世界大戦と第二次世界大戦の時に、当時の主流のメディアであった新聞は大きな役割を果たした。そのなかで、民主主義において世論を形成する力のあるメディアの役割を検討する研究が行われ、その研究結果は、一九四七年の「プレスの自由委員会（the Commission on Freedom of the Press）」が発行した報道の自由に関する報告書がプレス（現代的に言えばメディア）に新しい方向性をもたらした。この「プレスの自由委員会」は、『タイム』誌の編集長だったヘンリー・ルースの要請により、シカゴ大学総長のロバート・ハッチンス委員長のもとで、一九四二年に設立された。一九四七年には、一般報告書『自由で責任あるプレス（A Free and Responsible Press）』を公表している。第二次世界大戦の前後は、報道の商業主義化により、報道の歪曲、受け手の市民の権利侵害など表現の自由と市民の利害が必ずしも一致しなくなり、また世界中が全体主義体制によって脅かされていた時代であり、そのような状況でのメディアの役割を検討する組織として「プレスの自由委員会」が設立された。

さらに、この委員会とは別に、当時注目を寄せた『マス・コミの自由に関する四理論』のなかで、プレスには次の六つの任務が負わされていると指摘する。

（1）公共問題に関する情報や討論、あるいは、論争を提供することによって政治制度に奉仕する
（2）自分で自分のことを決定するように公衆を啓発する
（3）政府に対する番犬として働くことによって個人の権利をまもる
（4）主として広告媒体を通じて、商品ならびにサービスの買手と売手を結びつけることによって経済制度に奉仕する
（5）娯楽を提供する
（6）特殊利益の圧力を受けぬように自ら財務的自足を維持する
（シーバート著、内川芳美訳、『マス・コミの自由に関する四理論』、東京創元社、一九五三年、一二三頁参照）

これらの六つの任務は、前述したハッチンス委員会が公表した『自由で責任あるプレス』

のなかでも言及され、発信する側としてメディアには重大な任務があり、社会における秩序の維持のために、外部の圧力に負けず、真実、正確、公平、客観性、そして社会にとって有用な報道を行うべきであることが再認識された。ここではまた、メディアは基本的に自由であるべきだが、必要に応じて自主規制をすべきことも明確にしている。メディアとは、合意された理論規準と職業上の行動規準を遵守すべきものであり、ある条件下では、公共の利益を守るために政府の介入が必要な場合もあるものである（デニス・マクウェール著『マス・コミュニケーション研究』、慶應義塾大学出版会、二〇一〇年、一二八頁参照）。

ここまで本稿で行ったメディアの役割の考察は、本稿の後半に論じる現代メディアのあり方とマスコミの倫理の前提となる。これらの課題へと移る前に、メディアに対する教会の理解と教会が保っている立場を明確にしたい。

## メディアと教会

カトリック教会は、すべてのメディアを神からの「贈り物」として見ている。人は神の似姿に創造されている（創1章参照）ので、人間の発明や発見などは、摂理の贈り物として神から与えられるのである。このように、社会的コミュニケーション（すべてのマス・メディア機関）の主要な本質は、神の救いの計画に協力するため、人間が互いを助けることを通して、キリストにおける兄弟姉妹として全人類を一致させることである。これに関連して、全人類に伝達されるメッセージや情報は、人々の習慣や日常と文化や伝統を形成し、発展させながら、人々を教育する目的を持っている。

一九六〇年代以降、第二バチカン公会議を通して、教会だけではなく、全世界における社会的なコミュニケーション機関の存在が認められ、それらの有効な使用が勧められるようになった。『典礼憲章』では、教会の典礼祭儀に信徒の積極的な参加が強調され、信者が理解できる言語が使われることによって、教会自体がコミュニケーションの場となった。社会的なコミュニケーション機関に関して、第二バチカン公会議以降の時代、すなわち今日に至るまで、教会の道徳的な権威や政治的な影響力が徐々に減少するなかで、福音宣教、共同体の構築、そして、共通善を促すために、どのようにコミュニケーションの機関を使用すべきかが課題になっている。とくに、急激な変化をもたらしている科学技術の発展は、コミュニケーション技術を進化させた。インターネット時代においては、発信者も受信者も相互にかつ容易に入れ替わり、さらに互いに「見知らぬけど、何でも知っている」という矛盾した関係において、人々は相互の情報ネットワークを構築している。社会における道徳や価値観に変動がある現代において、教会はどのような使命を持ち、イエス・キリストの福音（＝神の国の到来）をどのように伝えるかという問いは、旅する教会、教会に属している信者、そして、善を求めているすべての人が問い続けるべき課題である。

現代社会において、マス・メディアは、情報・文化の促進・教育のための重要な役割を担っている。今日のマス・メディアが担う責任――真理を広め、そして、真理がもたらす平和を促進する――には、多くの課題が与えられている。教会は社会における善と公正と真実に基づいた生活を守り支えなければならないことを強調している。また、すべての文化と社会の基盤となるマス・メディアと娯楽産業に対して、学者や経営者たちと協力しながら、受信者の教育とともに発信者を養成することの必要性を求めている。社会のなかで、メディアが建設的な役割を果たし、積極的に評価されるよう促すために、共通善への奉仕のために必要な三つの段階、つまり、「教育」と「参加」と「対話」（『急速な発展』11項参照）が重要だといえる。

前述したように、メディアや報道機関は全人類にメッセージや情報を伝達する装置であるとともに、人々の習慣や日常、文化や伝統を形成・発展させ、信仰に基づいた社会観を広める目的を持つものと、教会は位置付ける。また、マス・メディアに対して、社会における善と公正と真実に基づいた生活を守り支えなければならないことや、「正義」、「尊厳」、「倫理」、そして「真理」がその礎になると強調する。加えて教会は、マス・メディアと娯楽産業に、次世代を担うメディア従事者の養成、人々のメディア・リテラシー（＝メディア教育）を呼びかけている。

『カトリック教会のカテキズム』には、社会的コミュニケーションやマス・メディアの基本的な役割についてこう言及されている。

現代社会では、社会的コミュニケーション・メディアは情報、文化の促進、教育のための重要な役割を担っています。この分野は技術の進歩、伝えられるニュースの規模や多様性、世論に対する影響などのために拡大しています。更に、メディアを用いて情報を伝達するのは、共通善に奉仕するためなのです。社会に真理、自由、正義、連帯に基づいた情報を得る権利があります。（日本カトリック司教協議会教理委員会訳・監修『カトリック教会のカテキズム』、カトリック中央協議会、二〇〇二年、七一六―七一七頁）

時間と空間に制限されているなかでもジャーナリストは「公共への奉仕」に従事する態度を重視する使命感を持つ人が少なからずいることは、民主主義にとって大きな励ましとなる。しかし、現在のマス・メディアに社会的責任が求められている一方にあって、技術革新が進み、人工知能が進化するなかでフェイクニュースや誤報が相次いで生じている。

## フェイクニュースとは何か

フェイクニュースの概念はさまざまな観点から定義され、説明されているが、まず、フェイクニュースとはどのようなものかを見てみよう。

一般的に、フェイクニュースとは、虚偽の情報でつくられたニュースのことを指している。とくに、ネット上で発信・拡散される嘘の情報を指すが、誹謗中傷を目的にした投稿などを含む場合もある。具体的な事例としては、二〇一六年の英国・EU離脱の是非を問う国民投票、および米国・大統領選の投票では、SNSを通して多くのフェイクニュースが拡散され、投票行動に大きな影響を与えたという分析がある。これについては詳しく次項で考察することにする。

日本の総務省のホームページ（https://www.soumu.go.jp）には、フェイクニュースについて次のような説明が掲載されている。

> 嘘やデマ、陰謀論やプロパガンダ、誤情報や偽情報、扇情的なゴシップやディープフェイク、これらの情報がインターネット上を拡散して現実世界に負の影響をもたらす現象は、フェイクニュースという言葉で一括りにされているからである。そこには必ずしも「フェイク（嘘）」ではないものも含まれており、嘘か真実かは主観によって変わる可能性のあるものもある。また、フェイクニュースは一般的にインターネット上での情報流通を巡る問題として捉えられているが、従来のマス・メディアの報道を批判する際に言及されるケースもある……インターネット上で英語辞書を提供しているDictionary.com は、二〇一七年に *fake news* を辞書に掲載している。それによると、フェイクニュースとは「センセーショナル性を持ち、広告収入や、著名人・政治運動・企業などの信用失墜を目的としたオンライン上で広く共有されるように作成された偽のニュース記事」であるとしている。何を「偽」のニュースとするかは上述したとおりさまざまであるが、「フェイクニュース」の特徴を端的に示したひとつの例といえるだろう。他方で、フェ

イクニュースには広告収入や対象の信用失墜を目的としたものというよりは、「悪ふざけ」や社会の混乱を目的としたものも存在する。ただし、いずれの「フェイクニュース」にも共通するのは、それがフェイクであるにも関わらず、そのセンセーショナル性をもって広く一般に拡散されているということである。

**フェイクニュースの原点**

フェイクニュースの原点に遡ると、いくつかの具体的な事例に焦点をあてることができる。まず、英国の国民投票に関して、EU離脱派が残留派を上回ったが、離脱派が主張していた英国のEUへの週あたり約三億五千万ポンドという負担額が、投票後に、実際には半分以下に過ぎないことが明らかになった。そして、離脱派の急先鋒ファラージ（英国独立党・党首）氏が虚偽の数字であることをあっさり認めたことから、離脱賛成に投票した国民からも批判の声が上がった。

二〇一六年の米大統領選では、「ローマ教皇がトランプ支持を表明した」「ヒラリーが過激派組織ＩＳ（イスラム国）に武器を供与した」という嘘のニュースも拡散した。投票日が近づくと、フェイクニュースの浸透度は高まり、選挙前三か月余の集計では、発信された大手ニュース記事の上位二〇位に計七三六・七万のエンゲージメント（反応・シェア・コメントなど）があったのに対し、フェイクニュースの上位二〇位にはそれを上回る約八七一・一万のエンゲージメントがあったということが、研究から明確になっている。

同年一一月には、米国の首都ワシントンで、ネット上のデマを信じた男が武装し、ピザ店を脅迫・襲撃するという事件（ピザ・ゲート事件*）も起こっている。一二月には、フェイクニュースを鵜呑みしたパキスタン国防相が、核兵器の使用を示唆するような投稿をTwitter（最近、Xと名称変更）上に流すという騒動もあった。このような状況のなかで、人々を惑わす虚偽情報が大規模に拡散し、大きな社会問題となったことを契機に、「フェイクニュース」という言葉が注目されはじめた。

*二〇一六年一二月三日、「米国ワシントンDCのあるピザレストランが児童売春の拠点になっていて、ヒラリー・クリントンがそれに関わっている」という虚偽情報を信じた男が、噂のピザレストランに銃を持って押し入り、発砲した事件があったが、負傷者は出なかった。

以上は、英国・米国のフェイクニュースの事例を挙げたが、日本においてもいくつかの事例がある。熊本地震の直後、「熊本の動物園からライオンが逃げた」というデマ情報が当時のツイッター（現X）に投稿され、動物園の業務を妨害したとして、神奈川県に住む二〇歳の男が熊本県警に逮捕される事件があった。その男は地震の直後「おいふざけんな、地震のせいでうちの近くの動物園からライオン放たれたんだが　熊本」と、市街地を歩くライオンの写真を投稿、熊本市動植物園の業務を妨害したとして偽計業務妨害の疑いが持たれた。実際に、このツイートは、一万七千回以上もリツイートされ、熊本市動植物園には一〇〇件を超える問い合わせなどの電話があったといわれている。

新型コロナウィルスの拡大初期に、トイレットペーパーやマスクや消毒液が品薄になるというデマもあった。さらに、感染防止のため、東京、または、日本国内は都市閉鎖、ロックダウンの可能性があるという類の情報がSNSで広まっていた。

上記のトイレットペーパーの品薄、品切れの噂を具体的に研究した結果、「トイレットペーパー」という言葉を含むツイッターの投稿を調べたところ、二〇二〇年四月二六日までは一日当たり二千件程度だったが、翌二七日には前日の一〇倍程度、二八日にはさらにその一〇倍に急増したことがわかった。このうち、「品切れ」や「不足」といった内容を含む投稿も同月二七日から急増していて、二八日と二九日にも数万件もの投稿が寄せられていることが明らかになった。

誤った情報をもとにトイレットペーパーの買いだめが相次いだなか、トイレットペーパーのメーカー三九社でつくる業界団体「日本家庭紙工業会」は五月二日、改めて消費者に向けて買いだめを行わないように呼びかけた。業界団体によると、トイレットペーパーのおよそ九八％が国内生産で、いずれの会社とも在庫はあり、供給量には「全く問題がない」と発表した。こうして、誤った情報が流されることによって社会的な秩序やパニック状態が生じることが明らかになった。このような時こそ、メディアは大きな役割を果たすに違いない。

## 聖書におけるフェイクニュース

聖書には、うわさ話、偽りの情報発信、近ごろ話題になっているいわゆるフェイクニュースに関連する箇所が数多くある。そのなかから、フェイクニュースに関するいくつかの聖書箇所を紹介しよう。

まずは、創世記三七章のヨセフの物語を見てみよう。シケムでイスラエルの羊の群れの世話をしている兄弟のところに、ヨセフが送られるエピソードがある。しかし、ヨセフに妬みを持っていた兄弟たちは、ヨセフを殺して、穴の一つに投げ込もうとを企む。父のヤコブに「悪い獣が食い殺したと言えばよい」と計画を立てるが、最終的に、エジプトに向かっているイシュマエル人に売ろうとする。その後、ヨセフの兄弟は、彼の上着を取り、雄山羊を殺して、その血に上着を浸し、その上着を父のもとに送って言う。「こんなものを見つけましたが、あなたの息子の上着かどうか、確かめてください」。父は確かめて言う。「息子の上着だ。悪い獣に食われてしまったのだ。ヨセフはかみ裂かれてしまったのだ」。ヤコブは、息子たちの嘘を信じてしまうというフェイクニュースの物語である（創37・12―33参照）。

次に、民数記の一三章を考察しよう。エジプトから導き出された民が約束の国に入る前に、主に命じられたモーセは主がイスラエルの人々に与えようとしているカナンの地を偵察させるために、人を遣わした。四〇日の後、彼らはその地の偵察から戻り、パランの荒れ野のカデシュにいたモーセとアロン、およびイスラエルの全会衆のもとに帰って来て、報告し、その地の果実を見せ、モーセに説明した。

しかし、カナンの地を偵察させるために遣わされた人のなかで、偽りの情報を流した人もいたと報告書の後半に語られている。

だが、彼と一緒に上って行った者たちは「いや、あの民に向かって上ることなどできません。彼らは私たちよりも強いからです」と言い、偵察した地について、イスラエルの人々の間に悪い噂を広めて言った。「私たちが偵察のために行き巡った地は、そこに住もうとする者を食い尽くす地だ。私たちがそこで見た民は皆、巨人だった。私たちはそこでネフィリムを見た。アナク人はネフィリムの出身なのだ。私たちの目には自分がばったのように見えたし、彼らの目にもそう見えただろう。」（民13・31―33）

こうして、イスラエルの人々の間では、約束の国に入る前にフェイクニュースが広まっていったという話である。

次に、新約聖書におけるフェイクニュースを見てみよう。山上の説教の重要な教えの一つは、マタイによる福音書七章一五節にある。イエスの言葉で、「偽預言者に注意しなさい」と群衆に警戒している。つまり、偽りの情報を流す人々に警戒するような呼びかけである。同福音書の二四章は偽預言者についてさらに述べている。

その時、「見よ、ここにメシアがいる」「いや、ここだ」と言う者がいても、信じてはならない。偽メシアや偽預言者が現れて、大きなしるしや不思議な業を行い、できれば、選ばれた人たちをも惑わそうとするからである。（マタ24・23―24）

さらに、マタイ福音書に注目を寄せるイエスの復活後のエピソードがある。復活されたイエスに会った女性たちが弟子たちのところに向かっている間に、数人の番兵は都に帰り、この出来事をすべて祭司長たちに報告する。

そこで、祭司長たちは長老たちと集まって相談し、兵士たちに多額の金を与えて、言った。「『弟子たちが夜中にやって来て、我々の寝ている間に死体を盗んで行った』と言いなさい。もしこのことが総督の耳に入ったとしても、うまく総督を説得して、あなたがたには心配をかけないようにしよう。」兵士たちは金を受け取って、教えられたとおりにした。この話は、今日に至るまでユダヤ人の間に広まっている。（マタ28・12―15）

神の計画に逆らってイエスを十字架につけたユダヤ人たちは、弟子たち、初代教会、また、現代に至るまでの信仰者の礎となるイエスの復活の出来事について偽りの情報を広げている。ペトロの第二の手紙の中に、ペトロはその読者に注意を呼びかける内容がある。

しかし、民の間には偽預言者も現れました。同じように、あなたがたの間にも偽教師が現れることでしょう。彼らは滅びをもたらす異端をひそかに持ち込み、自分たちを贖ってくださった主を否定して、自らの身に速やかな滅びを招いています。しかも、多くの人が彼らの放縦を見倣い、そのために真理の道がそしりを受けるのです。彼らは欲に駆られ、嘘偽りであなたがたを食い物にします。この者たちに対する裁きは、昔から滞りなく行われており、彼らが滅ぼされないままでいることはありません。（二ペト2・1―3）

当時の共同体に対してペトロの注意の呼びかけは、共同体のなかで大きな役割を持っていた。ペトロのこの呼びかけは、次のテモテへの手紙のなかに共通する内容を見いだすことができる。

最後に、テモテへの第二の手紙を見てみよう。

誰も健全な教えを聞こうとしない時が来ます。その時、人々は耳触りのよい話を聞こうと、好き勝手に教師たちを寄せ集め、真理から耳を背け、作り話へとそれて行くように

なります。(二テモ4・3―4)

今日、さまざまなフェイクニュースが発信されているなかで、メディアの本当の意義とあり方について注目され、メディアに携わっている人々の心がまえが問われている。

## 教会が望むメディアのあり方

実際に情報市場の現場において送信者、または、語り手から何らかの媒体を通して受信者、または聞き手(メディア学的に言えば、オーディエンス=視聴者)に伝わるメッセージ、情報、ニュースはそのオーディエンスの理解によって受け入れられ、解釈されるという過程がある。そのため、送信者の意図をこえて、受信者が読み間違える、聞き間違える、見間違える、つまり、解釈が間違える可能性は常に存在している。送信者が意図的に誤っている情報を送信すること以外に、聞き手、すなわちオーディエンスが個人や業界の有利になるよう解釈することによって、気づかないうちに偽りの情報、または、フェイクニュースの原因になることは確かにある。いずれにしても、送信者と受信者、語り手と聞き手は、フェイクニュースの因果関係に注目することによって事実確認ができ、メディアの有効な活躍を目標とし、社会における共通善への奉仕、または、公共への奉仕が実現するのである。
教会は、現代社会におけるメディアのあり方について常に検討し、定期的に文書を公表している。そのなかで、最近出された二つの文書を中心に考えたい。

**二〇二三年「世界広報の日」メッセージ**

毎年、聖霊降臨の前週の日曜日は「世界広報の日」と定められ、これに先立つ一月二四日、ジャーナリストの守護聖人である聖フランシスコ・サレジオ司教教会博士の記念日に、バチカンが教皇メッセージを発表する習慣がある。「世界広報の日」とは、さまざまな形のメディアを通して行う福音宣教について、教会全体で考え、祈ることを目的とするものである。二〇二二年度の「来て、見なさい」、「心の耳で聴く」というテーマに続け、二〇二三年五月二一日の第五七回「世界広報の日」で、教皇は「『愛に根差した真理に従い』心を込めて話す（エフェ4・15参照）」に注目した。教皇は、「行く、見る、聞くように私たちを動かすのは心である。心が開かれた、受容的なコミュニケーションを行わせる」と述べている。そして、耳を傾けることを学んだ後、対話と分かち合いを発展させたもの、つまり心のこもったコミュニケーション、愛に根差した真理に従った会話を学ぶよう教皇は招いている。

教皇は「心を込めて伝えるとは、読む人、聞く人に、現代の人々の喜びや恐れ、希望や苦しみに対する人間の分かち合いを理解することでもあり、このように話す人は、相手を大切に思い、その自由を尊重することだ」と述べている。そして、このようなコミュニケーションのために、イエスが十字架上の死を遂げた後、エマオへ向かう弟子たちに話しかけた不思議な「旅人」をモデルとして示している。

メッセージのなかで、教皇は「心を込めて話す」ことの最も輝ける模範を示した人として、帰天四〇〇年を迎えた聖フランシスコ・サレジオ司教・教会博士を挙げている。そして、同聖人の柔和で、人間性にあふれ、反対者をも含むすべての人と忍耐強く対話する姿勢は、神のいつくしみの愛のすばらしい証しとなったことを強調した。「心は心に語る」という聖フランシスコ・サレジオの言葉は、世代を超えた多くの人に影響を与えている。影響を受けた一人はジョン・ヘンリー・ニューマンであり、この言葉をモットーに選んだのだ。このことを、教皇はニューマンの「よく話すためには、よく愛するだけで十分である」という言葉に焦点をあてて説明している。聖フランシスコ・サレジオの「私たちが伝えるのは、私たちそのものである」という教えに触れつつ、教皇は、今日のソーシャルメディアが、ありのままの自分ではなく、「かくありたい自分」を伝えるために利用されていることをも指摘している。教皇は、この「優しさの聖人」から、勇気と自由をもって真理を語り、物々しい攻撃的な表現を用いる誘惑を退けることを学ぶよう勧めている。

さらに、教皇は、分極化や対立の構図が目立つこの時代、教会共同体さえもその影響を受けていないとはいえないと述べつつ、このようななかで、「『心から』『広げた両腕から』のコミュニケーションをする努力は、情報にたずさわる者たちだけでなく、すべての人の責任でもある。そして、人間の皆が、真理を語り、それを愛をもって行うよう召されている」と語っている。

最後に、教皇フランシスコは、「世界的な紛争を生きる今日の劇的状況において、対立的でないコミュニケーションを確立することが求められている」と述べ、対話に開き、包括的な軍縮を進め、闘争的な心理状態を解くことに努力する伝達者の必要を説きつつ、聖ヨハネ二三世の次の言葉を紹介している。「真の平和は、ただ相互の信頼のもとにのみ築くことが可能である」(回勅『地上の平和』61項)。

つまり、「バチカン・ニュース」(二〇二三年一月二四日公開)が伝えるように、教皇フランシスコは、教会のメディアに対する期待と使命を示しながら、現在は、偏向と対立の色濃い時代にあって、「心からの、手を広げた」コミュニケーションに取り組むことは、報道の担い手だけにかかわることではなく、私たち一人ひとりが責任を持っていると同時に、人間社会は、真理を求め、伝え、愛をもってそれを行うよう求められていると強調している。

**『豊かな活用に向けて――ソーシャルメディアとのかかわりについての司牧的考察』**

二〇二三年五月二八日に教皇庁広報省長官のパオロ・ルッフィーニ氏と次官のルシオ・アンドリアン・ルイス神父が署名した文書『豊かな活用に向けて――ソーシャルメディアとのかかわりについての司牧的考察』が発行された。本文書でメディア、とくにソーシャルメディアに対する教会の姿勢が示され、「カトリック信者はソーシャルメディアを使う際に、良心の糾明を行い、そこから受ける影響や福音を伝えて、共同体を構築、他者の世話をする機会を得られるかを見極めるべきだ」と教皇庁広報省は勧めている。

『豊かな活用に向けて――ソーシャルメディアとのかかわりについての司牧的考察』は、「デジタルの時代には大きな前進があったが、喫緊の課題のひとつは、私たち人間が個人として、また教会共同体として、『デジタル・ハイウェイ』に沿った共通の旅路の中で、互いに純粋に存在し、気配りのできる『愛すべき隣人』として、デジタル世界でどのように生きていくかということである」という問題意識をもって始まっている。
また、同文書のなかで、普遍教会もデジタルの現実に取り組んできたことが紹介され、たとえば、一九六七年以来、毎年行われる「世界広報の日」のメッセージは、このテーマについて継続的な考察を提供し、一九九〇年代から、コンピュータの使用を取り上げ、二〇〇〇年代初頭からは、デジタル文化と社会的コミュニケーションの側面を一貫して考察してきたことが述べられている。

さらに、コミュニケーション・プロセスの収束から成立する統合コミュニケーション(integrated communication)の文脈において、ソーシャルメディアは、私たちの価値観、信念、言語、日常生活に関する思い込みが形成される場として、決定的な役割を果たしている。そして、多くの人々、特に発展途上国の人々にとって、デジタル・コミュニケーションとの接点はソーシャルメディアに限られている場合もあると説明している。この環境システムにおいて、人々はソーシャルメディア企業のミッション・ステートメントの信憑性を信頼するよう求められている。これらのミッション・ステートメントは、たとえば、「世界を一つにする、すべての人にアイデアを生み出し、共有する力を与える」、あるいは、「すべての人に発言権を与えることを約束している」と強調している。

教皇庁広報省の文書はソーシャルメディアの理想的なあり方についても言及し、「ソーシャルメディアにおける傾聴へのコミットメントは、バイト、アバター、「いいね」のみではなく、人々のネットワークに移行するための基本的な出発点である」と懸念を示している。また、最近のソーシャルメディアの発展と若い世代のソーシャルメディアへの執着についても述べている。たとえば、ソーシャルメディアは、互いの繋がりのためだけでなく、究極的には人間関係のための空間であり、神と隣人と私たちの環境との関係を含まれるソーシャルメディア上での私たちの存在に関する適切な良心の糾明を必要としていると感じられる時がある。

私たちを取り巻くデジタルメディアは、人々が空間や文化の境界を越えて出会うことを可能にする。こうした「デジタル的な出会いは、必ずしも物理的な親密さをもたらすものではないにせよ、それにもかかわらず、有意義でインパクトのある、リアルなものとなりうる。単なる繋がりを超えて、他者と真摯に関わり、有意義な会話を交わし、連帯を表明し、誰かの孤独や痛みを和らげる手段となりうる」とソーシャルメディアの重大な役割を広報省の文書は主張している。

また文書は、「私たちは商品を売るためソーシャルメディアにいるのではなく、あるいは、私たちは広告を出すのではなく、むしろ、キリストにおいて私たちに与えられた命を伝えるためである。したがって、すべてのキリスト者は、単なる布教するのではなく、証言をするように招かれている」と、ソーシャルメディアのあり方、そして、ソーシャルメディアの利用者に対する呼びかけを明確にしている。

教皇と教皇庁広報省の二つの文書に基づき、教会が強調しているメディアに従事する人々の役割を考察するために、藤田博司（上智大学文学部新聞学科教授、一九九五―二〇〇五年）の言葉を借りよう。

ジャーナリズムを担う報道機関とその現場に関わる人は、真実を報道するための手立てとして、特別な権利、便宜が与えられている。報道機関の従事者は、取材目的のために、普通の市民が会えない人に会い、立ち入れない場所に立ち入ることがある。それは市民の「知る権利」を報道機関が代行するためと考えられている。この特権には当然、果たすべき義務を伴っている。それは、市民が必要とするニュース、情報を速やかに、適切に報道する義務である。（藤田博司、我孫子和夫『ジャーナリズムの規範と倫理』、新聞通信調査会、二〇一四年、四五頁）

## メディアモラルへの招き

時代ごとに、社会の状況と発展によって、メディアの姿勢も方針も変化している。しかし、時代の社会風潮に合わせつつ、多くの場合は、民主主義の番犬としてメディアは活動してきたといえる。しばしば、時間と空間の枠組みに制限され、外部の圧力に屈してしまう時があるにも関わらず、歴史的な視点から考察すると、メディアは「公共への奉仕」という使命から遠く逸れていないことがわかる。表現の自由、報道の自由が尊重にされている現代社会におけるジャーナリズムやメディアの倫理は、情報の発信者と受信者の間で経験的に定まるものだといわれる。その根本は発信者の「伝えたい」という欲求であるが、受信者の「知りたい」という反応を受けて、発信者が「伝えたい」情報を発信するというループのなかで倫理が生じる。

そして、現代におけるメディアの倫理とは、報道の真実性と個人のプライバシー尊重を両立することにあると主張したい。フェイクニュースや誤報が相次いで報道されている現代にとっては、メディアはなおさら重要な役割を担っている。

たとえば、二〇一九年に発生した京都アニメーション放火殺人事件での被害者の実名報道などのように、メディアが無闇に被害者や被疑者の実名報道を行うことは、その被害者やその家族のプライバシーへの侵害であり、もし被疑者が冤罪であった場合には著しい名誉毀損に繋がってしまう（日本国内を含み、被疑者が無実であった、または有罪判決後に無罪であることが判明する事例は多々ある）。一方で、匿名報道にも問題はある。メディアの匿名報道に対し、視聴した側にその客観性を確認する術がないため、報道の真実性が希薄になってしまうのである。よって、この両者のバランスを、現代の人々の心情に寄り添うことで保つことが、現代のメディアに求められる倫理であると考える。

企業の規定に沿った情報発信や報道などは、言うまでもなく、それぞれに都合の良いものである。発信者が何を伝えたいのかを考えるにあたって、まずは、偏見や偏向抜きの発信者の知識や思いを基に受信者に投げかける、または、伝えることが倫理形成の一歩になるのではないだろうか。そして、メディアに従事するプロフェッショナルたちの倫理観、報道の是非が問われるべきではないだろうか。

しかし、多くの場合は、現場の状況を全身全霊で理解して取材・報道する人と、現場から離れて何を報道するか決定権を持っている責任者との間で、何を、どのように報道すべきか、何を良い・悪いとするかについて、乖離が生じている。人権と報道の自由・表現の自由を天秤にかけたとき、どちらを優先させるべきかを考えることがジャーナリストの倫理、メディアの倫理である。しかし、それは単純な言葉によって定義できるものではなく、強い個人の倫理観と、メディアに携わる人々を取り巻く状況のなかで絶えず識別のプロセスを行うことが重要なのである。

報道することによって誰かを救うことができるのか、また逆にその報道は誰かに危害を加えてしまうのではないか、それを考えることが、誰でも簡単に発信することができる現代社会のジャーナリズム、メディアの倫理である。

## おわりに

本稿で言及したフェイクニュースや誤報が相次いで報道されている状況のなかで、神の言葉は世界に「よい知らせ（Good News）」を伝えている。「神は、その独り子をお与えになったほどに、世を愛された」（ヨハ3・16）とある。それが「よい知らせ」の最大の神秘であり、新しい霊に導かれた人々は、フェイクニュースがもたらす社会と人間関係の破壊を拒否し、神の国を象徴する平和、ゆるし、愛のよい知らせを受け入れ、神の救いの神秘に与ることに呼ばれている。

教会全体がシノドス的な教会となるために耳を傾けるよう招かれている今、ソーシャルメディアを含むすべてのメディアもコミュニケーションの根本的な目的を再確認する必要がある。良いコミュニケーションのために不可欠な「聴くこと」を再発見するようにという招きを受け入れ、報道現場に携わっている人々の「アイデンティティー（存在）」と「プロフェッション（職業）」との連帯性を再考する機会としたい。

# 仏教徒とモラル

奈良　修一

## モラルとは

モラルは、「道徳」、「倫理」と同じように考えられることが多いのですが、それらよりも幅広い意味をもっているように思います。というのも、「あの人にはモラルがある」とは言えますが、「あの人には道徳がある」とは言いませんし、ニュアンスが変わってきます。この場合は、「あの人には道徳心がある」と言い換えた方がぴったりきます。

そもそも、「モラル」とは何でしょうか。

ある百科事典には、次のように定義されています。

モラル
moral　英語
Moral　ドイツ語
morale　フランス語

道徳のこと。文化史的に固有な意味合いをもつことばなので、しばしば原語のまま用いられる。モラルはもともと習俗、風習を意味するラテン語「モーレス」mores からきているが、それぞれの時代の習俗として成立した社会的規範がただちにモラルであるのではない。そうした規範はある種の強制力をもってわれわれに外から与えられる。これに反して、モラルは良心や内心の命令として、個人の決断によって生み出される。それはいわば、人が自分自身に対して自発的に与える規範なのである。時代の転換期における新旧思想の対立は、なによりまずモラルの問題をめぐっておこってくる。そのようなときには、既成の権威や社会的規範に反抗することによって、新しいモラルが形成される場合もある。とはいえ、モラルは外的規範と無関係に成立する、単なる主観的なものではない。それはつねに、その時代の社会生活全体によって深く制約されている。いわば、社会のうちから生まれた外的要請と個人の内的自発性が一致する地点においてモラルは成立する。（日本大百科全書（ニッポニカ）　伊藤勝彦）

このように、モラルとは、外から強制されるものではなく、自分の「良心や内心の命令として、個人の決断によって生み出される」ものなのです。

# 戒律

## 戒と律

仏教において、モラルに当たるのは「戒律」といえるでしょう。仏教徒はこの戒律を守ることが良いとされています。しかし、この「戒律」は一つのものではなりません。これは、「戒」と「律」からなっております。もともとインドでは別のものとされていましたが、仏教が中国に伝わると、「戒律」としてひとまとめに言われるようになりました。

「戒」とは、サンスクリットで「シーラ」（śīla）といい、仏教者としての自覚を持ちながら、自分で正しいと思うことを選択し、実践していくことです。つまり、人から言われたから行う、というものではありません。

たとえば、子供さんが転んで膝を打ち、泣き出した。あるお母さんはすぐに助け起こして、大丈夫よと慰める。しかし、別のお母さんは、怪我などしていないことを確かめると、それ以上に手を貸さない。自分で起き上がるのを待っている、ということがあります。どちらも母親としての愛情表現です。どちらが正しいかは、難しい問題です。お母さんがどう判断するかはその方の自主性ですし、それが「戒」なのです。

古代インドの釈尊や最初期のお弟子さんたちは真実、道を求めて出家しました。ひたすら自分を磨き修行に励んでいる人たちでした。修行者としての自覚をはっきりもっていましたし、やって良いことと、やってはいけないことを自分で判断していました。試行錯誤しながらも正しく行動していく。それが「戒」ですし、次第に基本的な行為パターンが幾つかまとまって説かれるようになりました。その一つが「五戒」です。「パンチャ・シーラ(pañca-sīla)」といいます。あくまでも自主的に自分で守っていくべき正しい行為です。ルールではありません。その五戒とは、不殺生戒(ふせっしょうかい)、不偸盗戒(ふちゅうとうかい)、不邪婬戒(ふじゃいんかい)、不妄語戒(ふもうごかい)、不飲酒戒(ふおんじゅかい)

です。後で詳しく述べます。

しかし人間ですから何時も正しい行動ができるわけではありません。正しくない行動をしてしまうこともしばしばあるわけです。その時には自分で反省します。つまり「懺悔」します。「ザンゲ」とも読まれますが、仏教では濁らずに「サンゲ」と読みます。戒、つまりシーラと懺悔はペアになっています。

一方、「律」とは、サンスクリットで「ヴィナヤ」（vinaya）といい、ルール、規則のことです。これは、違反すると罰則が与えられるものです。

何故、このように、「戒」と「律」があるのでしょうか。それは、仏教教団が起こったときから始まります。

紀元前五世紀のインドはそれまでのバラモン教の権威が疑われはじめ、さまざまな宗教や哲学が現れます。さらにシュラマナ（śramaṇa、沙門）といって家庭を捨てて出家し、ひたすら宗教的真実を求め修行を続ける人々が現れました。彼らは、世俗をすてて、一切社会活動をせずに、「樹下石上」の生活を送りました。「樹下石上」の生活とは、木の下や、石の上で修行し、暮らすことで、屋根のあるところには住まない生活でした。

釈尊は、一国の王子でしたが、その生活を捨ててシュラマナになり、修行をしたのでした。

これは、自ら出家したのであり、誰かに強制されたものではありません。六年の難行・苦行を経て、「成道」（じょうどう）といって、悟りを開かれたのです。これは宗教的真実に目覚めた、と言って良いものです。

仏教が今日まで伝わっているのはこの釈尊の悟りのおかげですが、もう一つ重要なことがあります。それは、「教団」を組織し、修行者が屋根のあるところで寝ることを認めたことでした。それまでのシュラマナの生活ですと、常に遊行していましたから、その教えを伝えることは簡単ではありません。また、学びたい人がいても、なかなかその教えを説く人に巡り会うことが難しかったのです。一方、仏教とジャイナ教は教団を組織し、ヴィハーラ（vihāra、精舎）という施設を作り、定住することを可能にしたのです。これが、後の寺院となり、伝道のセンターにもなりました。

このように、教団が成立し、定住するようになりますと、釈尊や初期のお弟子さん達のように、自ら宗教的真実を求める人だけでなく、その覚悟のない人たちも出家するようになりました。そうなりますと、出家者にあるまじき行為をする人達もでてきたのです。

自覚的に出家し、修行している人は、みずから「戒」にしたがった修行生活をします。外から、「ああしろ」、「こうしろ」と言われなくても、自分で「戒」にしたがった修行生活を送ります。このような人達には、とくに外からの規制は必要ありません。

しかし、その自覚がなく出家した人々は、特に求道心があるわけではありません。さらに教団におれば、安楽な生活ができます。というのも、寝る場所、食事、衣と、生活に必要なものはすべて揃っているからです。それですので、出家者にあるまじき行為をする人が出てきました。その度に、「～すべからず」という律が説かれるようになったのです。

「戒」は自発的な行動なのに対し、「律」はルールであり、違反すると罰則があります。しかし、どちらも守っていくことにより、自らの欲望を制御し、心を落ち着かせることができるのです。

**布薩（ウポーサタ）**

戒や律を守っていくとき、自分が守ると決めただけでは、安易に流れてしまう危険性があります。定期的に、戒律を確認していくことが必要です。仏教教団の早い時代から、「布薩（ふさつ、uposatha）」という儀式がありました。出家修行者は、月に二回、新月と満月のとき、「布薩」という反省会を開いていました。男性僧侶である比丘（びく）の二百五十戒、女性僧侶である比丘尼（びくに）五百戒、それがずっと条文になって並んでいます。それを誰かが読み上げていきます。それを聞きながら、この律に私は違反したな、と思うと手を上げて、そこで「こういうミスをしました」と、そこで告白、懺悔し、そして「わかった。もうしないように気をつけなさいよ」とみんなから許しを得る。その場で許しを得られないような罪の場合には、ある期間懺悔行が課せられることもあるようです。

この儀式は、もともとインドでヴェーダ（Veda）時代、またはそれ以前からある普遍的な慣習で、シュラマナの間では一般に行われていました。それを仏教教団も採り入れたのです。この儀式は、修行者たちだけでなく、一般信者にも開かれていました。

現在でも、テーラヴァーダ（上座部）仏教の国であり、スリランカやタイでは、この布薩が行われています。とくにスリランカでは、布薩の日は、国家的休日となっています。レストラン、劇場や映画館も休みとなります。一般の人々が、朝早くから、白い衣服を着て寺に行きます。そこで、住職の説法や、時にラジオを通じて説教を聞きます。説法が終わると、比丘のリードで五戒を皆で唱えます。このようにして、五戒の言葉を身にしみこませるのです。

このように、テーラヴァーダ仏教の国々ではウポーサタが定着しています。しかし、大乗仏教圏では、それほどは定着していません。何故でしょうか。テーラヴァーダでは、戒よりも律を大事にしています。しかし、大乗仏教では、戒に重きをおいているからです。

テーラヴァーダの僧侶は、タバコを普通に吸うことが多いようです。なぜならば、律で「喫煙が禁止されていない」からです。これは当然です。タバコはもともと南米の産物で、十六世紀にヨーロッパから他の地域に広まりました。つまり、釈尊はタバコを知らないのです。知らないことは禁止のしようがありません。律を重んじるのは大事ですが、それだけだと、教条主義になりかねないことになります。

一方、大乗仏教では、個々人の自発的な向き合い方を大事にします。江戸時代の話だというのですが、禅宗の雲水さんが山作務といいまして、山に入って作業をしていました。一休みしようということで腰を下ろし、キセルで煙草を吸いました。美味しかったんでしょう。その雲水さんは「ああ、うまい。こんなうまい煙草を吸っていたんじゃ修行にならない」といってその場でキセルを折り捨てたというエピソードがあります。これは作り話かもしれませんが、修行僧が煙草を吸っていいか悪いかということに関してよくできています。

「修行にならないから」といって、自発的に煙草をやめる「戒」と、釈尊が禁止していないから、平気で煙草を吸う「律」との違いをよく示しています。

**十六条戒**

では、具体的な戒について見ていきたいと思います。曹洞宗では、道元禅師の説示された大乗戒である「十六条戒」（じゅうろくじょうかい）で得度します。得度とは、僧侶になることです。もっとも、一般の信者もこの「十六条戒」を守ることを誓うことによって、仏教徒であることを確認しています。「十六条戒」は、「三帰依」（さんきえ）、「三聚浄戒」（さんじゅじょうかい）、「十重禁戒」（じゅうじゅうきんかい）です。

ただし、得度する前、「懺悔文」（さんげもん）を唱え、今まで犯してきた罪を懺悔します。その唱える偈文（げもん）は、以下の通りです。

我昔所造諸悪業　（がしゃく　しょぞう　しょあくごう）
皆由無始貪瞋癡　（かいゆう　むし　とん・じん・ち）
従身口意之所生　（じゅうしん　くい　ししょうしょう）
一切我今皆懺悔　（いっさい　がこん　かいさんげ）

普通は漢文のまま読みますが、駒澤大学名誉教授で、永平寺の西堂（せいどう）を務められた奈良康明先生は、以下の様に和訳しています。

善をなさんとして善をなすことあたわず、
悪をなさざらんと欲して悪をなすは、
我が心と言葉と行為のすべてが、
貪《むさぼ》り、瞋《いか》り、癡《おろ》かさに覆われている故なり。
そのすべてを、反省し、懺悔したてまつる。

私たちは悪いことをしないではおれません。意識的にしないようにしていても、してしまうことがあります。それを反省し、懺悔することが信仰のはじまりだといえます。

この懺悔に関して、釈尊の弟子であるアングリマーラの話があります。

アングリマーラはバラモンの出身で、ある師匠について学問に励んでいましたが、その師匠の妻に横恋慕されました。当然、彼はこれを拒絶しました。それを怒った妻が、夫である師匠に、彼に乱暴されたと告げ口をしたのです。それを聞いて、その師匠は、彼に剣を渡し、「百人の人を殺し、その指を集めてこい。そうすれば、お前の修行は完成する」と言い渡しのです。師匠に忠実な彼は、それに従って、人を殺し、指を集めました。しかし、釈尊に出会って、改心し弟子になりました。彼は修行を続け、長老の一人となったのです。

アングリマーラは、仏弟子の一人として有名で、死後、舎衛城（しゃえじょう、現在インド、ウッタル・プラデーシュ州のマヘート）に仏塔まで建立されています。

アングリマーラは、多くの人を傷つけたことで、恨まれ、暴行も受けましたが、それも自分の報いだとして黙って受け止めたのです。

ある時、彼が托鉢にでたとき、難産で苦しんでいる妊婦がいました。何もできずに精舎に戻り、そのことを釈尊に話すと、釈尊は、彼に「すぐ戻って、私は今まで人を傷つけたことがない。その功徳で安産でありますように、と言ってこい」と言いました。彼は驚いて「私は、今まで多くの人を傷つけてきました。そのような言葉を口にすることはできません」と言いました。しかし、釈尊は「お前は出家し、仏弟子となって生まれ替わっている。仏弟子となってからは人を傷つけたことはないではないか」といわれ、釈尊のいわれたとおり、アングリマーラは苦しんでいる妊婦の元に行き、釈尊にいわれた通りの言葉を口にすると、妊婦は無事に子供を出産できました。

人は間違いを犯します。間違えないのが一番良いのですが、間違えた以上、それを正し、良くなるようにしていくことが必要でしょう。
余談ですが、イスラームのスーフィーの修行も、その最初は、今まで人にしてきた悪いことをその人に謝ることから始まるのです。

十六条戒の最初の「三歸依」（さんきえ）は以下の通りです。

南無歸依佛　（なむ　きえ　ぶつ）
南無歸依法　（なむ　きえ　ほう）
南無歸依僧　（なむ　きえ　そう）

和訳を記します。

自ら仏に帰依したてまつる。
自ら法に帰依したてまつる。
自ら僧に帰依したてまつる。

「帰依」という言葉は、もともとインドの言葉の翻訳で、サンスクリットで「シャラナ（śaraṇa）」、パーリ語「サラナ（saraṇa）」という言葉からきています。意味は、「すぐれたものに対して自己の身心を投げ出して信奉すること」です。仏教の信仰は、この仏・法・僧の三宝（さんぼう）に帰依することから始まります。

仏とは、釈尊をはじめ、教えを説かれた方です。法とはその教え、僧とは、比丘（びく、Bhikkhu）・比丘尼（びくに、Bhikkhunī）という男女の僧侶と、優婆塞（うばそく、upāsaka）・優婆夷（うばい、upāsikā）という男女の信者の集まりである「サンガ（saṃgha・僧伽、そうぎゃ）」のことです。

つまり、教えを説かれた方、その教え、そして、それを護持する集まりを三つの宝とし帰依することから、仏教の信仰が始まります。

日本では、漢訳の三帰依文を唱えますが、国際的な仏教の会合では、パーリ語の三帰依が唱えられます。参考までに原語を出しておきます。

Buddhaṃ saraṇaṃ gacchāmi

Dhammaṃ saraṇaṃ gacchāmi
Saṅghaṃ saraṇaṃ gacchāmi

また、帰依することを「南無（なむ）する」とも言います。「南無」とは、原語の namas からきており、「身体をかがめて礼拝する」という意味です。現在でも、インドでは、挨拶の言葉として「ナマス　テー（namas te）」が普通に使われています。「テー」とは「あなたに」と言う意味で、「あなたを敬います」という意味になります。

三聚浄戒（さんじゅじょうかい）は以下のとおりです。

第一攝律儀戒　（だいいち　しょうりつぎかい）
第二攝善法戒　（だいに　しょうぜんぼうかい）
第三攝衆生戒　（だんさん　しょうしゅじょうかい）

和訳を載せます。

身をつつしみ、悪事をなさざることを誓いたてまつる。
進んで善事をなすことを誓いたてまつる。
慈悲の心をもて、人々の為につくすことを誓いたてまつる。

テーラヴァーダ仏教では、細かい定められた律を守ることを大事にするのと違い、大乗仏教の三聚浄戒は、まず、律の基本を守ることを誓い、良いことをし、人々の為に行うことを誓うものです。

「良いことをする」と、いっても、状況によって、その行動が変わってきます。幼い子供がころんだとき、すぐに立たせるのがよいのか、その子が自分で起ち上がるのを見守るのが良いのか、状況により、子供により変わってきます。このように、状況に応じて、選び取っていく姿勢が「戒」を守る基本にあります。

十重禁戒（じゅうじゅうきんかい）は以下の通りです

十重禁戒

第一不殺生戒　（だいいち　ふせっしょうかい）
第二不偸盗戒　（だいに　ふちゅうとうかい）
第三不邪淫戒　（だいさん　ふじゃいんかい）
第四不妄語戒　（だいし　ふもうごかい）
第五不酤酒戒　（だいご　ふこしゅかい）
第六不説過戒　（だいろく　ふせつかかい）
第七不自賛毀他戒　（だいしち　ふじさんきたかい）
第八不慳法財戒　（だいはち　ふけんほうざいかい）
第九不瞋恚戒　（だいく　ふしんいかい）
第十不謗三寶戒　（だいじゅう　ふぼうさんぼうかい）

和訳を載せます。

一　ことさらに生き物の生命を奪うことなかるべし。

二　与えられざるものを手にすることなかるべし。
三　道ならぬ愛欲にふけることなかるべし。
四　偽りの言葉を口にすることなかるべし。
五　酒によい、生業《なりわい》を怠ることなかるべし。
六　他人の過ちを責めたてることなかるべし。
七　自らを褒め、他人の悪口をいうことなかるべし。
八　他人に施すに、惜しむ心のあることなかるべし。
九　怒りに燃えて、自らを失うことなかるべし。
十　仏法僧の三宝を信ぜざることなかるべし。

第一の不殺生戒とは、生き物の命を取らないことです。その命も、生命のイノチだけではありません。物の「イノチ」も大事にすることです。人間に限らず、動物は他の物を食さねば生きていけません。動物は生命活動をしていますが、植物も血こそ流れていませんが、生命活動をしているのです。その「イノチ」に感謝しつつ、ことさらに他の「イノチ」を奪うことなく生きていこうという、誓いです。

さらに、物の「イノチ」も同じように大事にしていくことも重要です。現在では、世界中でも使われている日本語「勿体ない」という言葉があります。これは、二〇〇四年にノーベル平和賞を受賞した、ケニアの環境保全活動家であるワンガリ・マータイさんが、「Mottainai」として、生き物だけでなく、岩などの物にまで「イノチ」を認め大事にしていこうとして世界に広めてくれました。

日本では、古来、針供養や、筆供養があります。また、鰻供養もする伝統があります。生き物のイノチばかりでなく、世話になった道具のイノチも供養していく。これが不殺生戒の基本と考えられます。

第二の不偸盗戒は、盗みをしないことです。教理的にいうと、仏教では「無我」説をとります。自分の体でも、本当に自分のものかというとそうではありません。健康を常に維持できないようにです。そのように与えられているのです。それですので、与えられていないものを取ることが「盗み」になります。

第三の不邪淫戒は、正しくない男女関係になってはならないことをいいます。最近では、同性婚が話題となっていますが、両者の間が円滑に進み、他人に迷惑をかけないことを基本とすることが必要だと思います。これは、普通の結婚も同性婚も同じではないでしょうか。

第四の不妄語戒は、嘘をつかないこと、といって良いでしょう。しかし、絶対に嘘をついてはいけないのでしょうか。他人を陥れ、傷つけるような嘘はつくべきではありません。しかし、場合によっては、真実と違うことを伝える必要が出てくるかもしれません。

『法華経』（ほけきょう）の「方便品」（ほうべんぼん）に次のような話があります。大邸宅の中庭で、大勢の子供が夢中になって遊んでいました。気付くとその屋敷が火事になったのです。しかし、子どもたちは気付いていません。火事に気付いたその屋敷の長者は、「子どもたちよ、玄関前に玩具が沢山あるから、外に出よう」と言って、子どもたちは無事に外に出ることができました。

もし、ここで「火事だ」と叫んだら、子どもたちはパニックになって無事に逃げ出すことができなかったかもしれません。しかし、玩具があると思った子どもたちは争うことなく外に出ることができたのです。

このような嘘を仏教では「方便」（ほうべん、upāya）といいます。言葉は真理を表す道具に過ぎません。その道具によって、人々がより良く生きられるように使うべきです。時には、今の話のように、事実とは違うけれども、人々の為になる言葉を使うことがあるかもしれません。それは「嘘」かもしれませんが、「白い嘘」として認められても良いのではないでしょうか。

第五の不酤酒戒とは、文字通りですと、「酒を売らない」という戒です。もともと、インドでは「不飲酒戒」といい、酒を飲まないということになっていました。インドのような暑い地域では、良いお酒もできませんし、酒に酔うことが良いこととはされていません。現在でも、インドで公式のレセプションでは、お酒ではなくジュース等で乾杯することがけっこう普通です。このような文化がありましたので、釈尊以来、教団では酒を飲むことが禁止されていました。

しかし、仏教が中央アジアから東アジアに伝わると、その戒が「不酤酒戒」に変わっていきました。というのも、東アジアは、李白の「山中與幽人對酌」[1]にあるように、酒は禁じられるものではなく、人間関係を深めるものとして重要視されていました。また、寒いところでは、お酒が体を温める必需品でもありました。そのためか、お酒を飲むことを禁じるのではなく、僧侶が、人にお酒を売ることを禁じるようになったのです。

また、お酒は人との付き合いに不可欠なものでもありました。それですので、法然さんは、人から「酒は呑むべく候か」（お酒は飲んでも宜しいですか）と聞かれたとき、「まことには飲むべくもなかりけど、この世の習い」（本来は呑むべきではないけれども、この世の習いなので）、と答えています。良くはないけれども、この世の慣習なので飲んでもよいでしょう、と答えています。儒教の開祖の孔子様も「酒無量、不及乱」（酒は量なし、乱におよばず、『論語』郷党）と言うように、飲んでもよいが乱れるな、と仰っています。

このような文化があるところでは、禁酒は難しかったようです。

第六の不説過戒とは、言葉で説き過ぎないことを言います。仏教、仏道は生きる道です。言葉で説明はしても、その上で、一人一人が実践していかなければなりません。口を出しすぎると、逆に相手の為になりません。その加減を考えるように、ということなのです。

第七の不自賛毀他戒とは、自分を褒め、他人をけなさないという戒です。一般に、自分のできたことを自慢し、他人をけなしてしまいがちですが、それを戒めるものです。

第八の不慳法財戒とは、自分が真実の法を知っているけれども、自分だけの秘密にして人に教えないということをしてはいけない、という戒です。

仏教では、釈尊以来、自らが納得した、真理、「法」は隠すものではなく、真実は誰でも実践できるし、その意味で万人に開かれている、と説いています。ですから、次のように述べているのです。

アーナンダよ。修行僧たちはわたくしに何を期待するのであるか？　わたくしは内外の隔てなしに（ことごとく）理法を説いた。完（まった）き人の教えには、何者かを弟子に隠すような教師の握拳（にぎりこぶし）は、存在しない。

（中村元訳、『ブッダ最後の旅』第二章）

釈尊は説くべきことは説いた、さらに弟子に隠し事もしていない、というのです。これは、第六の「不説過戒」と矛盾するようですが、真理については何も隠していない、しかし、言い過ぎてはいけない、というように、バランスを取ることの重要さが必要なのです。

第九の不瞋恚戒は、怒らないと言うことですが、まったく怒らないということではなく、怒りにまかせて自分を見失うことがないように、ということです。

第十の不謗三寶戒とは、仏法僧の三宝をけなしてはいけない、ということであり、仏教信仰の基本は、この三宝に帰依することから始まりますから、これを否定することは仏教徒であることを否定することになります。

以上が、十六条戒になります。これを守って、生きていくことが仏教徒として生きていくことになります。

## 中道

では、戒を守って行くにはどうしたらよいのでしょうか。戒を守るのだと、肩に力が入りすぎては窮屈な生き方になりますし、いい加減な生き方だと戒を守っている生活になるとは思えません。

釈尊在世時に、ソーナというお弟子さんがおりました。この方は、東インドの方のアンガという国の長者、お金持ちの子どもでした。それですので音楽に長じていました。訳あって出家したのですが、非常に真面目で一心不乱に修行し、極端過ぎるほどでした。そこで、釈尊が彼を呼んで尋ねたのです。

「お前は出家する前、琴を上手に弾いていたようだが、弦をきつく張ったら良い音が出るかね。」

ソーナ「世尊よ、それでは良い音が出ません。」

釈尊「それでは、弦を緩めたら良い音が出るかね。」
ソーナ「世尊よ、それでは良い音が出ません。」
釈尊「それでは、どのようにしたら良い音が出るのかね。」
ソーナ「琴の弦をうまく調律して、緩からず、きつからずすれば、良い音が出ます。しかし、弾いている内に、弦が緩みますので、そこで、また締め直します。しかし、晴れている日と雨の日で、締め方を調整します。そうすると、良い音を出し続けることができます。」
釈尊「そうだろう、お前の修行も同じなのだ。きつすぎても緩すぎてもならない。常に調整して修行に励みなさい。」

（『雑阿含経』）

この話は、「弾琴の譬」（だんきんのたとえ）といわれ、大変有名な話です。このように、張りすぎても良くなく、ゆるめすぎてもよくありません。常に調整しながら、良い音が出続けるようにする。これが「中道」です。

つまり、極端に走らず、バランスを取ることの教えです。言葉では簡単にいえますが、実践するとなると結構大変になります。

ソーナの琴の話ですが、良い音が出るように弦の張り方を調整することは簡単ではありません。弾き始める前に調整していても、弾いている途中、少しずつ緩みますので、調整しつづけなければなりません。また、いい音をだすにも、昔は天然の弦ですから、晴れた日と、雨の日で微妙に調整の仕方が変わります。いい音を出していくのは、こまめに調整していく必要があるのです。

それと同じように、「中道」を実践していくとき、中道という決まった道や、やり方があるわけではありません。

ある修行僧が病にかかりました。そのとき、「私は病にかかった。怠けて良い時ではない」と言って、薬を飲み、寝ていました。病気にかかったときには、それに応じたやり方をするのが、中道なのです。病をおして修行することが必ずしも正しいやり方ではありません。

その人なりの、そして状況にあったやり方をしていくことが中道なのです。そのためには、自分自身、自分のおかれた状況を常に把握し、それに応じた生き方を選び取っていく必要があります。

ですので、釈尊も次のように教えられています。

修行僧らよ。出家者が実践してはならない二つの極端がある。一つはもろもろの欲望において欲楽に耽（ふけ）ることであって、高尚ならず、ためにならぬものである。他の一つはみずから苦しめることであって、苦しみであり、高尚ならず、ためにならぬものである。真理の体現者はこの両極端に近づかないで、中道をさとったのである。

（『サンユッタ・ニカーヤ』）

このように、中道を保ちながら戒を守って生きていくことが大事なのです。

釈尊は二十九歳で出家し、六年間、難行・苦行を続けられました。しかし、中道を得ない修行では、自分を苦しめるだけだと悟り、菩提樹の下で禅定（坐禅）に入り、真理に目覚めたのです。これは、イエスがヨハネにより洗礼を受けた後、四十日、荒野にいて、悪魔の誘惑に打ち克ったのにも似ています。

六年間の難行・苦行は消して無駄だけであったわけではありません。人は常に、エゴを振り回します。難行・苦行は、そのエゴをコントロールするには、必要なものでもありました。しかし、そのエゴを統御できるようになれば、極端な修行は逆に、中道を外れるものとなります。そこで釈尊は、禅定に入られ、悟りを得られたのです。

## 慈悲

戒を守る生活をするのは、自分のためだけではありません。他の人の幸福も願うものでなければなりません。ここに他への思いが必要になります。

仏典には、コーサラ国のパセーナディという王とその妃マッリカーの話があります。

ある夜、月の光の下、テラスにパセーナディ王が、妃のマッリカーと二人でいました。

王は、妃に尋ねます。

「貴女にとって世界で一番愛しいものはなにか」

妃は、答えます。

「はい、王様。この世の中で私にとって一番愛しいものは私自身でございます。」

王は、妃から期待していた答えが返ってこなかったので黙り込みます。するとと、今度は、妃が聞き返してきます。

「王様、あなたはいかがですか」

王はしばらく考えてから答えました。

「やはり、自分が一番大切かな」

この会話に納得できなかった王は翌日、釈尊のもとを訪れこの話をしました。その時、釈尊は、次のように答えました。


どの方向に心を向けて探しても、自分より愛しいものは見出されない。そのように他人にとってもそれぞれの自己は愛しい。だから自分を愛しむために他人を害してはならない。

（『ウダーナ・ヴァルガ』五・一八）

どの人も、自分自身が大事です。だから、自分が自分を大切にするように、他人も自分自身を大事にしています。お互いにそれを尊重することが、命を大事にすることに繋がるのです。

さらに、釈尊は「他者をわが身にひきあてて」と説かれています。これが仏教の慈悲の基本と言えます。

すべてのものは暴力におびえている。すべてのものは死を恐れている。他人を自分の身に引きあてて殺してはならない、殺させてはならない。
すべてのものは暴力におびえている。すべての生きものにとって命は愛しい。他人を自分の身に引きあてて、殺してはならない。殺させてはならない。

（『ダンマパダ』一二九—一三〇）

釈尊の時代も争いが絶えませんでした。それだけに、暴力を避け、他人を自分に引き当てて、ということが他を傷つけない「慈悲」の原点となっています。

お互いが自分の正義を主張し、相手を非難している限り、争いは止むことはないでしょう。しかし、人間の考える正義は、必ずと言って良いほどそれに対立する正義が出てきます。このように、これが絶対というものはありません。それだけに命を大切にする慈悲を根本にする必要があるでしょう。

## どう生きるか

十六条戒に代表される戒を守りながら生きていくこと、これが仏教徒としての基本です。さらに、中道を維持することが必要です。というのも、仏教の基本に「諸行無常」という考えがあります。これは、ギリシア哲学でヘーラクレイトスの言う「万物は流転する」（Πάντα ῥεῖ, panta rhei）と同じように見えますが、根本が違います。「万物は流転する」は、客観的に物事を観察して言う言葉ですが、「諸行無常」は、客観的に事物を見て言う言葉ではなく、「私が無常である」という主観的な認識の上の言葉です。仏教は生きる道ですので、客観的に見るだけでなく、自分が無常であり、生まれた以上、成長し、年老いていき、病にかかり、何時かはこの寿命に終わりがくる（生老病死、しょう・ろう・びょう・し）、という事実を明らかに見て生きていくものなのです。

仏教は、その初めから、「四諦」（したい）ということを言ってきました。四諦とは、四聖諦（ししょうたい、catur-ārya-satya、cattāri ariya-saccāni）ともいいます。苦諦（くたい）・集諦（じったい）・滅諦（めったい）・道諦（どうたい）の四つの真理のことを言います。苦諦とは、この世に生きているものは、生老病死のように、生きている限り自分の思うようには必ずしもならないという現実を明らかに見て取ることです。集諦とは、その苦の原因である渇愛、つまり、限りなく欲望を振り回すことにあることを明らかにすることです。滅諦とは、その苦しみの原因をコントロールすることにより、その苦しみから離れることです。道諦とは、コントロールするために必要な道筋についての真理であり、八正道（はっしょうどう、āryāṣṭāṅga-mārga、ariyāṭṭhaṅgika-magga）として示されています。具体的には、①正見（しょうけん、正しい見解）、②正思（しょうし、正しい思惟）、③正語（しょうご、正しい言葉）、④正業（しょうぎょう、正しい行い）、⑤正命（しょうめい、正しい生活）、⑥正精進（しょうしょうじん、正しい努力）、⑦正念（しょうねん、正しい思念）、⑧正定（しょうじょう、正しい精神統一）の八つを言います。

第一の正見も言葉で言えば簡単ですが、実際には、人間の偏見によって必ずしも正しく見ることができないことが多くあります。ここで面白い例を出しましょう。

マイクロソフトの創業者で「ビル&メリンダゲイツ財団」を運営しているビル・ゲイツ氏のブログです。そのテーマは「世界の殺し屋の動物たち――一年で動物に殺される人間の数」でした。

それによると、サメ、オオカミが十人、ライオン、ゾウが百人、カバが五百人、ワニが千人、サナダムシが二千人、カイチュウが二千五百人。巻き貝とサシガメ（昆虫）とツェツェバエが一万人です。さらに、犬が二万五千人、蛇が五万人。そして、戦争などの武力行使以外の殺人で、人間によって、四十七万五千人が命を落としています。しかし、このリストはここでは終わりません。年間七十二万五千人の命を奪っている動物がいます。それは、「蚊」です。この虫は、マラリアなどの病気を媒介し、これだけの人の命を奪っているのです。

人の命を奪う動物というと、サメや熊を思い浮かべますが、その被害はそれほど大きくないのです。さらに、危険な場所に行かなければ、被害に遭いません。しかし、蚊は、毎年夏になると現れてきます。夜寝るときに耳元に蚊の近づいてくる音で苦労されている方も多いと思います。

では、この蚊がいなくなればうまくいくのでしょうか。たしかに、人の血を吸う蚊は迷惑な存在です。しかし、血を吸う蚊は、牝だけでしかも産卵前だけです。蚊の幼虫であるボウフラは、水中のバクテリアを含む有機物の分解に貢献していて、この働きがなくなると、水が濁るようになります。つまり、水の浄化に重要な存在なのです。また、成虫も植物の花粉を媒介するなど、重要な働きをしています。
人間の目から見ると、やっかいな存在も、自然界ではその一部として重要な働きをしているのです。物事を正しく見る、ということは、これほど難しいことなのです。
立場が違えば見え方が違います。道元禅師は次のように書かれておられます。

いはゆる水をみるに瓔珞（ようらく）とみるものあり、しかあれとも瓔珞を水とみるにはあらす、われらかなにとみるかたちをかれか水とすらん、かれか瓔珞はわれ水とみる、水を妙華とみるあり、しかあれとも華を水ともちゐるにあらす、鬼は水をもて猛火とみる、濃血とみる、龍魚は宮殿とみる、樓臺（ろうたい）とみる、あるひは七寶摩尼珠（しちほうまにじゅ）とみる、あるひは樹林牆壁（しょうへき）とみる、あるひは清淨解脱の法性とみる、あるひは眞實人體（しんじつにんたい）とみる、あるひは身相心性とみる、人間これを水とみる、殺活（せっかつ）の因縁なり。

（『正法眼蔵』、「山水経」）

水を天人は「瓔珞」と見、人は「水」と見ます。鬼は「猛火」、「濃血」と見、魚は「宮殿」、「楼台」とみるというのです。これを「一水四見」(いっすいしけん)といいます。もともとは「唯識」(ゆいしき)の思想です。同じものも見るものによって見方が違うことを説いているのです。逆を言えば一つに立場に固執すると正しく見ることができません。

釈尊は、初めてのお説法(初転法輪、しょてんぼうりん)の時から、正しく見ることを説かれました。というのも、我々が「苦」に悩むのは、現実を明らかに見て取らず、自我を振り回すことで、余計に苦しむことになるからです。自分自身を正しく見つめ、それに応じて正しく生きていくこと、これが仏教の基本で、しかも、苦しみを少なくする道なのです。

ですので、釈尊は次のように語られています。

比丘たちよ、正見とは何か。実に比丘たちよ、苦についての智、苦の集起についての智、苦の滅尽についての智、苦の滅尽に至る道についての智を正見とよぶ。

(『相応部』「道相応」)

この『相応部』という経典は、パーリ語で書かれた古い経典で、釈尊の言葉だともされています。ですので、現実を正しく見極めて、正しく生きていく、このことが仏教の生き方の根本と言って良いでしょう。それでは、どのように生きていけば良いのでしょうか。「七仏通戒偈」（しちぶつつうかいげ）といい、仏教の基本を示したとされた偈（げ）があります。それには、次のようにあります。

諸悪莫作　（しょあく　まくさ）
衆善奉行　（しゅぜん　ぶぎょう）
自浄其意　（じじょう　ごい）
是諸仏教　（これ　しょぶつの　おしえなり）

もろもろの悪いことをしないようにすること、もろもろの良いことをするようにすること、さらに自らの心を清らかにするよう務めていくこと、これが諸々の仏の教えであります。この第三句にある「自浄其意」は、普段に務めていく必要があるものと思います。

人が生きていくには、自発的に戒にしたがって生きていくことが必要です。外から強制されていては「モラル」にならないのです。「モラル」は自発的に守るものだからです。しかし、それを常に正しく守ることができれば宜しいのですが、そうでないときもあります。その時は懺悔し、反省し、改めていく。常に自分自身を見つめ直していくのが必要でしょう。かといって、肩肘を張って戒を守るのは、疲れてしまいます。やはり、中道を得た生き方でなければなりません。

さらに、自分だけでなく、他の「イノチ」も大切にしていく。これが、仏教徒の「モラル」であると考えます。

特に、「イノチ」を大事にするときに「慈悲」の心が重要です。その仏教における慈悲は、人間にだけ向けられたものではありません。そのことを肝に銘じて生きていくべきだと思います。次の詩偈はそのような仏教の祈りを表現しているものなのです。

慈しみ
一切の生きとし生けるものは、
幸福であれ、安穏であれ、安楽であれ。
一切の生きとし生けるものは、幸せであれ。
何びとも他人を欺いてはならない。
たといどこにあっても

他人を軽んじてはならない。
互いに他人に苦痛を与えることを望んではならない。
この慈しみの心づかいをしっかりとたもて。
（『ブッダのことば』中村 元訳(2)）

参考文献

中村元、『ブッダのことば』、岩波文庫
同、『ブッダ　神々との対話』、岩波文庫
同、『ブッダ　悪魔との対話』、岩波文庫
同、『ブッダ　最後の旅』、岩波文庫
奈良康明、『説戒』、大法輪閣

注

（1）山中與幽人對酌　李白
兩人對花開、一杯一杯復一杯、我醉欲眠卿且去、明朝有意抱琴來

（2）これは、インド学の泰斗である中村元先生が原始仏典から訳されたもので、先生の創立された東方研究所の歌にもなっています。

# あとがき

数年前に企画した「モラル」がやっと日の目を見ることができるようになりました。慶賀に耐えないと思います。というのは、戦後（一九四五年に終戦を迎えて）から七八年も平和を享受してきた日本社会に、なぜこんなに凶悪な犯罪や事件が起こるのだろうかと、いつも疑問に思っていたからです。戦中に生まれ育った私は、戦後の犯罪は、貧困だから起こるのだと言われてきました。しかし、経済成長を遂げ、世界でも稀にみる経済発展を遂げた日本社会で、なぜこんなに凶悪な犯罪などが起こるのか、ずっと疑問でした。また、貧富の差が激しいために、階級闘争も生まれるのだと教わって来ましたが、私が一九七九（昭和五四）年、五〇歳のとき、在外研究の名目で欧米諸国を回った時に見聞した体験によれば、貧困と犯罪の間には、因果関係がないことがわかりました。むしろ、貧富の差がある発展途上国やグローバルサウスと呼ばれる国々の方が、先進国と呼ばれる国々よりも道徳的には優れているような気もしました。「衣食足りて礼節を知る」という言葉は知っていましたが、貧困と犯罪の間には因果関係があるとは、とても言えないのではないでしょうか。むしろ、私自身の戦後の貧困体験、それは一九四九年から一九五三年までの五年間、八畳一間で自炊しながら、雑誌の編集・書籍の出版という仕事を東京・神田淡路町でしていたときのことですが、不幸だと思ったことは一度もありませんでした。また、小遣い銭などほとんどなかったのですが、それを貧乏だとも思いませんでした。むしろ、職業柄、どんな有名人や知識人や大学人にも割合、自由に自宅を訪問して、お話を伺ったり、原稿を依頼したりすることができたことは、最高に楽しかったです。それに出版はジャーナリズムの仕事なので、生きがいや社会的使命を感じていました。しかし、そればかりではありませんでした。面白く、そして楽しかったのです。戦後の青少年を益するのだという使命感でしょうか、貧乏なこともあまり苦になりませんでした。幸せというのは、少しでも「世のため人のため」に益になることをやっているのだという自覚にあるのではないでしょうか。

松下幸之助も、世の中に電気が行き渡ったら、人々がどんなに幸せになるだろうかと思いついて、パナソニック（昔のナショナル）を立ち上げたのです。昔、大学で「人間学」という授業をしていたとき、松下幸之助を教材にしたことがありますが、面白い授業だったという感想をもらった懐かしい想い出があります。

今回、「モラル」を主題に、書籍出版を企画したのは、かつて著名で偉大な東洋思想家、安岡正篤の著書を繙いていたら、強烈な言葉に直面したからです。その言葉とは、「宗教が栄えて滅んだ国は、歴史上いくらでもあるが、道徳（モラル）が栄えて滅んだ国はない」（『照心語録』致知出版社、平成一三年、六九―七〇頁）という言葉でした。現今の世の中は、恐ろしいくらい道徳、つまりモラルが劣化しています。だから、恐ろしいくらい凶悪な犯罪等が数多く起こっているのではないでしょうか。

繰り返しになりますが、世の中が悪くなるのは、社会が貧乏だからではありません。人間が偉大で、何でもできるという信頼や確信が欠如しているからではないかと思っています。なぜそう断言できるかというと、私はキリスト教徒として、「人間は神の似像」（創1・26）であると確信しているからです。神らしくなれると信じているからです。モラルとは人間らしさですが、同時に、神の似姿を宿しているから、神らしくもなれるはずだと思います。それを実現させるために、主なる神は、御子イエス（聖言）が人間として生まれてくるようにされたのではないでしょうか（ヨハ1・14参照）。それを究めたければ、キリスト教を学ぶことが近道ではないかと思います。

ところで、昨今のモラル不在は、戦後の教育の一つの結果ではないかと、かつて教員であった身として考えるのです。戦後の占領軍による諸改革は、日本を二度と戦争ができない社会にすることでした。だから、日本は侵略国で悪い国だと教育したのです。戦中の教育を受けた旧制中学生だった私は、日本の軍部も悪かったが、戦争を仕掛けた欧米諸国も悪かったのではないかと思っていました。

ともあれ、過去を責めるより、どうしたら日本の社会をかつてのような道義国家にすることができるだろうか、と真剣に考えるべきではないかと思います。

戦後の教育改革の中で、道徳教育ということが叫ばれ、学校のカリキュラムにまで入りました。しかし、効果が現れませんでした。それは、教員自身がお手本にならないからではないかと思っていますが、いかがでしょうか。私はかつて男子中学生の教諭でしたが、倫社の授業があるので、私自身実践していることでなければ、講義しませんでした。嘘をつくな、遅れて来るな、宿題をさぼるな、など説教しましたが、みな自分で実践していることだけを話しました。だから、生徒だけでなく、保護者も先生の私自身を信頼してくれたのではないかという記憶があります。

それはそれとして、道徳教育で大事なもう一つの手段は、読書です。それは私自身が本屋で生まれ育ったという経験でもありますが、文学作品、偉人伝、説話集、有益で、面白い歴史物語などに親しんでいると、思想だけでなく、情操も育ちます。さらにそれに芸術関係（音楽・絵画・工作など）を加えるなら、立派な道徳教育になると思います。というのは、道徳教育には理性と自由意志だけでなく、それに優るとも劣らず大事なこと、それはすなわち情緒（感情）です。今までの欧米式教育では、理性と意思だけが尊重されてきました。しかし、真実は「情操（感情）」が非常に強力な創造力を持っているということです。だから、感情教育が重要なのです。本を読んで育った自身の経験からいうと、小説でもエッセイでも、想像力を刺激します。それが感動や感激などの感性を呼び覚まします。それが大事なのです。理性や意志だけでなく、感情（情緒）もまた、創造力を持っているのだという真実をもう一度思い起こすべきです。だから、好きになるということなどは、大変重要なことだと言えます。その意味で、本書の記事そのものもまた、モラルを喚起する役割を演じてくれると信じて刊行するものです。ＰＣのワープロなどがいけないと言っているのではありません。要は、知性だけでなく、情緒が刺激され、感覚や感性が働くときもまた、物事や事柄が創造されるのだ、と申し上げているのです。人間学の教員として。これは断言できる真実です。

多忙な中、玉稿をお寄せくださったイエズス会員、また親交のある外部の執筆者にあらためて深い感謝の念を申し上げたいと思います。ありがとうございました。諸先生方の益々のご健闘をお祈り申し上げて、謝意に変えたいと存じます。

二〇二三年八月一五日

編集補佐　越前　喜六

文学研究科新聞学研究科修了（新聞学大学院修士）後、2020 年同大学新聞学博士号を取得し、2021 年から現職。専攻は、マスメディア倫理、教会とメディア、ジャーナリズム教育・ジャーナリスト養成、世俗倫理。

奈良　修一（なら・しゅういち）

慶應義塾大学卒業。オランダ、ライデン大学欧州拡大史研究所研究員を経て、公益財団法人中村元東方研究所研究員。また、大本山永平寺にて修行し、現在は曹洞宗法清寺住職。
論文：「東南アジアにおける、多元的共存と寛容思──ジャワにおける多元的共存──」、『インド宗教思想の多元的共存と寛容思想の解明』（山喜房仏書林）、「Tolerance: A Basic Idea for the Shared Understanding」、『東方』第 27 号。

## ロバート キエサ（Robert Chiesa）

イエズス会司祭。米国ゴンザガ大学で哲学修士号と、上智大学の神学修士号を取得。長年、鎌倉、広島、福岡のイエズス会経営する中・高等学校で教鞭を執った。現在、イエズス会日本管区本部付。
著作：『イエズス会の規範となる学習体系』（教文館）

## 長町　裕司（ながまち・ゆうじ）

イエズス会司祭。上智大学哲学研究科、神学研究科修士課程修了。哲学博士（ミュンヘン哲学大学）。上智大学文学部哲学科教授。専攻は宗教哲学、近現代ドイツ哲学・キリスト教思想史。
著書：『宗教的共生の展開』、『宗教的共生と科学』（共著、教友社）、『人間の尊厳を問い直す』（編・監修／共著、SUP 上智大学出版）、『エックハルト〈と〉ドイツ神秘思想の開基』（春秋社）、『ドイツ神秘思想〈と〉京都学派の宗教哲学』（教友社）など。

## ホアン・アイダル（Juan Haidar）

イエズス会司祭。上智大学神学部教授。専攻は現代哲学、ユダヤ思想。
論文:「善人の希望──W・ベンヤミンの歴史観」『希望に照らされて』（日本キリスト教団出版局）、「ユダヤ教におけるメシア理念の理解」『宗教的共生の展開』（教友社）など。

## 武立　廣（たけだち・ひろし）

1948 年長崎生まれ。両親と兄姉が被曝。外資系製薬会社を退職後、上智大学の講座で越前喜六名誉教授に私淑、現在に至る。最近は、「生命論的世界観」に基づく「人間と自然との関係性」に関心を持つ。

## アルン・プラカシュ・デソーザ（Arun Prakash D Souza）

イエズス会司祭。上智大学文学部新聞学科助教、白百合女子大学、清泉女子大学非常勤講師。博士（新聞学）。1997 年イエズス会インド・カルナタカ管区に入会し、2005 年に来日、2012 年司祭叙階。Loyola College, Chennai（哲学修士）、上智大学神学研究科修了（神学修士）。同大学院ウロ)、『神に喜ばれる奉仕』(編著、サンパウロ)、『祈り』、『愛』、『希望』、『霊性』『知恵』、『道』、『真福』、『聖性への道のり』(編著、教友社) など多数。

## 竹内　修一（たけうち・おさむ）

イエズス会司祭。上智大学哲学研究科修了、同大学神学部神学科卒業、Weston Jesuit School of Theology（神学修士)、Jesuit School of Theology at Berkeley (神学博士)。上智大学神学部教授。専攻は倫理神学（基礎倫理、いのちの倫理、性の倫理)。
著書：『風のなごり』、『ことばの風景』(教友社)、『希望に照らされて』(共著、日本キリスト教団出版局)、『J・H・ニューマンの現代性を探る』(共著、南窓社)、『「いのち」の力──教皇フランシスコのメッセージ』(共著、キリスト新聞社)。

## 菅原　裕二（すがわら・ゆうじ）

イエズス会司祭。上智大学法学部卒業。教皇庁立グレゴリアン大学教会法学部博士課程修了、同名誉教授。専攻は奉献生活会法、教会財産法。
著作:『イエスの語った希望のことば』『イエスの愛、イエスの足跡』(女子パウロ会)、『教会法で知るカトリックライフ』『続　教会法で知るカトリックライフ』(ドンボスコ社)。記事は教会法の分野を中心に日本語、イタリア語、英語などで多数。

## 片柳　弘史（かたやなぎ・ひろし）

イエズス会司祭。慶応大学法学部卒業後、インドのコルカタでボランティア活動。マザー・テレサの勧めで司祭の道を志す。上智大学神学部神学研究科修了。現在、カトリック宇部教会、北若山教会、高千帆教会の主任司祭。
著書：『世界で一番たいせつなあなたへ』(PHP 研究所)、『マザー・テレサは生きている』(教友社)、『カルカッタ日記』(ドン・ボスコ社)、『こころの深呼吸〜気づきと癒しの言葉 366』、『あなたはわたしの愛する子〜心にひびく聖書の言葉』(教文館) など。

著者紹介（掲載順）

## 佐久間　勤（さくま・つとむ）

イエズス会司祭。京都大学理学部卒、上智大学大学院哲学研究科博士前期課程修了。フランクフルト・聖ゲオルグ哲学神学大学神学部修了。ローマ、グレゴリアン大学博士課程修了、神学博士。イエズス会日本管区長。
著訳書：『四季おりおりの聖書』（女子パウロ会）、J・L・スカ『聖書の物語論的読み方――新たな解釈へのアプローチ』（石原良明共訳、日本キリスト教団出版局）、『神の知恵と信仰 現代に生きる信仰者のための視点』（編著、サンパウロ）。

## 梶山　義夫（かじやま・よしお）

イエズス会司祭。上智大学文学部史学科卒業、上智大学哲学研究科および神学研究科博士前期課程修了。現在、イエズス会社会司牧センターおよび旅路の里所長。
監訳書：『イエズス会会憲　付　会憲補足規定』（南窓社）、『イエズス会教育の特徴』（ドン・ボスコ社）。

## デ・ルカ・レンゾ（De Luca Renzo）

イエズス会司祭。上智大学文学部哲学科、上智大学大学院神学科卒。九州大学大学院国史学科研究科修了。元日本二十六聖人記念館館長。キリシタン史専門。
著書：『旅する長崎学（1）』（共著、長崎文献社）、『神に喜ばれる奉仕 十二人の信仰論』（編著、サンパウロ）、『祈り』、『愛』、『希望』、『癒し』、『知恵』、『道』、『真福』、『聖性への道のり』（編著、教友社）。

## 越前　喜六（えちぜん・きろく）

イエズス会司祭。上智大学哲学研究科および神学研究科修士課程修了。上智大学文学部教授を経て上智大学名誉教授。専攻は人間学・宗教学。
著書：『必ず道は開かれる』（日本キリスト教団出版局）、『多神と一神との邂逅――日本の精神文化とキリスト教』（共著、平河出版社）『人はなんで生きるか』（聖母の騎士社）、『わたしの「宗教の教育法」』（サンパ

**モラル**　何をどう考え、どう行うか

---

発行日………2023年12月24日 初版

編　者………梶山義夫
発行者………佐久間勤
発行所………イエズス会管区長室
102-0083 東京都千代田区麹町6-5-1
TEL03(3262)0282　FAX03(3262)0615
発売元………有限会社 教友社
275-0017 千葉県習志野市藤崎6-15-14
TEL047(403)4818　FAX047(403)4819
URL http://www.kyoyusha.com
印刷所………モリモト印刷株式会社
©2023, Society of Jesus Japanese Province　Printed in Japan
ISBN978-4-907991-99-9　C3016

---

落丁・乱丁はお取り替えします

◎本文中の聖書引用は、主に『新共同訳聖書』（日本聖書協会）を、また一部で『聖書協会共同訳』（日本聖書協会）を使わせていただきました。